누구에게나 사명이 있다. 이 책의 저자는 구원파의 실체를 드러내는 귀한 사명을 완수하기 위해 혼신의 노력을 기울여 일생 동안 헌신해왔다. 저자의 사역으로 인해 한국교회는 지금까지 구원파의 미혹에 수월하게 맞설 수 있었다. 그가 없었다면 한국교회는 지금보다 구원파로 인한 피해를 더 심각하게 보았을 것이다.

하지만 저자는 구원파와의 투쟁 과정에서 너무도 큰 희생과 대가를 지불해왔다. 트리니티 복음주의신학교의 교수 테드 워드(Ted Ward)는 그를 가리켜 "살아 있는 순교자"라고 평가했다. 순교자의 간절한 증언처럼, 구원파의 왜곡된 교리를 역사적·윤리적·성경적 측면에서 정확하게 비판하며 참된 구원을 논하는 이 책을 기쁜 마음으로 추천한다. 박용규 ┃ 총신대학교 역사신학 교수


초대교회 교부 키프리아누스는 이단이 "그리스도의 복음을 왜곡시켜 진리를 부패시키고 교회의 연합을 분열로 이끄는" 파괴력이 있다고 경고했다. 이 책은 구원파의 분파 현황과 그 약사를 다루는 한편, 구원파의 실상에 대해 성경적·신학적·사회적 접근을 시도해 구원파가 정통 교회의 규범을 벗어난 사이비 기독교 이단임을 명쾌하게 증명한다.

저자는 오랫동안 활동해온 "그리스도인 가정 지킴이"다. 그는 상담과 강의 및 저술 사역을 통해 이 시대의 가정들을 치유하고 바르게 세우는 데 크게 이바지해왔다. 이 책은 이단들의 준동에 직면한 한국교회와 그리스도인 가정들을 향한 깨어 있는 파수꾼의 나팔 소리다. 다른 예수, 다른 영, 다른 복음, 다른 구원의 폐해를 해부하며 이단 분별의 지침과 지혜를 전해주는 이 책을 기쁜 마음으로 추천한다.

박종구 ┃ 「월간 목회」 발행인

이 책의 저자는 한때 구원파의 잘못된 가르침을 따르며 영적인 어려움을 겪었다. 그 후 하나님의 도우심을 받아 구원파의 실체를 깨닫고 거기서 나왔지만, 그의 삶에서 구원파로 인한 어려움은 조금도 사라지지 않았다. 그가 구원파의 거짓을 드러내는 일을 멈추지 않았기 때문이다. 이 책은 이단으로 인해 평생 고난을 겪은 사람의 생생한 증언이며, 저자의 피땀 어린 이 증언은 실로 믿을 만하다. 우리는 이 생생한 증언을 통해서 구원파의 실체를 알 뿐 아니라 이단의 일반적인 특성 또한 깨달을 수 있을 것이다.

저자는 정통 교회로 돌아온 후, 구원파 같은 이단에서 고통당하는 사람들을 돕고자 상담학을 공부했다. 그리고 한국교회를 돕기 위해 이단들의 문제점을 알리는 각종 집회와 강연, 출판 등의 활동을 펼치며 지금까지 최선을 다해왔다. 저자의 바람대로 이 책을 읽는 많은 분이 이단에 빠지지 않는 길을 발견하고, 이단에 속한 사람들은 부디 바른길로 돌아올 수 있기를 바란다. 많은 사람을 옳은 길로 돌아오게 하는 이들의 삶과 사역을 귀히 여기시는 우리 주님을 기억하며, 저자의 성실한 사역의 결과인 이 책을 진심으로 추천한다. **이승구** | 합동신학대학원대학교 조직신학 교수

저자 자신이 직접 겪은 고통스러운 경험을 근거로 집필한 이 책은, 그동안 우리 사회에 많은 문제를 불러일으킨 구원파에 대해 가장 구체적이고 실제적인 내용을 다룬다. 순전한 복음의 관점에서 구원파의 문제점을 꿰뚫어 보며 독자들의 신앙에 많은 유익을 끼칠 이 책의 일독을 강력히 권한다. **박광철** | 미국 죠이휄로십 교회 담임목사

일찍이 신약 시대부터 예수님과 사도들이 경고한 이단 사이비 문제는 교회 역사 속에서도 끊임없이 이어져 왔다. 매 시대마다 수많은 이단 사이비의 발흥과 쇠락이 있었고, 지금 우리가 살아가는 시대도 예외는 아니다. 교회는 이단들과의 영적

전투를 피할 수 없으며 이는 이단 사역자들이 꼭 필요한 이유다.

이 책의 저자는 오랫동안 이단 피해 예방 사역에 헌신해왔다. 하지만 그의 본 목적은 이단을 정죄하고 색출하는 데 있지 않다. 오히려 그는 예수님의 핏값으로 세워진 교회가 바른 복음과 바른 신학으로 건강하게 성장할 수 있도록 돕는 일을 우선한다. 이 책은 그런 목적에 따라 구원파에 대한 올바른 성경적·신학적·사회적 비평을 탁월하게 전개한다. 건강한 교회를 지향하는 목회자, 신학생, 평신도라면 이 책을 꼭 읽어보길 바란다. 분명 교회를 지키고 건강하게 세우는 일에 큰 유익을 얻을 것이다.

김주원 | 주원교회 담임목사

이 책은 국가적 비극이었던 세월호 참사와 관련한 각종 의혹을 불러일으킨 구원파의 실체를 가장 명쾌하게 보여주는 결정판이 될 것이다. 이 책의 저자는 오랜 시간 구원파와 싸우면서 그들의 잘못된 가르침으로부터 사람들을 지키고 피해자들을 돕기 위해 그 누구보다 헌신해온 학자다. 그는 구원파의 창설자 유병언 씨와 그 측근들로부터 끊임없는 방해와 음해, 협박과 고소를 당해왔다. 하지만 거기에 굴하지 않고 많은 영혼과 가정, 그리고 교회를 지키려는 마음으로 이 책을 출간하기에 이르렀으니 그 열정과 사명감에 깊은 경의와 감사를 표하지 않을 수 없다.

구원파의 문제점이 무엇인지에 대해 제대로 알기 원하는 독자들은 이 책을 통해 그 해답을 얻을 수 있을 것이다. 또한 이 책은 구원파의 잘못된 사상에 매여 있는 사람들이 진실을 깨닫고 돌이킬 수 있도록 돕고, 나아가 교회 지도자들이 정통 기독교와 구원파의 차이를 명확하게 인식하여 성도들에게 바른길을 제시할 수 있도록 돕는 탁월한 가이드북이 될 것이다. 한국교회의 모든 지도자와 성도들의 일독을 강력히 권한다.

오광복 | 미국 가족성장상담센터 소장

구원파의 특징을 세 가지로 정리하자면 아주 쉬운 구원관, 배타적인 구원관, 임박한 종말론이라고 할 수 있다. 구원파는 오직 자신들의 교리만이 진리라고 주장하면서 구원파의 구원 교리를 깨닫기만 하면 구원이 확정된다고 가르친다. 또한 다른 교회에는 구원이 없고 구원파 교회를 떠나면 저주를 받는다고 주장하기 때문에 신도들은 구원파를 떠나지 못하고 더욱 충성할 수밖에 없다. 하지만 구원파 교리는 성경에 근거를 둔 것이 아니라 자신들의 교리에 성경을 꿰맞추어 풍유적으로 해석한 결과일 뿐이다.

구원파 교리의 문제점을 한국교회에 알리는 데 큰 역할을 감당해온 저자가 마침내 내놓은 이 책이, 더 많은 구원파 신도들을 복음으로 돌아오게 하는 귀중한 도구가 되기를 바란다.

이인규 | 평신도이단대책협의회 대표

이 책의 저자와 나에게는 한 가지 공통점이 있다. 한때 이단에 빠졌었지만 하나님의 인도하심 가운데 정통 신앙으로 돌아왔다는 점이 바로 그것이다. 나는 율법주의 이단의 전형이라 할 수 있는 제7일 안식교에 속했었고, 이 책의 저자는 반율법주의 이단의 대표격인 구원파에 몸담았었다.

구원파는 신천지와 안상홍증인회, JMS와 함께 한국교회를 어지럽히는 대표적 이단 중 하나다. 이 책의 저자는 대학생 시절 구원파의 원조 격인 기독교복음침례회의 유병언 씨를 만나 8년 동안이나 통역 비서 역할을 하면서 그의 인격과 생활과 교리를 가까이서 확인했다. 따라서 저자의 증언에는 권위가 있다.

또한 저자는 고 옥한흠 목사님의 도움으로 예수님을 인격적으로 만나 회심한 후, 침례신학대학교와 미국 트리니티 복음주의신학교에서 기독교교육과 상담심리, 가정사역을 공부했다. 그래서 이 책은 복음주의 기독교 상담학자의 입장에서 구원파의 세 분파가 어떻게 추종자들에게 거짓된 구원의 확신을 심어주고 "마땅하지 않은 것을 가르쳐 가정들을 무너뜨리는지"를 알기 쉽게 설명한다.

구원파의 문제점을 일목요연하게 보여주는 이 책을 통해 목회자들은 물론 신학생, 성도들이 구원파를 정확하게 이해할 수 있게 되기를 바란다. 또 구원파에 미혹된 이들이 구원파의 "다른 교훈"(거짓된 가르침)을 버리고 정통 교회의 "바른 교훈"(sound doctrine)으로 돌아올 수 있기를 진심으로 빌어 마지않는다.

**진용식** | 안산상록수교회 담임목사, 세계한인기독교이단대책연합회 대표회장

지금은 이단들이 이단 대처 사역자들을 이단이라고 거꾸로 매도하는 시대다. 이런 때에 구원파를 가까이서 경험하고 그 누구보다 구원파 퇴치에 앞장서온 저자가 구원파 문제를 다룬 결정판을 출간하게 되어 매우 반갑다. 구원파의 잘못된 점을 조목조목 잘 파헤친 이 책 한 권으로 말미암아 더 많은 구원파 피해자들이 미혹의 영으로부터 돌이켜 진리 안에 거하게 되기를 바란다.

**한선희** | 미주기독교이단대책연구회 회장, 미주기독교이단상담소협회 회장

성경 66권은 하나님의 말씀으로서 우리의 신앙과 행위의 준거점이며 심판의 기준이다. 이 책은 저자가, 성경이 말하는 구원의 진리를 찾아 나선 신실한 종임을 잘 드러내 준다. 하나님의 부르심에는 내적인 소명과 외적인 소명이 있다. 또 하나님의 부르심에는 은사가 뒤따른다. 이 책은 저자가 하나님이 주신 은사를 따라 사명감을 가지고 거짓 진리와 치열한 전투를 벌인 결과물이다. 저자는 하나님의 부르심에 응답한 순결한 신부이며 죄와 싸우는 병사와 같다. 독자들이 이 책을 읽고 하나님을 사랑하는 만큼의 열매를 맺게 되기를 간절히 희구하면서 이 책을 추천한다.

**이상달** | 엔크리스토 성경연구원 대표원장

구원 개념 바로잡기

# 구원 개념 바로잡기

구원파 교리에 대한 성경적 비판

정동섭 지음

**차례**

◇ 들어가는 말 ◇

## 내가 이 책을 쓰는 이유

나는 성경 66권이 성령의 감동으로 기록된 "하나님의 말씀"이라고 믿는다. 또한 나는 구원 계시인 성경이 말하는 성(聖) 삼위일체 하나님을 믿는다. 그리고 나는 예수 그리스도만이 유일한 "구원 주"(Savior)이심을 믿는다. 나는 구원 주(主)가 되시며 생명이신 예수님을 믿는 나의 믿음이, 종교개혁가 칼뱅(Jean Calvin)이 『기독교강요』에서 말한 바와 같이 성령 하나님이 친히 일으켜주신 참 믿음임을 온 천하에 선포하는 심정으로 펜을 잡았다.

젊은 시절 나는 거짓 복음에 속아 8년 동안이나 구원파에 몸담았다. 이제 이 책을 통해 구원파가 말하는 구원이 어떻게 잘못되었는지, 그리고 성경이 말하는 참된 구원은 무엇인지를 이야기하려고 한다. 이 책은 죄악에서 건짐을 받은 사람의 처절한 역사적 증언이고 나와 같은 죄에 빠진 사람들을 향해 회개의 발걸음을 재촉하는 간절한 외침이다.

"빌리 그레이엄은 구원받은 줄 알았는데, **빌리 그레이엄도 구원을 받지 못했구나!**"

이는 구원파 신도들이 추앙하는 권신찬 씨가 세계적인 복음 전도자 빌리 그레이엄(Billy Graham, 1918-)의 설교를 듣고 탄식하며 외쳤던 말이다. 당시 구원파에서 "죄 사함을 깨달아 구원을 받았다"고 인정을 받았던 나는, 빌리 그레이엄이 구원받지 못했다는 말에 큰 충격을 받을 수밖에 없었다.

1973년에 여의도에서 열렸던 "100만 명 전도집회" 때 나는 극동방송의 아나운서로서, 당시 유병언 부국장의 지시에 따라 빌리 그레이엄의 설교를 직접 현장에서 녹음해 왔다. 방송국에 돌아오자 권신찬 씨는 상당한 관심을 보이며 녹음된 설교에 귀를 기울였다. 빌리 그레이엄은 "죄가 용서받았음을 깨달으라"고 설교하지 않고 "죄를 회개하고 예수님을 영접하라"고 설교했다. 빌리 그레이엄이 전한 복음은 권신찬, 박옥수, 이요한 씨 등 구원파 지도자들이 전하는 복음과는 달랐다. 이에 권신찬 씨는 빌리 그레이엄도 구원받지 못했다고 단죄했던 것이다.

1970년대 초 극동방송을 설립해 중국어, 러시아어, 한국어로 복음을 전파하던 선교사들은 유병언, 권신찬 씨의 "복음"에 미혹되어 그들에게 한국어 방송을 맡겼다. 그때 방송부장에 임명된 권신찬 씨는 "은혜의 아침"이라는 프로그램을 통해 새벽 기도, 철야 기도, 십일조, 주일 성수, 금식 기도, 장로-집사 직제 등을 맹비난했다. 그는 그 모든 것들을 "율법"과 "종교"로 규정하고 율법과 종교에서 해방되는 것이 구원이라고 설교했다. 또한 **양심의 가책과 정죄에서 해방되는 것이 구원받는 것**

구원 개념 바로잡기

이라고 주장했다. 자신이 장로교 목사로 있을 때 깨달았다는 복음이 바로 그런 것이기 때문이었다.

나는 1972년 초에 군에서 제대하자마자 유병언 씨의 지시에 따라 방송국 아나운서 겸 PD로 발령받아 "은혜의 아침"에서 사회를 맡았다. 당시 나는 구원파에서 말하는 "죄 사함을 깨달음"으로 구원을 받았다고 믿으며 유병언 씨를 현대의 사도 바울과 같은 특별한 사람이라고 생각하고 따랐다. 그래서 모든 것을 그와 의논했고 그가 시키는 대로 순종했다.

1974년, 구원파의 이단성을 간파한 미국 선교사들의 대응에 따라 다른 11명의 구원파 신도들과 함께 방송국에서 해고된 나는, 마침 주한 영국 대사관의 부공보관으로 취직할 수 있었다. 하지만 나는 시간이 날 때마다 삼우트레이딩(구원파가 방송국에서 쫓겨나면서 차린 회사)에 가서 살다시피 했다. 이단에 빠지면 가정보다 "교회(?) 중심적"인 생활을 하게 되기 때문이다.

그러던 1976년, 나는 공무 수행을 위해 한 달 동안 영국을 방문하게 된다. 그런데 영국에는 구원파 교회가 없었다. 나는 어쩔 수 없이 런던과 스코틀랜드의 여러 교회의 예배에 참석했는데, 그때 비로소 기도와 예배, 주기도, 축도를 부정하는 구원파가 역사적 기독교의 전통에서 이탈하고 있음을 확인하게 되었다(뒤에 이 책에서 밝히겠지만 구원파의 세 계파는 기도와 예배를 거부하거나 경시한다. 이들은 주로 교제를 위해 모인다).

다시 한국으로 돌아온 나는 순진하게도 기도와 예배, 국제적인 교제가 필요하다고 구원파 지도층에 건의했다. 당시 구원파의 사업이 부도 위기에 직면해 있었기 때문에 나는 "우리 모임을 위해" 진심을 담아 제안했던 것이다. 그러나 나의 제안은 교주의 가르침에 대한 정면 도전으로 받아들여졌고 이것이 화근이 되어 나는 "교회를 무너뜨리는 사탄"으로 낙인 찍히게 되었다. 며칠 전까지 유 사장의 비서 역할을 하던 사람이 갑자기 사탄으로 둔갑한 것이었다. 그러자 유병언 씨의 경호원들이 밤에는 "쓸데없는 소리를 하면 죽여버리겠다"며 전화로 협박하고, 낮에는 대사관에서 나를 불러내 "순교할 각오가 되어 있느냐?"며 위협했다.

1977년, 목숨이 위태롭다고 느낀 나는 아내와 함께 그 집단에서 나올 수밖에 없었다. 그리고 처음에는 구원이 보장된 곳에서 쫓겨났다는 상실감에 모르몬교, 지방교회, 형제교회 등 여러 곳으로 방황했다. 그러던 중 미국 대사관에서 만난 선교사의 조언을 받고 사랑의교회에 출석하게 되었고 그때 처음으로 정통 교회에서 순수한 복음을 접하게 되었다. 사랑의교회에서 선포되는 말씀을 통해 성령은 "아내를 사랑하고 괴롭게 하지 말라"(골 3:19)는 말씀으로 나의 죄인 됨을 깨우쳐주셨고, 나는 나의 죄인 됨을 회개하고 예수님의 용서하시는 사랑 앞에 무릎을 꿇게 되었다.

1980년 8월 15일, 나는 나의 마음과 일생을 하나님께 맡기면서 예수님을 인격적으로 만나는 경험을 하게 되었다. 예수님은 나를 용서하고 받아주셨다. 드디어 나는 거짓 복음에서 벗어나 성경이 말하는 참된 구원을 얻게 되었다. 그 후 예수님을 나의 주, 나의 하나님으로 믿고 의지하는 가운데 지금까지 의와 평강과 기쁨이 넘치는 신앙의 길을 걸어왔다.[1]

지금 되돌아보면 그 모든 일은 성령 하나님의 인도와 역사하심이 있었기에 가능한 일이었다. 나는 어둠에서 빛으로, 흑암의 권세에서 사랑의 아들의 나라로, 심판에서 생명으로 옮겨졌다. 성령은 내가 **하나님의 아들임을 확증해주셨다**. 그 후로 나는 단 한 번도 내가 하나님의 자녀 라는 사실을 의심해본 적이 없다.

> 하나님이 그 아들의 영을 우리 마음 가운데 보내사 아빠 아버지라 부르게 하셨느니라(갈 4:6).

> 15너희는 다시 무서워하는 종의 영을 받지 아니하고 **양자의 영을 받았으므 로 우리가 아빠 아버지라고 부르짖느니라**. 16성령이 친히 우리의 영과 더불 어 우리가 **하나님의 자녀인 것**을 증언하시나니(롬 8:15-16, 저자 강조).

나는 구원파에 빠졌던 사람들 중 유병언 씨의 삶에 실망하여 모임에 나가지 않고 집에서 혼자 하나님을 찾는 이들이 많다는 사실을 알고 있 다. 그들은 다른 교회에는 구원이 없다고 믿으며 아예 주변 교회에 나 갈 생각조차 못 한다. 세월호 참사 후 구원파에서 나온 사람 중에는 "그 래도 우리가 깨달은 구원만은 확실하다"면서 자기들이 세운 전도인을 중심으로 따로 모임을 갖는 경우도 있다.

나는 그런 분들에게 권면하고 싶다. 가까운 곳에 있는 정통 교회에 나가보라. 곧바로 마음을 열기란 쉽지 않겠지만, 조금 더 견디며 버텨보 라. 갈등이 생기면 한국기독교이단상담소협회의 도움을 받을 수도 있 다. 전문가들은 이단에서 생활하다 정통 교회로 돌아와 적응할 때 보통 2-3년은 걸린다고 조언한다. 그것은 마치 외국인 며느리가 한국에 시 집와 적응하는 것과 같이 어려운 과정이기 때문이다.

예수님은 "비판을 받지 아니하려거든 비판하지 말라"(마 7:1)고 말씀하셨다. 교만한 마음으로 남을 업신여기며 판단하고 비판하는 것은 경계해야 마땅하다. 그런데 예수님은 곧이어 "거짓 선지자들을 삼가라"(마 7:15)고도 말씀하셨다. 옳고 그른 것을 분별하는 비판 능력이 없다면 누군가를 보고 참 선지자인지 거짓 선지자인지를 어떻게 분별하고 삼갈 수 있겠는가? 우리는 각종 비리나 가정폭력 등이 옳지 않다고 비판할 수 있어야 한다. 마찬가지로 우리는 선한 목자와 삯꾼 목자를 분별하고 거짓 선생들을 비판할 수 있어야 한다.

테리 쿠퍼(Terry Cooper)가 『비판의 기술』에서 말한 것처럼, 이 세상에 비판이 없다면 죄에 대한 자각이나 윤리적 원칙도 사라져버릴 것이다. 세상에 가치중립이란 있을 수 없다. 우리가 아무것도 비판하지 않는다면 우리는 윤리적 중립을 가장한 도덕적 무관심에 빠질 수밖에 없다.[2]

사도 바울은 거짓 사도들을 무분별하게 받아들이는 고린도 교회 성도들에게 다음과 같이 경고했다.

4만일 누가 가서 우리가 전파하지 아니한 **다른 예수**를 전파하거나 혹은 너희가 받지 아니한 **다른 영**을 받게 하거나 혹은 너희가 받지 아니한 **다른 복음**을 받게 할 때에는 너희가 잘 용납하는구나.…13그런 사람들은 거짓 사도요 속이는 일꾼이니 자기를 그리스도의 사도로 가장하는 자들이니라. 14이것은 이상한 일이 아니니라. 사탄도 자기를 광명의 천사로 가장하나니, 15그러므로 **사탄의 일꾼들**도 자기를 의의 일꾼으로 가장하는 것이 또한 대단한 일이 아니니라. 그들의 마지막은 그 행위대로 되리라(고후 11:4-15, 저자 강조).

구원 개념 바로잡기

나는 이 책에서 "기독교복음침례회"나 "대한예수교침례회"라는 이름으로 포교 활동을 하는 세칭 구원파라는 집단을 비판하려고 한다. 이는 단순히 비판을 위한 비판이 아니고, 한국교회가 이단이라고 규정한 구원파에 빠진 사람들이 스스로 자신의 신앙을 살펴 정통 신앙으로 돌아오기를 바라는 마음으로 시도하는 설득적 비판이다.

신천지나 하나님의교회(안상홍증인회)는 교주 이만희 씨나 장길자 씨를 "보혜사 성령" 또는 "하나님 어머니"라고 주장하기 때문에 그 거짓됨을 판단하고 분별하기가 상대적으로 쉬운 편이다. 그러나 구원파로 알려진 **유병언, 박옥수, 이요한** 계파는 지도자를 신격화하지 않으면서 자신들이 바른 구원의 복음을 전한다고 주장하기 때문에 그 이단성을 분별하기가 쉽지 않다. 정통 교회의 목회자들도 분별에 어려움을 겪는데 하물며 구원파에 소속되어 거짓된 구원의 확신에 젖어 있는 신도들은 얼마나 돌이키기가 어렵겠는가?

구원은 기독교의 핵심적인 요소다. 예수님이 영광의 보좌를 버리고 이 땅에 오신 목적은 자기 백성을 그들의 죄에서 구원하기 위함이었다(마 1:21).

인자가 온 것은 잃어버린 자를 찾아 구원하려 함이니라(눅 19:10).

하나님은 모든 사람이 구원을 받으며 진리를 아는 데에 이르기를 원하시느니라(딤전 2:4).

그런데 세상에는 예수님이 십자가에 못 박혀 죽으시고 부활하신 것을 목격한 사도들이 전한 "하나님 나라의 복음"과는 다른 복음, 즉 **다른 예수**와 **다른 구원**을 말하는 복음이 있다. 미국 선교사들도 "거듭남, 죄 사함"이라는 성경적 용어를 쓰는 것에 미혹되어 구원파 지도층에게 극동방송의 운영을 맡기는 실수를 하지 않았는가! 당신이 받았다고 믿고 있는 구원은 예수님과 관계가 없는 "다른 구원"일 수 있다.

나는 젊은 시절 원조 구원파(기독교복음침례회)에 깊이 참여했었다. 그리고 하나님의 섭리 가운데 정통 교회에서 예수님을 **인격적으로 만나** 하나님의 자녀가 되었다. 거짓 진리와 참 진리, 어둠과 빛을 모두 경험한 나는 그 후 침례신학대학교와 미국 트리니티 복음주의신학교에서 교회사와 조직신학 및 성경해석학을 포함한 신학과 기독교상담을 공부하며 올바른 기독교의 기준을 가지고 구원파를 비판할 수 있게 되었다. 나는 이를 하나님이 나에게 맡겨주신 사명으로 여겨 지금까지 저술과 강연, 집회와 상담을 통해 구원파의 이단성을 밝히는 데 힘써왔다.

내가 이번에 구원파를 주제로 다시 책을 쓰는 것은 젊은 날의 나처럼 구원파에 매여 있는 사람들에 대한 안타까운 마음 때문이다. 2014년 세월호 참사 이후 여러 가지 실망을 겪었음에도 유병언 씨가 전한 "깨달음"의 복음만은 틀리지 않았다고 생각하며 구원파의 굴레에서 벗어나기를 거부하는 수많은 사람이 있다. 이 책은 바로 그들에게 참된 구원, 참된 복음으로 돌아오라고, 보편타당한 진리를 전하는 정통 교회로 돌아오라고 외치는 호소문이다.

예수님은 "열매를 보고 나무를 알 수 있다"고 하셨다. 우리는 유병언 씨의 거짓말과 탐심과 호색의 열매를 보고 그 이단성을 분별하고, 박옥수 씨의 주식 사기 혐의와 이요한 씨의 신용협동조합 운영 등을 통해

구원 개념 바로잡기

나쁜 나무가 나쁜 열매를 맺는다는 사실을 확인할 수 있다. 구원파가 말하는 구원은 하나님 나라의 왕이신 예수님이 이 땅에서 처음 선포하신 "회개하라. 천국이 가까이 왔느니라"(마 4:17)라는 말씀에 대한 명백한 거부다. 회개가 빠진 깨달음에 의한 구원은 가짜 구원이다. 비슷하지만 진짜가 아닌 것은 짝퉁이다. 구원파의 구원은 짝퉁 구원이다. 성령의 역사와 관계없이 자신의 깨달음으로 말미암는 구원은 펠라기우스적·영지주의적 구원일 뿐, 객관적 진리인 성경이 이야기하는 구원과는 거리가 멀다.

나는 지난 몇 달 동안 "내가 전에는 구원파에 빠져 잘못된 신앙생활을 하였으나 지금은 정통 교회에서 즐겁고 확신에 찬 신앙생활을 하고 있다"고 고백하는 전 구원파 신도들을 여러 명 만났다. 하나님의 나라는 넓고 광대하다. 세상과 단절된 사람들이 어느 한구석에서 주장하는 구원은 진정한 구원이 아니다. 생각해보라! 유병언, 박옥수, 이요한 씨가 나타나기 전까지 2,000년 교회 역사에서 참된 구원의 복음을 전한 사람이 하나도 없었다는 말인가?

지금도 많은 사람이 구원파의 왜곡된 가르침과 자기중심적 태도에 실망하고 탈퇴를 고민하는 것으로 안다. 경험자로서 확실하게 말할 수 있는 것은 이 세상에는 성경적으로 올바른 복음을 전하는 교회들이 많다는 사실이다. 마음을 열고 내가 믿는 예수님이 사도 바울과 사도 요한과 사도 베드로가 전한 예수님인지를 자문해보라. 구원파의 세 계파는 서로 자기들이 전하는 복음이 진짜라며 다투고 있다. 한쪽에서 실망한 사람은 다른 구원파로 가지만 거기도 참 만족이 없다. 결국에는 모두가 역사적 기독교에서 벗어난 짝퉁 가짜 복음이기 때문이다.

물론 장로교회, 감리교회, 침례교회, 성결교회, 순복음교회, 성공회 등 정통 교회에도 거짓 선지자들이 숨어 있다. 그러나 대다수 교단 교회는 사도들이 전한 회개의 복음을 전하고, 본질적인 것에서 일치하기 때문에 별 탈 없이 서로 교류하며 교제권을 형성한다. 그래서 나도 이단을 제외한 여러 교회의 초청을 받으면 기쁜 마음으로 가서 설교를 하거나 가정생활세미나를 인도한다. 그리고 기회가 주어지는 대로 "거짓 선지자를 삼가라"라는 제목으로 이단 피해 예방 교육을 시행한다.

나도 한때 유병언 씨를 "현대의 사도 바울"이라 믿고 추종했었다. 하지만 그의 비인격적 행동, 그리고 기도와 예배를 부정하는 신앙에 의문을 품고 갈등하기 시작했다. 결국 "이것은 아니다"라는 판단을 내리고서 가족을 모두 이끌고 정통으로 돌아오는 데 수 개월간의 고뇌에 찬 씨름이 있었다. 당시 나는 여러 가지 근심과 염려 속에서 구원파를 떠났지만, 하나님은 나의 중심을 보시고 아름다운 길로 인도해주셨고 후회할 것이 없는 구원의 기쁨을 허락해주셨다.

하나님의 뜻대로 하는 근심은 후회할 것이 없는 구원에 이르게 하는 회개를 이루는 것이요 세상 근심은 사망을 이루는 것이니라(고후 7:10).

나는 나의 죄인 됨을 성 삼위일체 하나님 앞에 회개하고 예수님을 나의 구주로 영접하고 천국의 소망 가운데 기쁨과 감사와 평강이 넘치는 신앙생활을 하고 있다. 예수님을 진정으로 영접하는 순간 하나님의 용서하시는 사랑이 내 마음에 부어진 바 되었다. 나는 영생을 얻었으며 그리스도의 몸인 교회의 한 지체로서 가르치는 은사를 따라 기쁨으로

구원 개념 바로잡기

하나님을 섬기고 있다.

주님은 우리에게 확신과 평안과 기쁨이 넘치는 풍성한 생명을 나눠 주기 원하신다. 당신은 지금 풍성한 삶을 누리고 있는가? 그렇지 않다면 당신이 받았다고 생각하는 구원은 거짓된 구원일 수 있다! 어쩌면 바로 지금이 멸망의 길에서 생명의 길로 돌이킬 마지막 기회인지도 모른다. 구원파가 가르치듯이 확신이 사람을 구원하는 게 아니다. 확신으로 말하면 자살 폭탄 테러를 하는 과격파 무슬림을 능가할 사람이 몇이나 되겠는가? 따라서 어떤 사상에 대한 확신, 죄 사함을 받았다는 확신 같은 것이 사람을 구원하지 못한다.

나도 권신찬 씨의 설교를 듣다가 "이제 그리스도 예수 안에 있는 자에게는 결코 정죄함이 없나니"(롬 8:1)라는 말씀에서 죄 사함을 깨닫고 구원받았다고 착각한 적이 있었다. 그러나 그처럼 지식적으로 받은 구원, 깨달음으로 말미암은 구원은 나의 인격을 변화시키지 못했다. 나는 교만한 태도로 "깨닫지 못한 사람"을 무시하고 구원파 식으로 전도하다 거절을 당하면 그들을 향해 "구원받을 자격"도 없는 인간들이라고 말하며 경멸했었다.

그 후 진짜 복음을 들었을 때, 나는 상한 마음으로 내가 죄인임을 깨닫고 회개하며 새로운 삶을 시작할 수 있었다. 회개와 믿음이 빠진 구원, 깨달음만으로 받는 구원은 성경이 말하는 구원이 아니다.

너희가 회개하고 돌이켜 너희 죄 없이 함을 받으라. 이같이 하면 새롭게 되는 날이 주 앞으로부터 이를 것이요(행 3:19).

이방인에게까지 회개하고 하나님께로 돌아와서 회개에 합당한 일을 하라 (행 26:20).

구원파 신도들은 거짓 선지자들에게 미혹된 피해자로서 한때 거짓된 확신 속에서 지내던 나와 같은 처지에 있는 사람들이다. 그들은 나에게 적대감을 느끼겠지만 나는 그들에게 애끓는 안타까움을 느낀다. 유병언(권신찬), 박옥수, 이요한 씨에 대한 비판이 개인적인 악감정으로 인한 것이라는 오해는 없기를 바란다. 나는 단지 그들이 신학을 제대로 공부하지 않은 거짓 선생들이면서도 수많은 사람의 삶에 지대한 영향을 끼치기 때문에 비판할 뿐이다. 눈먼 소경이 소경을 인도하는 격이기 때문에 구원파 지도자들을 비판하지 않을 수 없다.

가짜 구원의 확신 가운데 우월감을 느끼면서 살아가는 구원파 형제자매들에게 느끼는 나의 안타까움은 사도 바울이 동족 이스라엘에게 느꼈던 안타까움과 다를 것이 없다. "형제들아! 내 마음에 원하는 바와 하나님께 구하는 바는 **구원파 신도들**을 위함이니, 곧 그들로 구원을 받게 함이라. 내가 증언하노니 그들이 하나님께 열심이 있으나 **올바른 지식을 따른 것이 아니니라.** 그들은 하나님의 의를 모르고 자기 의를 세우려고 힘써 하나님의 의에 복종하지 아니하였느니라"(롬 10:1-3 참고). 확신과 열심이 사람을 구원하는 것이 아니다. 사람은 진실하게 잘못된 길을 갈 수 있다(You can be sincerely wrong).

믿음의 선배로서 간청한다. 엎어진 컵에는 물이 들어가지 않는다고 했다. 부디 마음을 열고 이 책을 끝까지 읽어보라고 당신을 초대하고 싶다. 또한 정통 교회에 다니지만 구원의 확신이 없이 생활하는 분들도

이 책을 등대 삼아 참된 구원의 길로 인도받게 되기를 바란다.


2015년 7월 안양에서

가짜 복음을 먼저 접하고 진짜 복음을 경험한

정동섭 목사 드림

◇ 서론 ◇

성경은 구원에 이르는 믿음과 구원에 이르지 못하는 믿음이 있다고 말한다. 사도 바울은 고린도 교회에 복음을 전했지만 그들이 복음을 헛되이 믿을 수 있다는 점에 대해 경고한다(고전 15:1-11). 그렇다면 구원에 이르는 믿음은 무엇이며 참된 복음은 무엇일까? 나는 성경이 선포하는 객관적 복음이 나의 복음이 된 것을 확신하면서 참된 구원과 거짓된 구원에 대해 증언하는 증인의 심정으로 이 책을 쓰게 되었다.

일반적으로 "구원파"(救援派)는 "깨달음에 의한 구원"을 앞세워 1960년대 초부터 우리나라에 자리 잡은 사이비 기독교 운동을 총칭하는 말이다. 현재 구원파는 크게 "기독교복음침례회"(유병언·권신찬), "대한예수교침례회"(이요한), "기쁜소식선교회"(박옥수) 등 세 계열로 나뉜다. 정통교회에서 이 세 단체를 묶어 "구원파"라는 별칭으로 부르기 시작했고,[1] 지금은 이 용어가 일반적으로 사용된다.

많은 사람이 구원파를 한국에서 자생적으로 생겨난 것으로 알고 있지만, 엄밀한 의미에서 구원파는 미국과 네덜란드 등지에서 세대주의 성향을 안고 넘어온 "자칭" 선교사들에 의해서 전수된 이단이라고 할 수 있다.

그렇다면 구원파의 문제는 무엇일까? 겉으로 드러나는 사회적·윤리적 문제점도 심각하지만, 가장 큰 문제는 그들의 비뚤어진 "세계관"(世界觀)이다. 이것이야말로 구원파 문제의 핵심이라고 할 수 있다. 우리는 누구나 자기 나름의 세계관을 가지고 세상을 살아간다. 세계관은 의식적·무의식적으로 우리의 선택과 행동을 결정하는 일종의 프로그램이다. 한 사람의 세계관은 일차적으로 가정 안에서 형성되기 시작해 그가 성장함에 따라 이웃, 학교, 직장 같은 환경을 통해 변화하거나 발전한다.

제임스 사이어(James Sire)는 세계관을 "우리가 우리 세계의 기본 구조에 대해 의식적으로 또는 무의식적으로 가지고 있는 일련의 전제(presupposition) 또는 가설"이라고 정의했다.[2]

세계관은 다음의 7가지 질문에 대한 대답으로 이뤄진다.

① 궁극적 실재는 무엇인가?
② 우리를 둘러싼 세계의 본질은 무엇인가?
③ 인간이란 어떤 존재인가?
④ 사람이 죽으면 어떤 일이 일어나는가?
⑤ 지식이 가능한 까닭은 무엇인가?
⑥ 무엇이 옳고 무엇이 그른지 어떻게 알 수 있는가?
⑦ 시간과 역사의 의미는 무엇인가?

구원 개념 바로잡기

세상에는 이러한 질문에 대한 다양한 답변이 존재한다. 유신론, 자연주의, 허무주의, 실존주의, 범신론, 뉴에이지, 포스트모더니즘 등이 모두 일종의 세계관이다.

세계관은 우리의 행위를 인도하는 일련의 가정(전제)으로서 믿음(신념)의 체계 또는 사고 체계다. 또는 인간이 각자의 세계를 구성하는 방식이라고도 할 수 있다. 세계관을 가지고 있기 때문에 우리는 세상을 이해하고, 가치관에 따라 옳고 그름을 판단하고, 선택의 순간에 결정을 내리며, 한 가지 생활양식을 정해 안주할 수 있고, 장래에 대한 계획을 세울 수도 있다.[3]

가장 근원적인 측면에서 볼 때 세계관은 하나님과 인간, 세상, 구원, 인간의 역사에 대한 관점으로 이루어진다. 사실 "하나님과 인간과 우주 그리고 그 가운데 있는 인간의 위치를 이해하는 것보다 더 중요한 것은 없기" 때문이다.[4] 기독교 세계관은 창조, 타락, 구속, 완성의 네 가지 주제로 축약할 수 있다. 물론 성경에 "세계관"이라는 말은 없다. 그 대신 "하나님의 뜻", "진리", "율법", "말씀", "계시", "그리스도의 마음", "십자가의 도", "진리의 말씀 곧 너희의 구원의 복음" 등이 세계관을 의미하는 말로 사용된다고 볼 수 있다.[5]

어떻게 보면 구원파의 세계관도 넓은 의미에서는 기독교적 세계관이다. 그러나 진정한 기독교 세계관의 기준은 바른 교리(orthodoxy, 바른 믿음)와 함께 바른 경험(orthopathy, 바른 감정)과 바른 실천(orthopraxy, 바른 생활)이 따르는가에 있다. 진리 즉 옳음의 기본은 "관계적 옳음"이다. 따라서 모든 진리는 관계적 옳음에서 시작된다. 관계적 옳음은 인식의 옳음을 가져오고, 인식의 옳음은 행위의 옳음을 가져온다. 그러므로 존재적

옳음, 즉 관계적 옳음이 인식론적 옳음과 윤리학적 옳음에 선행한다.[6]

그런데 구원파는 극단적 세대주의에 근거한 잘못된 교리를 가르친다. 또한 그들은 깨달음으로 죄 사함을 얻는다는 영지주의적 구원관을 주장한다. 그리고 그들의 지도층은 이런저런 혐의로 고소를 당하기도 했다. 구원파를 참된 기독교 세계관을 가진 집단으로 보기 어렵다는 말이다.

그러나 구원파는 자신들의 교세를 확장하기 위해 자신들을 참된 기독교로 위장하는 방법을 사용한다. 이요한 씨가 이끄는 구원파에서는 성경강연회―부흥회가 아니다―또는 성경세미나를 자주 개최해 참석자들의 세계관을 송두리째 바꿔놓는 시도를 하는데, 그들의 광고 전단을 보면 기독교인이나 구도자들이 궁금해할 만한 다음과 같은 주제가 눈에 띈다.

① 하나님이 살아 계시다는 확실한 증거 제시
② 성경의 역사적·과학적 사실성
③ 성경에 기록된 이스라엘에 대한 예언과 성취
④ 성경에 나타난 인류 역사의 예언과 성취
⑤ 하나님이 보시는 인생과 죄에 대하여
⑥ 예수 그리스도를 통한 구원과 신앙생활

이처럼 구원파는 하나님과 인간, 죄와 구원, 성경과 신앙 등 근본적 의문에 대해 확실한 답을 주겠다며 사람들을 유혹한다.

하지만 구원파가 여러 집회를 통해 참석자들에게 주입하는 세계관은 성경적 세계관이 아니라 영지주의적 신학에 근거한 자신들의 세계

구원 개념 바로잡기

관이다. 이들이 전하는 "복음"의 핵심은 "깨달음"으로 구원을 받는다는 것이다. 그들의 주장대로라면 율법에서 해방된 후에는 반복적 회개가 필요하지 않다. 즉 그들이 말하는 구원이란 회개가 빠진 것으로서 은혜를 누리며 마음대로 살라는 말과 다르지 않다. 박옥수 씨는 이런 구원이 "기쁜 소식"이라고 선전한다.

물론 구원파도 하나님, 죄, 구원, 중생, 회개, 믿음, 기도, 교제, 예배, 종말 등의 용어를 사용한다. 하지만 그들이 사용하는 용어는 원래 성경이 말하는 의미나 전통적 기독교 신학이 사용하는 의미에서 벗어나 있다. 왜 이런 문제가 발생할까? 그 이유는 단순하지만 명쾌하다. 세 계파의 지도자들이 모두 신학을 체계적으로 공부한 적이 없기 때문이다. 지도자들의 가르침을 절대시하며 자신들의 특권을 주장하는 구원파의 특징상 이 문제는 쉽게 해결되지 않을 것이다.

모든 세계관에는 나름의 정통과 이단이 있다. 특히 기독교는 하나님과 인간, 구원과 윤리, 역사와 시간, 종말과 내세에 대한 보편적 세계관을 가지고 있다. 하나님의 말씀은 기독교 신앙의 유일한 원천이며 성도들이 지향하는 삶의 절대적 기준이다. 하나님의 말씀에 뿌리를 둔 기독교 신앙은 예수 그리스도의 복음 안에서 우리를 만나주시는 하나님에 대한 우리의 직접적이며 인격적인 응답이다. 그리고 이러한 응답에는 인간의 모든 측면, 즉 우리의 신체와 정신, 지성과 감정, 의지와 삶이 전부 연결되어 있다.

구원파는 다양한 세미나와 강연회를 통해 구도자들의 세계관을 뒤바꾸어놓으려 한다. 하지만 그들이 구도자의 마음에 갈아놓는 세계관은 사이비 기독교 세계관에 불과하다. 기독교의 이신칭의(以信稱義)를 성화(聖化)와 무관한 것으로 이해하는 그들의 세계관은 구원받은 그리스도인이 "의롭게 된 죄인, 사함 받은 죄인"이라는 점을 간과하고 기독교의 윤리적 차원을 무시하는 결과를 불러온다. 신앙과 삶을 근본적으로 분열시키는 이런 독특한 세계관에 한 번 빠지면 헤어나오기란 여간 힘든 게 아니다.

구원파는 교주를 대놓고 신격화하는 부류의 사교(邪敎) 집단은 아니다. 하지만 그렇다고 해서 구원파가 올바르다거나 문제가 없다는 것은 결코 아니다. 구원파의 문제를 파악하고자 할 때 이런 미묘한 지점을 간과하는 실수를 범해서는 안 된다. 이레나이우스(Irenaeus)는 다음과 같이 말한다.

> 그릇됨은 자신의 기형된 모습을 잘 드러내지 않는다. 드러날지라도 발각되지 않으려 노력하기 때문이다. 하지만 교묘하게 매력적인 옷으로 치장하여 진리 자체보다도 훨씬 진리다운 모습을 가지고 아직 자라지 못한 사람들에게 자신을 드러낸다.[7]

이레나이우스의 지적대로 구원파 지도자들 역시 진리와 거짓을 교묘히 섞어서 가르치며 "진리 자체보다도 훨씬 진리다운 모습"으로 자신을 치장한다. 따라서 순진한 일반 성도들이 그들의 숨은 이단성을 분별하기란 쉽지 않은 일이다.

하지만 이단 사이비 문제는 특별히 오늘날의 교회에만 해당하는 특수한 문제가 아니다. 아주 오래전 신약성경의 초대교회 역시 같은 문제로 씨름했다. 사도들이 세운 교회는 나사렛 예수의 가르침과 사도들의 전통을 굳게 붙들어 "훼손되지도 않고 더럽혀지지도 않은 상태"였다.[8] 그러나 세월이 지나면서 거짓 사도들이 다른 예수, 다른 복음, 다른 영(고후 11:4)을 전하면서 거짓된 교훈이 퍼져나가기 시작했고, 초대교회는 이단 사이비와 치열하게 싸울 수밖에 없었다.

우리가 이단 사이비와 치열하게 싸우며 지켜내야 하는 기독교 복음은 예수님의 죽으심과 부활을 증거하는 복음이다. 이 복음이 전해진 경로에 대해 사도 바울은 다음과 같이 고백한다.

> 3내가 받은 것을 먼저 너희에게 전하였노니 이는 성경대로 그리스도께서 우리 죄를 위하여 죽으시고 4장사 지낸 바 되셨다가 성경대로 사흘 만에 다시 살아나사 5게바에게 보이시고 후에 열두 제자에게와…8맨 나중에 만삭되지 못하여 난 자 같은 내게도 보이셨느니라(고전 15:3-8).

이를 통해 우리는 바른 복음을 전하는 정통이 시간적으로 이단보다 앞선다는 사실을 알 수 있다. 먼저 사도들을 통해 전해진 바른 교훈, 즉 정통(正統)이 있었고 그 후 정통에서 일탈한 이단(異端)이 생겨났다. 구원파의 "복음"은 원래 바울이나 요한, 베드로 등 사도들이 전했던 복음에서 멀리 떨어져 있다. 신약성경의 가르침을 따라 바른 복음을 전해 들은 우리는 이단 사이비와의 싸움에 자신감을 가지고 임해야 한다.

아우구스티누스(Aurelius Augustinus)는 "본질(essence)에서는 일치를, 비본질적인 것에서는 관용을 베풀라"고 했다. 하지만 구원파에는 관용을 베풀 수 없다. 그들은 본질적인 것에서 정통 교회와 너무나 다른 주장을 하기 때문이다.

기원후 5세기에 활동했던 빈켄티우스(Vincentius)라는 신학자는 이단
과 정통을 판가름하는 세 가지 질문을 남겼다.

① 어디서나 그렇게 믿었는가?(Was it believed everywhere?)
② 항상 그렇게 믿었는가?(Was it always believed?)
③ 모든 사람이 그렇게 믿었는가?(Was it believed by everyone?)

진리는 보편타당하다. 정통은 온 세계에 널리 퍼져 있지만, 이단은
지리적으로나 시기적으로 한정되어 있다. 우리가 살펴보려고 하는 구
원파는 다른 이단들과 마찬가지로 지구 한구석에서 자기들만 깨달은
영적인 진리가 있다고 주장하며 성령이 자기네 집단 안에서만 역사한
다는 착각 어린 확신에 빠져 있다.

나는 이 책에서 구원파의 가르침이 왜 잘못되었는지를 정통 기독교
신학과 대조해가며 설명할 것이다. 내가 이렇게 할 수 있는 이유는 나
자신이 구원파의 가르침에 세뇌되었다가 정통 신앙으로 돌아오면서
"마음을 새롭게 함으로 변화를 받아"(롬 12:2) 거짓과 진리를 분별하는
과정을 거쳤기 때문이다.

나는 젊은 시절 8년 동안이나 유병언 씨의 통역 비서로 일하면서 구
원파를 아주 가까이서 경험했다. 그리고 하나님의 도우심으로 거기서
돌이킬 수 있었고, 이후 정통 신학을 공부하고 기독교 상담심리학자의
길을 걷게 되었다. 하나님은 나에게 일종의 "상처 입은 치유자"의 사명
을 맡기셨다. 사이비종교피해대책연맹의 총재 역할을 감당하고 있는
지금, 나는 이단으로 인해 사회와 가정이 파괴되는 것을 막고 순진한

성도들이 거짓된 구원 확신에 빠져 멸망의 길을 가는 것을 저지하기 위해 또다시 펜을 들었다.

이 책은 되도록 많은 사람이 구원파의 문제점을 쉽게 이해하며 정통과 이단을 분별할 수 있게 할 목적으로 기획되었다. 편의상 참고문헌의 구체적인 출처를 일일이 밝히지는 않았으나 자세한 출처를 알기 원하는 독자는 나의 저서 『구원파를 왜 이단이라 하는가?』(죠이선교회, 2010)와 『그것이 궁금하다』(하나, 1993)를 참고하면 필요한 정보를 얻을 수 있을 것이다.

바른 교훈(sound doctrine)을 신봉하는 성도라면 이 책을 바른 신앙을 강화하는 계기로 삼을 수 있다. 그러나 구원파에 심취했다가 실망하고 그 집단을 떠나 안갯속을 방황하듯 사는 사람들은 마음을 열고 자기 생각을 점검하며 이 책을 읽어보라고 부탁하고 싶다. 이 책이 구원파를 몸소 겪었던 증인의 구체적 증언으로서 구원파의 사이비성을 분별하는 데 작게나마 도움이 되기를 바란다.

구원파에 대한 구체적인 논의에 앞서 살펴보아야 할 두 가지 기본적인 주제가 있다. 바로 "신학"과 "이단"이다.


## 신학이란 무엇인가?

신학이란 일반 학문과 다르다. 일반 학문이 인간의 이성에 호소한다면, 신학은 성령 하나님이 일으켜주신 믿음으로 하나님을 알아가는 학문이다. 그러므로 신학은 성 삼위일체 하나님을 믿는 믿음에서 출발하여 하나님을 아는 참된 이해로 나아간다. 우리가 하나님을 아는 길은 오직 믿음뿐이다.

기독교 신앙에서 신학과 신조 및 교리는 매우 중요하다. 한 사람의 근본적 신념(세계관)은 그가 살아가는 방식에 직접적인 영향을 미치기 때문이다. 특정 신학에 뿌리를 둔 우리의 신앙은 실제 생활의 열매로 나타난다. 그래서 바울은 "네 자신과 가르침[신학]을 살펴 이 일을 계속하라"(딤전 4:16)라고 권면하는 가운데 바른 교훈에서 벗어나 다른 교훈(false doctrine)에 이끌리지 말라고 여러 차례 경고했다.

또한 예수님은 "거짓 선지자들을 삼가라. 양의 옷을 입고 너희에게 나아오나 속에는 노략질하는 이리라"(마 7:15)라고 말씀하셨다. 우리가 구원파의 겉모습이 아닌 본모습을 분명하게 확인해야 하는 이유가 여기에 있다. 나아가 예수님은 "그들의 열매로 그들을 알리라"(마 7:20)라고 말씀하셨다. 바른 신학은 바른 실천으로 이어지기 마련이다. 구원파의 나쁜 열매는 다름 아닌 나쁜 신학의 결과라고 할 수 있다.

신학은 하나님에 대해, 곧 그의 존재, 속성, 영향(섭리와 계획)에 대해 연구하는 학문으로서 예수 그리스도를 따르는 자들이 공유하는 근본적 신념들에 대한 조직적 성찰이다. 또한 기독교 신앙의 기초와 적용에 대해 체계적으로 생각해보려는 시도이며 기독교 신앙의 지적인 차원에 대한 탐구라고도 할 수 있다. 우리가 신학에 관심을 기울이는 이유는 우리가 선포하는 복음의 의미를 더 잘 이해하고 우리의 신앙을 더 온전히 세우기 위함이다.

온전하지 못한 신학에 뿌리내린 기독교 신앙이 온전하기란 거의 불가능하다. 이에 대해 한국교회의 위태로운 신학 수준을 걱정하는 한 목회자는 "기독교의 이름으로 세상에서 일어나는 온갖 혼란스러운 것들

구원 개념 바로잡기

의 대부분이 악의를 품은 사람들에게서가 아니라 '나쁜 신학'에서 비롯
된 것이라 확신하며, 나쁜 신학에 대한 해결책은 신학을 버리는 것이
아니라, '좋은 신학'을 갖는 것이라고 믿는다"라고 고백하기도 한다.[9]

신학을 위해 필요한 주요 자원(자료)은 성경의 메시지와 교회의 전
통적 유산이다. 신학의 절대적 기준이 되는 성경과 더불어 과거의 신앙
선조들로부터 내려오는 신조들과 고백서들은 우리의 신학 작업을 유익
한 방향으로 안내한다. 나는 침례신학대학교와 미국 복음주의신학교에
서 신학을 공부한 복음주의자(evangelical)다. 복음주의 신학은 성경을
규범으로 삼아 신학과 전통을 성찰한다. 종교개혁으로부터 현재에 이
르는 복음주의의 뿌리는 "오직 은혜(sola gratia), 오직 믿음(sola fide), 오
직 성경(sola scriptura)"으로 요약할 수 있다.

그런데 구원파의 원조 격인 기독교복음침례회 또한 자신들을 "복음
주의적 침례교"(Evangelical Baptists)로 구분한다. 여기에 덧붙여 구원파
의 2인자라고 할 수 있는 권신찬 씨는 다음과 같이 주장하기도 한다.

우리들의 주장이 장로교나 감리교의 기본적인 교리와 전혀 차이가 없다는
것을 그들 자신도 잘 알 것이다. 차이점이 있다면, 교리를 이론적으로만 아
는 것이 아니라, 그것이 내적인 경험으로 이루어져야 한다고 주장하는 것뿐
이다.[10]

그러나 실상은 그렇지 않다. 구원파의 주장은 정통 교회의 가르침과
차이가 크다. 이 책을 통해 나는 구원파가 교리적으로나 경험적으로 정
통 교회와 여러 면에서 다르다는 것을 분명하게 밝힐 것이다. 특별히 구

원파의 가르침에 세뇌된 독자들은 이 책을 통해 성경과 전통에 비추어 구원파가 왜 신학적으로 잘못된 사이비 복음주의 분파인지를 살펴보고, 구원파에서 배운 나쁜 신학을 성경적인 좋은 신학으로 바꾸기 바란다.


## 이단이란 무엇인가?

고(故) 옥한흠(1938-2010) 목사님은 내가 정통 신앙으로 돌아올 수 있게 도와주셨던 분이다. 목사님이 소천하시기 몇 달 전 나에게 전화를 주신 적이 있다. 일간 신문에 나온 박옥수 씨의 설교문을 읽으신 후 박옥수 씨가 이단이 맞는지 의문이 생기셨던 것이다. 내 설명을 들으신 목사님은 박옥수 씨가 이단임을 곧바로 확인할 수 있었다. 하지만 대부분 목회자와 평신도들은 구원파의 이단성을 바로 확인할 방법이 없어 정확한 분별에 어려움을 겪는 것이 현실이다.

구원파 이외에도 한국교회를 어지럽히는 대표적 이단에는 신천지(이만희), 하나님의교회(안상홍, 장길자), JMS(정명석) 등이 있다. 이들은 교주 자신을 보혜사 하나님, 어머니 하나님, 재림 예수 등으로 신격화하기 때문에 바로 사이비 종교임을 분별할 수 있다. 하지만 여러 이단 중 이단성을 분별하기가 가장 힘든 곳이 바로 구원파일 것이다.

이단(異端, heresy)으로 번역된 그리스어 하이레시스(αἵρεσις)는 원래 "선택"(choice)이나 "의견"(opinion)이라는 일반적인 뜻을 가지고 있었다. 반면 기독교와 관련한 이단은 본질적으로 신학적인 개념으로서, 역사적 정통 교회가 지켜온 성경적 교리를 변질시키고 바꾼 "다른 복음"을 말한다. 즉 성경은 "올바른 교리적 표준(sound doctrine)에서의 이탈"을

구원 개념 바로잡기

"이단", "다른 복음", "다른 교훈"(false doctrine)으로 규정한다.

또한 이단은 진리를 고의적으로 거부하고 오류를 받아들이는 집단을 가리키는 말로서, 기독교의 겉모양은 갖추고 있으나 본질적으로 다른 복음을 전하는 유사 기독교 단체를 총칭하기도 한다. 미국의 이단 전문가 월터 마틴(Walter Martin)은 이단을 "어느 특정인의 거짓된 가르침(그릇된 성경 해석)을 중심으로 형성된 종교 집단"이라고 정의했다.[11] 정리하자면 이단은 "성경과 정통 교회가 가르치는 근본 진리로부터의 교리적 탈선이나 거짓된 신학 체계"를 의미하며, "거짓된 교리나 그 교리를 가진 집단"을 가리키는 말이기도 하다.[12]

우리는 사이비 종교를 정의할 때 독단적·저항적·배타적·처벌 지향적·밀교적 성격을 포함한 사회적 측면이나, 가정 파괴적·호색적·탐욕적 성격과 같은 윤리적 측면의 문제점을 기준으로 삼을 수 있다. 그러나 사이비 기독교나 이단을 분별할 때 가장 중요한 기준은 무엇보다 성경과 교리다. 즉 신학이다. 정통과 이단은 결국 진리와 거짓 간의 싸움이기 때문이다. 우리는 진리와 거짓의 차이를 분별할 수 있어야 한다. 여기에 교회의 운명이 달려 있다고 해도 과언이 아니다.

유병언, 박옥수, 이요한 씨로 대표되는 구원파는 엉터리 성경 해석, 깨달음에 의한 구원, 회개 무용론, 죄인-의인 문제, 시한부 종말론 등과 관련하여 기독교대한성결교회(1985), 대한예수교장로회 고신(1991), 대한예수교장로회 통합(1992), 대한예수교장로회 합동(2008) 등 주요 교단들로부터 이단으로 규정되었다. 사단법인 한국교회연합에서는 2015년에 출간한 이단·사이비 종합 자료를 통해 구원파의 세 계파가 현재 국내에서 활동하는 70개의 이단 중 한 부류라는 사실을 밝혔다.

한국기독교교회협의회(NCCK)도 일찍이 성명서를 통해 "기독교복음
침례회 구원파는 기독교란 이름으로 위장하여 사회에 폐해를 끼친 사
교 집단"이라고 규정했다. 또한 세월호 참사가 일어난 직후 부산기독교
총연합회는 구원파에 대해 이런 입장을 밝혔다. "[구원파는] 정통 기독
교 교리와 다른 주장을 할 뿐 아니라, 기독교로 위장해 사업체를 운영
하면서 사리사욕을 채운 것으로 밝혀지고 있다. 기독복음침례회 구원
파는 기독교가 아니며 정통 침례교, 즉 기독교한국침례회와는 하등의
관계가 없다". 이처럼 대다수 정통 교단과 교회 연합체들은 구원파의
세계관과 기본 전제가 정통 기독교와 너무나 다르므로 구원파를 유사
기독교 또는 사이비 기독교로 분류한다.

이단 전문가인 최삼경 목사는 이단과 사이비를 구분하는 기준으로
"성경적 7대 교리"를 제시했다. 성경적 7대 교리는 성경관, 신관, 그리스
도관, 성령관, 인간관, 교회관, 종말관 등 7가지 분야를 다루는데, 어떤
교회가 이 7가지 분야에서 성경적 교리를 전적으로 신봉한다면 "정통
교회"로 부르는 데 문제가 없을 것이다. 그러나 어떤 한 부분만 신봉하
고 다른 분야에서 비성경적 교리를 내세우는 경우는 "사이비"로 분류해
야 하며, 전체 분야에서 성경적 교리를 신봉하지 않는 경우는 "이단"으
로 규정해야 한다. 최삼경 목사는 구원파 교리를 검토한 후, "구원파는
정통 기독교와 너무나 유사하나 다른 종교요, 다른 복음이요, 또한 반
하나님적이요, 반 성경적"이라는 결론을 내렸다.

1970년에 창립한 한국기독교총연합회는 2009년까지는 한국의 개신
교단 대다수를 아우르며 대표해온 한국의 교회 연합체였다. 그러나 이
연합회는 여러 상황에 의해 변질돼 이단 옹호 기관이 되어버렸는데, 그

구원 개념 바로잡기

렇게 변질되기 전에는 "기독교복음침례회 즉 구원파는 기독교의 이름으로 역사적인 기독교를 부인하는 이단 사교 집단"이라고 규정했었다.

한국교회에는 기본적으로 두 가지 성격의 이단이 있다. 하나는 그 집단의 교주를 신격화하는 "교주 우상주의" 이단이다. 이런 이단들은 교주를 하나님이나 재림 예수, 또는 보혜사 등으로 추앙한다. 통일교(문선명), 천부교(박태선), 신천지(이만희), 하나님의교회(안상홍, 장길자), 영생교(조희성)가 이 범주에 속한다고 할 수 있다. 다른 하나는 역사적·보편적 교회와 달리 성경을 자의적으로 해석하는 "교리적 이단"이다. 교리적 이단은 성경과 그리스도에 대해 칼케돈 신조나 콘스탄티노플 신조 등 고대 에큐메니컬 교리와 다른 해석을 하는 이단들을 일컫는다. 다락방(류광수), 평강제일교회(박윤식), 성락교회(김기동)와 구원파 등이 여기에 속한다고 할 수 있다.

권신찬 씨는 "누구든지 우리가 주장하는 진리가 성경에 위배된다고 생각한다면 얼마든지 우리를 비판해도 상관없다"고 호언한 적이 있다. 그도 그럴 것이 구원파는 경전이 따로 있는 것이 아니라 성경을 왜곡하는 방법을 사용하기 때문에 보통 사람들이 구원파의 오류를 간파하기란 쉽지 않은 일이다. 심지어 구원파에 불만을 가지고 이탈한 사람들도 그 집단이 진짜 구원을 전하며 성경적이라는 확신을 쉽게 버리지 못한다. 구원파는 다른 이단처럼 교주를 보혜사나 하나님이라고 부르거나 노골적으로 신격화하지 않는 데다가 성경 말씀을 가지고 세뇌시키듯 교육하기 때문이다.

하지만 구원파는 진짜처럼 보이는 짝퉁일 뿐이다. 구원파 지도자들은 모두 외국의 무자격 자칭 "선교사"에게서 거짓된 복음을 받아들였고, 그 거짓된 복음을 이용해 많은 사람을 잘못된 길로 이끈 사이비, 가짜, 유사 기독교 집단을 만들어냈다.

구원파의 교리적 문제점을 살펴보고 성경적 구원이 무엇인지 알아보기 전에 먼저 구원파의 세 분파가 생겨난 역사적 배경을 간략하게 살펴보도록 하자.

# I

—

## 구원파의 현황과 역사

현재 구원파는 크게 유병언·권신찬 계열(기독교복음침례회, 〈www.ebcgrace. com〉), 이요한(본명 이복칠) 계열(대한예수교침례회, 〈seoul.jbch.org〉), 박옥수 계열(기쁜소식선교회, 〈www.goodnews.or.kr〉) 등 3개 파로 분류할 수 있다. 그 외에 구영석(대한예수교연합침례회), 윤방무(Peter Yoon), 손영수, 서달석 (강서중앙교회), 오성삼, 구영석 씨 등이 유사한 교리와 사상을 가졌다고 평가된다. 또한 류광수 씨가 주도하는 다락방전도운동도 박옥수 씨의 "회개무용론"의 영향을 받은 것으로 드러나고 있다.

구원파 교리의 신학적 뿌리를 추적해보면 "배타적인 형제교회" (Exclusive Brethren)와 "지방교회"(Local Church)가 있다. 형제교회란 19세 기 영국에서 일어났던 교회 회복 운동의 결과로 제도적 교단과 성직 체 제를 부정하고 성령의 인도와 그리스도의 머리 되심을 강조하면서 개 교회 중심의 성향을 지니게 된 사람들의 모임을 말한다. 형제교회는 진 보적 교회 개혁 운동으로 교회사에 긍정적인 영향을 끼친 부분이 있지 만, 공교회의 제도적 권위를 부정하고 개교회 혹은 개인의 자유를 강조 하다 보니 그 그늘에서 수많은 이단 사상이 발흥하는 결과를 초래했다. 특히 형제교회의 모태가 된 세대주의 신학은 우리나라를 비롯한 전 세 계의 교회에 적잖은 악영향을 끼쳤다고 볼 수 있다.

형제교회는 타 교단과의 교류를 긍정적으로 받아들이는 개방적 형 제교회와 다른 교단을 공격하는 성향을 지닌 폐쇄적·배타적 형제교회 로 분류된다. 그런데 우리나라에 주로 소개된 형제교회는 배타적 형제교회다. 배타적 형제교회는 "재림을 기다리며 깨어 살고 있음을 내세우면서 임박한 종말론을 강조하고 목사를 따로 두지 않는 게 특징이다." 이단 연구 목회자 모임인 "아레오바고사람들"의 대표 이영호 목사는 "19세기 초에 영국에서 시작된 독립교회 형태의 형제교회가 1950년대 말에 한국에 전래되었는데, 그 한 부류가 구원파로 발전했다"고 본다. 구원파는 세대주의 종말론을 주장하는 형제교회의 아류라고 할 수 있는 것이다.

딕 요크(Dick York)는 미국의 "배타적인 형제교회" 출신으로서, 목사 제도는 필요 없다고 믿으며 체계적인 신학 공부를 부정한 사람이었다. 심지어 그는 신학교에 가는 사람은 타락하게 된다고 가르쳤다. 이 가르침을 이어받은 그의 제자들은 체계적 신학 공부를 거부했다. 결과적으로 권신찬, 박옥수, 유병언 씨 등 구원파의 지도자들은 하나같이 신학적으로 무지하다는 공통점을 갖게 되었다.

또한 구원파 초기의 지도자인 권신찬, 박옥수 씨는 우리나라에 지방교회를 처음 소개한 왕중생(王重生, 본명 권익원)과 함께했던 기록이 있다.[1] 중국의 워치만 니(Watchman Nee, 1903-1972)가 시작하고 위트니스 리(Witness Lee, 1905-1997)가 널리 퍼뜨린 지방교회는 교회의 하나 됨을 추구하면서 반 교파적인 태도를 보이고 신앙생활의 단체성을 강조하는 교회로서 목사를 두지 않고 소수의 장로가 교회를 인도하는 특징이 있다. 지방교회와 구원파의 교리에는 모종의 공통 요소가 있기 때문에 지금도 구원파에 실망하고 이탈한 교인들이 지방교회로 옮겨가는 경우가 많다.

이처럼 기존 교회의 한계에 주목하고 제도화된 신학 교육을 도외시한 형제교회와 지방교회의 영향을 받은 구원파 역시 체계적 신학 교육을 쓸모없는 것으로 여긴다. 예를 들어 이요한 씨는 "하나님의 사역자는 신학교에서 교육을 받고 학위를 받으며 목사 고시에 합격함으로 되는 것이 아니다. 성경에는 그런 것이 없다. 하나님의 일꾼들은 신학교에서 양성되는 것이 아니다. 사도 바울이 신학교에 다닌 적이 있는가?"라고 반문하면서 "신학무용론"을 주장했다.

하지만 사도 베드로는 "무식한 자들과 굳세지 못한 자들이 다른 성경과 같이 그것도 억지로 풀다가 스스로 멸망에 이르느니라"(벧후 3:16)라고 경고했다. 또한 거짓 선생들로 인해 "여럿이 그들의 호색하는 것을 따르리니 이로 말미암아 진리의 도가 비방을 받을 것이요 그들이 탐심(greed)으로써 지어낸 말을 가지고 너희로 이득을 삼으니 그들의 심판은 옛적부터 지체하지 아니하며 그들의 멸망은 잠들지 아니하느니라"(벧후 2:2-3)라고 예고했다.

이제부터 구원파의 대표적 세 계파가 생성된 과정을 개략적으로 살펴본 후 구원파의 교리적·신학적 한계에 대해 자세히 알아보자.

구원 개념 바로잡기

# 1
## 유병언·권신찬 계열[1]

1987년 세간을 시끄럽게 했던 오대양 집단 변사 사건과 2014년의 세월
호 참사, 그리고 (주)세모 및 녹색회와 관련된 것으로 알려진 기독교복
음침례회는 모든 구원파의 본산이라고 할 수 있다. 이들의 주요 근거지
는 경기도 안성시 보개면에 자리한 "금수원"과 서울시 용산구 삼각지에
있는 "서울교회당"(통칭 삼각지교회)이다.

　기독교복음침례회의 창설자인 권신찬(1923-1986) 씨는 원래 장로교
목사였다. 하지만 네덜란드 선교사 케이스 글라스(Kays Glass, 길기수)의
영향으로 1961년 11월 "죄 사함을 깨달아" 침례를 받고 자신이 깨달은
바를 전하기 시작했다. 이에 경북노회(예장 통합)는 권신찬 씨를 이단으
로 규정하고 목사 면직 처분을 내려 제명했다.

　기독교복음침례회의 또 다른 창설자 유병언(1941-2014) 씨는 대구 성
광고등학교를 졸업한 후 미국인 독립선교사 딕 요크(덕인영)가 운영하
는 대구선교학교에서 수학했다. 그리고 1962년에 딕 요크의 설교를 듣

다가 "복음을 깨달았다"고 한다. 그 후 대구선교학교에 청강생으로 참여하던 권신찬 씨와 함께 포교 활동을 시작했으며, 그의 외동딸 권윤자 씨와 결혼하여 장인과 사위 관계가 되었다. 많은 이들이 장인 권신찬 씨를 구원파의 교주로 알고 있지만, 권신찬 씨는 1970년대 초부터 유병언 씨의 영적 권위를 인정해 그를 "모임의 입", "기름 부음 받은 자"로 추앙하며 신격화했다.

권신찬, 유병언 씨는 1963년부터 선교사들과 관계를 끊고 독자노선을 구축, 1969년부터 1981년까지는 "평신도복음선교회"(Korea Laymen's Evangelical Fellowship)라는 이름을 걸고 활동했다. 그사이 유병언 씨는 1972년 서울 약수동 "성동교회"에서 구원파의 교리에 미혹된 선교사 3명과 한국인 목사 2명으로부터 목사 안수를 받았다. "기독교복음침례회"라는 이름은 1981년 11월부터 새롭게 사용하기 시작한 이름이다.

권신찬 씨는 1969년부터 1974년까지 미국 국제복음주의동맹선교회(The Evangelical Alliance Mission, 팀선교회)가 운영하는 극동방송에서 "은혜의 아침"이라는 프로그램을 맡았다. 그는 이 방송에서 기존 교회의 "예배 행위, 십일조 헌금, 장로-집사 제도, 새벽 기도, 축도, 율법을 지키려는 노력" 등을 "종교"로 규정하고 "종교와 율법에서 해방"되는 것이 구원이라고 설교했다. 이 설교에 미혹된 많은 청취자가 "평신도복음선교회"로 흡수되어 구원파의 초기 신도들이 되었다.

권신찬 씨는 유병언 씨도 방송국에 끌어들여 부국장 자리에 앉혔으나 정통 교단들은 그의 이단 사상에 항의하여 방송 청취 거부 운동을 벌이기에 이르렀다. 사태의 심각성을 파악한 팀선교회는 1974년 권신찬 씨와 유병언 씨를 포함한 구원파 소속 직원 11명을 모두 해고했다.

사실 고(故) 권신찬 씨는 대한예수교장로회 통합 교단의 목사였지만 면직 및 제명 처분을 받았기 때문에 사실상 목사가 아니었다. 그는 다른 어느 곳에서도 새롭게 안수를 받지 않았다. 하지만 그는 평생 목사를 사칭해 활동했다. 이렇게 가짜 목사인 권신찬 씨와 유병언 씨가 자신들이 깨달은 바를 바탕으로 만든 종교 집단은, 구원관에서 정통 교회와 극명한 차이를 보이기 때문에 구원파라고 불리게 되었다.

여기서 정리하고 넘어가야 할 주제가 있다. 그것은 바로 구원파의 교주 유병언 씨의 이력이다. 유병언 씨의 이력은 기독교복음침례회의 성격 변화와 밀접한 관련이 있다. 즉 유병언 씨의 색깔이 변화됨에 따라 기독교복음침례회의 색깔도 함께 점진적으로 변질되었다고 할 수 있다.

**유병언 씨의 변질 과정**

① **겸손한 평신도 시절**(humble layman, 1962-1967). 유병언 씨는 처음에 "죄 사함으로 말미암는 구원"을 메시지의 중심에 두고 기도와 예배를 강조했다. 이 시절 그는 대구 공설운동장 맞은편에 있던 자신의 집 "칠성예배당"을 본거지로 삼고 제일모직 여공들과 대구 근교 복성동을 중심으로 전도 활동을 벌였다.[2] 그는 사람들을 차별 없이 겸손하게 대했기에 사람들은 그를 "유 형제"라고 불렀고, 이 당시 대구에서 군 복무 중이었던 나도 주말에 칠성예배당에 출입하기 시작했다.

② **자신감 넘치는 설교자**(confident preacher, 1968-1971). 유병언 씨는 자신이 전하는 대로 "복음을 깨닫고 구원받는 사람"이 증가하자 점점 자신감을 얻었다. 그는 활동 영역을 서울, 인천, 안양 등지로 넓혀가며

"구원받은 성도들의 교제"를 메시지의 중심으로 삼았다. 그리고 이때부터 기도와 예배의 의미를 왜곡해 "교제가 바로 기도이며 예배"라는 교리를 만들어 가르치기 시작한다. 그리고 이때 추종자들을 규합해 "평신도복음선교회"라는 단체를 만들었다(1969년).

1991년 상습사기 혐의로 재판을 받던 유병언 씨는 재판장에서 자신은 목사가 아니며 구원파와도 무관한 사람이라고 주장했다. 하지만 그는 1972년에 분명히 목사 안수를 받았고, 사람들은 그를 "유 목사님"이라고 불렀다. 이 무렵부터 그는 하나님을 경외하는 겸손한 태도를 상실해가기 시작했다.

③ **거만한 부국장**(arrogant administrator, 1972-1974). 이 시기는 "한 몸으로서의 교회"와 교제를 강조하던 시기다. 유병언 씨의 장인 권신찬 씨는 1964년부터 극동방송의 방송 목사로 재직하고 있었다. 구원파는 권신찬 씨의 중재로 극동방송의 한국어 방송을 담당하기로 계약했고, 이에 따라 유병언 씨는 방송 부국장에 취임할 수 있었다. 유병언 씨는 "무질서 속의 질서"를 신봉하는 그의 경영 철학을 따라 미국인 국장을 무시하고 기존 행정 체제를 따르지 않는 거만한 행정가로 군림했다. 그런데 여기서 유병언 "목사"의 부국장 지위와 권신찬 "목사"의 방송 목사 지위는 유병언 씨가 교주 위치에 있었다는 사실을 말해준다. 권신찬 씨는 언제나 중요한 결정을 내릴 때 사위 유병언의 권위에 순복했다.

당시 나도 권신찬 씨의 설교 프로그램 "은혜의 아침"에서 사회를 맡았다. 이때 권신찬 씨는 "기성 교회에는 구원이 없다", "성수 주일, 십일조 강요는 율법적이다", "교회에 안 나가도 어디에서나 하나님을 모신 곳이 교회다", "구원받은 사람은 기도가 필요 없다", "새벽 기도는 교인들에게 무거운 짐을 지워준다"는 등의 황당한 설교를 했다.

이처럼 기존 정통 교회를 비난하는 설교가 계속되자 장로교, 감리교, 성결교, 구세군, 하나님의 성회 등 여러 교단과 충돌할 수밖에 없었다. 심지어 구원파는 기존 교단을 "구원받지 못한" 불신 세력으로 규정하고, 국제종교문제연구소의 탁명환 소장과 영락교회 소속 「기독공보」 고환규 편집국장, 서교동장로교회의 문용오 목사 등을 명예훼손 혐의로 고소했다. 목적이 수단을 정당화한다고 믿는 유병언 씨는 이후에도 자기의 뜻이 하나님의 뜻이라고 확신하며 자기를 비판하는 이들을 고소하거나 미행, 도청하고 반대 세력에 대한 폭력적인 테러를 기도하기도 했다.

그러던 1974년 9-10월, 극동방송의 방송국장 우인철(Bill Winchell)과 라요한(John Rathbun) 선교사는 유병언 일파가 방송국을 탈취하기 위해 서류를 위조하고 회의록을 변조해 법정투쟁을 제기했다고 발표했다. 극동방송을 아예 집어삼키려 했던 구원파의 계획이 실패하고 만 것이다. 구원파의 이단성을 간파한 팀선교회는 구원파 소속 교인들을 모두 해고했다(1974년).

④ **세속화된 사업가**(secularized businessman, 1974-2014). 유병언 씨는 방송국에서 밀려난 후 "교제의 구심점"이 사라졌다면서 부도 직전의 기업을 교인들의 헌금으로 인수해 "삼우트레이딩"을 설립했다. 그는 1984년 삼우트레이딩 사장에 취임하면서 "이제부터는 나를 목사라 부르지 말고 사장이라고 부르라"고 교인과 사원들에게 지시했지만, 그는 거짓 "목사"로서 "더러운 이득을 취하려고 마땅하지 아니한 것을 가르쳐 가정들을 온통 무너뜨리는"(딛 1:11) 사람이었다.

이때부터 권신찬 씨와 유병언 씨는 형식적인 기도와 예배는 필요 없고 "하나님의 일, 즉 사업을 의논하는 것이 참된 기도이며 예배"라는 주장으로 교인들로 하여금 교회(사업) 중심적 집단생활을 하도록 유도했다. 구원파 신도들은 유병언을 "모세"에, 권신찬을 "아론"에 비유하며 폐쇄적인 선민사상에 빠져들기 시작했다. 그들에게 유병언 씨가 주도하는 "삼우트레이딩"과 "주식회사 세모" 등은 바로 하나님의 일이며 동시에 교회였다.

구원파의 이런 독특한 교리는 어떤 열매를 맺었을까? 세월호 사건으로 온 나라가 큰 아픔에 빠져 있을 때, 「한겨레」 신문은 1992년에 있었던 유병언 씨에 대한 유죄 확정 판결문을 인용해 다음과 같이 지적했다.

구원파는 늘 "오대양 사건"과 함께 기억된다. 1987년 8월 29일 공예품 제조업체 "오대양"의 사주 박순자 씨와 직원 등 32명이 공장에서 변사체로 발견되었다. 숨진 박 씨는 구원파에 속했다가 스스로 만든 종교 "오대양"의 교주로 변신한 인물이었다. 이른바 "오대양 사건"이다. 검찰은 1987년 및 1991년에 걸친 수사에서 "박 씨 등이 사채 빚 때문에 저지른 집단자살"로 결론지었다. 그러나 당시 구원파 교주인 유병언 전 세모 회장과 박씨 사이에 수억 원대의 돈거래가 있었음이 드러나면서 의혹이 커졌다. 숨진 오대양 직원 대부분이 속칭 "구원파" 신도인 사실도 드러났다. 부검 결과 자살로 보기 어려운 정황도 나왔다. 집단자살이 아니라 대부분 타살됐으며, 그 배후에 유 전 회장이 있다는 의혹이 제기됐다.…전두환 당시 대통령의 동생 전경환 전 새마을운동중앙본부 회장 등 권력의 비호 의혹도 제기됐다. 검찰이 유 전 회장을 조사했지만 살인 혐의는 밝히지 못했다. 권력과의 유착도 염보현 당시 서울시장이 특혜를 준 것 외에 밝히지 못했다. 대신 유 전 회장은 교회가 운영하는 기업을 번창시키는 것이 "구원받은 성도들의 교제를 확산시키는 것"이라고 교인들을 속여 사업자금을 가로챘다는 상습사기 혐의로 1992년 대법원에서 유죄 확정판결을 받았다.…대전지법의 유 전 회장에 대한 사기죄 유죄 판결문을 보면, 유 전 회장은 권신찬 목사와 1962년께 대구 지역을 중심으로 목회 활동을 시작한다. 교리가 독특했다. "기존 교단의 예배는 불필요한 형식이며 진정한 예배는 구원받은 그리스도인들이 서로 돌아보고 서로 가까이 교제를 가지고 생활하는 것이며 올바른 교제를 가지기 위해서는 어떤 일을 해결하기 위하여 일의 계획을 위하여 모여야 한다"고 주장했다. "사업＝교회" 교리다.

판결문을 보면, 유 전 회장은 직장이 없는 신자들에게 일터를 줘야 한다며 1976년 경영이 어렵던 "삼우트레이딩"을 인수해 사업을 시작했다. 신자들의 헌금, 출자, 무상노무 제공 등으로 회사를 경영했다. 이것이 현재 청해진해운의 전신인 세모그룹의 시작이었다. 유 전 회장은 세모유람선, 세모해운 등 사업을 확장했다. 오대양 사건으로 유 전 회장이 복역하고 금융위기를 겪으면서 세모는 1997년 8월 부도 처리됐다. 그러다 이해할 수 없는 과정을 통해 유 전 회장 일가는 "재기"에 성공한다. 부도난 지 몇 년 지나지 않아 "청해진해운"과 "천해지"가 설립된다. 2007년 유 전 회장의 두 아들 대균, 혁기 씨가 대주주인 "아이원아이홀딩스"가 두 회사의 대주주가 된다. 아버지가 부도낸 기업을 얼마 뒤 두 아들이 되사들인 셈이다.[3]

이처럼 청해진해운이 운영하던 세월호가 침몰하자 수많은 언론이 유병언 씨와 구원파, 청해진, 그리고 세월호 사고의 관계에 대한 보도를 쏟아냈다. 하지만 구원파는 "유병언 전 회장이 신도들의 헌금을 착취한 사실이 없고", "교단 내에서 교주도 총수도 아니며", "기독교복음침례회 및 유병언 전 회장이 오대양 사건과 관련이 있다는 보도와 유 전 회장이 1980년대 전경환 씨와의 친분 및 전두환 대통령 시절 5공화국과의 유착관계를 통해서 유람선 사업 선정 등 세모그룹을 급성장시켰다는 보도는…사실이 아니다"라는 취지의 정정보도를 각 언론사에 요청했다.[4] 다음과 같은 기사는 그들이 얼마나 적극적으로 언론 보도에 대응했는지를 보여준다.

> 언론중재위원회(위원장 박용상)가 2014년 무려 1만 9,048건의 조정사건을 맡으며 이 중 84.6%(1만 6,117건)에 해당하는 구원파(기독교복음침례회) 관련 조정사건을 처리했다. 24일 언론중재위원회 보도자료에 따르면 구원파 사건 조정처리결과는 취하가 1만 5,245건으로 94.6%를 차지했다. 조정불성립은 610건으로 3.8%에 불과했다.…중재위의 2013년도 조정사건 처리 건수가 2,433건이었던 점에 미뤄보면 중재위가 1만 6,117건의 구원파 관련 조정사건을 처리하는 데 얼마나 고심했을지를 짐작할 수 있다. 언론중재위원회 관계자는 「미디어오늘」과 통화에서 "언론사 한 곳을 상대로 최대 2,000건의 조정신청을 한 경우도 있었다. 물리적으로 일일이 신청 건수별로 심리할 수 없어서 당사자를 불러 대표적인 쟁점을 분류한 뒤 쟁점별로 종합적 합의 문서를 작성하게 했다"고 밝혔다. 구원파는 언론사가 종합적 반론보도문을 내보내고 조정신청 대상 기사 하단에 반론보도문 링크를 거는 것을 조건으로 조정신청을 취하했다.[5]

I_구원파의 현황과 역사

유병언 씨는 평소 "우리는 천국 스파이"라고 자처하곤 했다. 이는 자신의 정체를 노출하지 않고 복음을 전파해야 한다는 뜻이었다. 그래서 그는 자신을 "과시적인 자선 사업가"로 부각하기를 좋아했다.[6]

구원파 신도들 또한 이런 "스파이 노릇"을 본받아 자신들의 정체를 숨기고 각종 사업과 단체의 가면을 쓰고 활동해왔다. 예를 들어 그들은 자연보호운동을 기치로 내세우며 1982년에 한국녹색회(회장 정윤재)라는 단체를 만들었다. 한국녹색회는 2002년부터 경북 청송군 현서면 일대의 임야를 매입하여 친환경 농사를 지으며 공동생활을 하는 이른바 "청녹마을 프로젝트"를 추진했다. 청송군민들은 이에 맞서 "한국녹색회 추방운동"을 벌이기도 했다. 구원파는 청송 이외에도 안성(금수원)과 제주도, 울릉도, 경북 봉화 등에 대규모 농장을 운영하면서 폐쇄적인 집단 생활의 터전을 마련해왔다.

유병언 씨와 구원파는 사회적 명성을 얻기 위해서도 노력했다. 세모 그룹에서는 미국의 레이건(Ranald Wilson Reagan) 전 대통령 방한 당시 경호를 지원했고(1983년), 유병언 씨는 민정당 모범당원과 월계수 회원 자격으로 활동했다. 그는 늘 자신의 사업을 "새마을 사업의 성공 사례"로 선전했기 때문에 5공 시절 전두환 전 대통령은 종종 격려 차 그의 업체를 방문하곤 했다. 그 결과 유병언 씨는 성공적인 중소기업 사장으로 KBS나 MBC에 자주 출연했고 일간 신문이나 경제 신문들도 그의 이야기를 소개했다. 1987년에는 수재민을 돕기 위한 바자회를 열었고, 그 후 거의 매년 "자연보호기금 마련을 위한 바자회"를 롯데백화점 같은 곳에서 열어 수천만 원을 자연보호협회에 기부하기도 했다.

이처럼 세속화된 사업가로 "성공"을 거둔 유병언 씨는 자신을 발명

가로, 자선 사업가로, 기업인으로 포장해 세상에 알렸다. 또 구원파 내부에서는 "작은 예수", "살아 있는 성령"이라고 추앙받기도 했다고 한다. 하지만 그의 거짓 선지자로서의 사기성은 오대양 사건과 세월호 참사를 통해 온 세상에 폭로되었다. 그의 잘못된 신학, 화인 맞은 양심은 폭력과 살인, 이간질과 거짓말, 자살과 가정 파탄이라는 파괴적인 열매로 나타났다.

유병언 씨는 2014년 4월 16일에 일어난 세월호 침몰 참사의 배후로 지목되어 쫓기다가 6월 12일에 순천에서 부패한 시신 상태로 발견되었다. 그는 수많은 논란과 의혹을 남겨두고 허망하고 비참한 최후를 맞았다. "인생의 마음에는 악이 가득하여 그들의 평생에 미친 마음을 품고 있다가 후에는 죽은 자들에게로 돌아가는 것이라"(전 9:3)라는 말씀이 생각나는 대목이다.


## 구원파의 자기변호

유병언 씨를 가까이서 겪어봤거나 구원파의 내부 상황을 자세히 아는 사람이라면 누구든 그들의 문제가 한둘이 아니라는 사실을 분명히 알고 있을 것이다. 하지만 그들은 내부 비판이나 외부의 객관적 문제 제기를 수용하지 않고 오히려 공격적으로 자기를 변호하는 성향을 보여왔다. 예를 들어 「조선일보」는 고 탁명환 소장의 죽음과 관련해 다음과 같은 기사를 게재했다.

1994년에는 구원파 문제를 파헤치던 탁명환 국제종교문제연구소장이 피살

되는 사건도 있었다. 구원파 문제를 파헤치기 시작하면서부터 수차례 테러 위협에 시달리던 탁 씨는 살해되기 1년 전 "내 신변에 이상이 생기면 세모 유병언의 소행일 것"이라는 유서 형태 글을 남겼다. 탁 씨의 아들은 "당시에 부친이 유병언의 실명까지 거론한 것은 그만큼 위협을 크게 느꼈다는 얘기" 라고 말했다.[7]

나 또한 그곳에서 나온 이후로 줄곧 그들에게 실제적인 위협을 받아 왔다. 1990년 11월, 구원파 교주이며 (주)세모의 사장인 유병언 씨와 그의 추종자 6명(전양자, 정행덕, 김경길, 이용화, 손영록 등)은 내가 허위 사실을 퍼 뜨려 자신들의 명예를 훼손했다고 주장하며 사법당국에 형사 처분을 요 구했다. 다음은 당시 검찰의 기소장에 기록된 내용인데 유병언 씨와 그 의 추종자들이 어떤 문제점을 가지고 있었는지를 구체적으로 보여준다.

유병언 씨는 기독교복음침례회 즉 구원파의 교주로서 각종 미신적·비신앙 적인 방법으로 모금 운동을 벌여 교인들의 재산을 헌납하게 해 삼우트레이 딩 및 (주)세모 등의 회사를 운영하고 있다. 또한 그는 깡패 출신으로 여자 관계가 문란하며 부인으로부터 두 번이나 이혼당할 뻔했다. 독일과 이스라 엘에서는 초청강연을 하던 중 지리멸렬한 내용을 연설하며 시간을 끌다가 강제로 중단당하는 망신을 당한 적도 있다. 구원파에서는 한강 유람선, 세모 스쿠알렌, 14척의 연안 여객선, 세모 페인트, 세모 컴퓨터 모니터 등을 운영 하면서 직원들의 월급을 제대로 주지 않고 임금을 착취해 무역 실적을 올리 고 있다. 또한 과거 그는 극동방송과 홀트양자회를 탈취하려다 미수로 그친 적이 있다. 오대양 교주 박순자는 구원파 교인으로 유병언이 길러낸 사람이

며 박순자, 송재화가 유병언에게 개발비 명목으로 사업자금을 대주었다.[8]

대법원 판결까지 이어진 이 재판은 만 6년이 지난 1996년에야 결론
이 났다. 재판부는 필자가 가정과 교회를 이단의 위험으로부터 보호하
려는 목적으로 공공의 이익을 위해 유병언 씨와 구원파를 비판했다고
인정해 무죄를 선고했다. 내가 폭로한 구원파의 실체는 근거 없는 허
위사실이 아니었음이 분명해진 것이다. 세월호 사건이 터지자 구원파
는 유병언 씨가 교주나 총수가 아니라며 그와의 관계를 부인하기에 급
급했다. 하지만 이제 그들의 주장을 곧이곧대로 들을 사람이 몇 명이나
남았을까?

# 2
## 이요한 계열[1]

이요한(본명 이복칠) 씨는 초등학교 졸업 후(어떤 이는 중학교 졸업 후라 주장함) 6·25전쟁 중 대구임시신학교에서 권신찬 씨에게 배운 것이 교육 이력의 전부라고 한다. 권신찬 씨의 수제자라 할 수 있는 이요한 씨는 구원파 초창기인 1960년대 중반부터 목포를 중심으로 "평신도복음전도회"라는 간판을 걸고 활동했고, 1971년에 권신찬 씨에게 목사 안수를 받고 동역했다. 하지만 이요한 씨는 유병언 씨가 교인들의 헌금으로 사업을 확장하는 것을 문제 삼아 뜻을 같이하는 사람들을 모아 분열해 나갔다(1983년). 그렇게 만들어진 "대한예수교침례회"와 "생명의말씀선교회"는 현재 경기도 안양시에 있는 서울중앙교회를 중심으로 활동하고 있다.

앞서 살펴보았듯이 유병언 씨는 1974년부터 교인들의 헌금으로 부도 위기에 놓인 기업을 매입하고, 각종 개발비를 모아 사업을 확장했다. 그의 무리한 사업 확장은 내부의 반발을 불러일으켰는데, 이요한 씨는

"복음을 수호한다"는 명목으로 유병언 씨를 노골적으로 비난하는 유인물을 배포했다. 하지만 권신찬 씨는 사위인 유병언 씨를 옹호했기 때문에 기독교복음침례회는 분열될 수밖에 없었다. 분열 과정에서 유병언 씨 측에서 추종자들을 보내 이요한 씨를 집단 구타해 5명이 구속되는 사태가 발생하기도 했다.

결국 이요한 씨는 "교회와 사업은 분리되어야 한다"는 성명을 내고, 서울 서초구 방배동에 "대한예수교침례회"를 설립했다(1983년). 대한예수교침례회는 1995년에 경기도 안양시 인덕원에 1천여 평의 대지를 마련하고 예배당을 건축하여 서울중앙교회라는 간판을 걸었다. 현재는 주로 "생명의말씀선교회"라는 이름으로 활동하는데, 그들의 홈페이지에 따르면 세계 54개국에 338개 교회, 국내에 195개 교회가 설립되었다고 한다.[2]

이들의 겉모습만 보면 기존 교회와 아주 약간의 차이점이 보일 뿐이다. 이들의 집회 형식은 매우 단순하여 주로 성경을 강해하는 형식으로 1시간 30분에서 2시간 정도 진행된다. 저녁에는 예배 대신 교제를 나누면서 각 부서에서 봉사하던 사람들이 한데 모여 교육을 받거나 서로 이야기를 나눈다. 1년에 4차례 "성경강연회"를 열고 1년에 한 번은 공주에 있는 갈릴리수양관에서 전체 수양회를 가진다. 최근에는 예배 형식과 기도, 성가대, 각 구역 모임 등을 도입하며 기존 교회를 흉내 내는 것으로 보인다.

하지만 이요한 씨는 전남 목포에서 포교 활동을 시작할 때부터 기존 교회를 비판하고 시한부 종말론을 설파했었다. 지금도 이요한 씨가 이끄는 생명의말씀선교회는 여전히 깨달음을 통한 구원을 강조하면서 기

　　　　　　　　　I_구원파의 현황과 역사

존 교회의 미숙한 성도들에게 "구원받지 못했다"는 판결을 내리는 수법으로 포교활동을 전개한다. 또한 세대주의 신학에 입각한 임박한 종말을 강조하면서 다른 사람들을 "구원"하는 데 총력을 기울여야 한다고 강조하기도 한다.

이상한 점들은 그뿐만이 아니다. 생명의말씀선교회는 성문화된 기도는 생명력이 없다고 주장하면서 주기도문을 경시한다. 또 영혼 구원에 모든 관심과 역량이 집중되어 있기에 교회의 사회적·공적 역할에 대해서는 전혀 강조하지 않는다. 한편 그들은 교인들이 근무하는 신용협동조합을 통해 자금을 운용하고, "하늘수"라는 생수 사업을 벌이기도 했는데, 이는 그들의 폐쇄적 교회론과 연결된다. 생명의말씀선교회의 이탈자들이 하는 증언에 따르면, 이요한 씨는 경제적으로 상당히 무리한 건축을 추진하면서 "은행 융자의 원금은 갚지 않아도 된다. 주님 재림 때까지 교인들의 헌금으로 이자만 갚으면 된다"는 논리를 펼쳤다고 한다. "주님 오실 날이 얼마 남지 않았다"고 누누이 강조하는 이요한 씨의 시한부 종말 사상이 그런 식으로 표현된 것이다. 정기간행물로는 격월간지 「생명의 빛」이 있으며, "진리의말씀출판사"와 "영생의말씀사"를 운영하고 있다.

# 박옥수 계열[1]

박옥수 씨(1944-)는 경북 선산에서 태어나 초등학교를 졸업했고, 19살 때 케이스 글라스의 금오산 집회에서 감화를 받았다고 한다.

> 1962년 10월 7일, 내 모든 죄가 눈처럼 희게 씻어진 것이 믿어진 그날, 내
> 죄가 예수님의 보혈로 눈처럼 희어졌다고 믿어진 그날, 영원히 잊을 수 없
> 는 그날! 저에게는 그날이 1962년 10월 7일 새벽이었습니다.[2]

구원받음을 확신하고 열정을 갖게 된 박옥수 씨는 외국에 선교사로 나갈 꿈을 품고 합천 산골에서 훈련을 받던 중 군에 입대하게 된다. 1968년에 전역한 그는 경북 김천에서 전도 활동을 시작했다. 1971년에는 딕 요크에게 목사 안수를 받고(최근 딕 요크는 이를 부인했다)[3] 대구 계명대학교 앞에서 "중앙교회"라는 간판을 걸고 활동한다. 1980년대 말에는 활동 무대를 대전으로 옮겨 "한밭중앙교회"라는 간판을 걸고 "선

교학교"를 운영하며 교세를 확장해가기 시작한다. 1990년대에는 포교 영역을 남미와 아프리카, 중국, 러시아 등으로 확장하며 "국제청소년수련회"를 개최해 IYF(International Youth Fellowship, 국제청소년연합)의 설립 기반을 다졌고, 2005년에는 서울 서초구 양재동에 "기쁜소식강남교회"를 세웠다. 현재는 IYF와 기쁜소식선교회를 이끌면서 국내외에서 활발한 활동을 벌이고 있다.

정통 기독교의 신학 교육과 목사 제도 등을 부정하는 딕 요크 선교사는 1960년 4·19혁명 직후 대구로 와서 YWCA 홀을 빌려 일주일에 한 번 정도 전도 집회를 열면서 삼덕동에 있는 일식집 하나를 빌려 "대구선교학교"를 시작했다. 당시 이 학교에는 유병언, 박옥수, 심남섭, 유광식, 김성준 등 총 11명이 1기생으로 입학했고 권신찬 목사(당시 대구 칠성교회 시무)는 청강생으로 참여해 함께 수학했다. 딕 요크는 6년 후 한국을 떠났는데, 그때 박옥수 씨가 이 선교학교를 맡아 운영했다고 한다. 기쁜소식선교회 탈퇴자들의 증언에 따르면 박옥수 씨는 유병언 씨와 함께 권신찬 씨의 교회에 출석했었고, 그 이후에 형제교회 모임에도 신도로 출석하다가 이탈한 전력이 있다고 한다.

박옥수 씨가 이끄는 기쁜소식선교회가 조직된 것은 1983년이었다. 그때부터 그가 내세운 슬로건은 "죄 사함·거듭남의 비밀"이었다. 그는 이 슬로건을 내걸고 전국 대도시의 체육관을 빌려 세를 과시하며 성경 강연회를 여는 것으로 유명하다. 또한 일찍이 IYF를 통해 전국의 각 대학과 중고등학교에 침투해 젊은이들을 자신의 계파에 끌어들이고자 애써왔다. IYF는 전 세계 35국에 지부가 있으며, 국내 IYF는 "세계문화체험박람회", "영어말하기대회", "창조과학세미나", "영어교육", "컴퓨터교

육", "연극교육", "자원봉사활동", "사진전시회" 등으로 학생들에게 접근
하고 있다.

박옥수 씨는 너무나 교묘한 방법을 사용하기 때문에 일반인이 이 선
교회를 이단으로 간주하고 기피하기란 무척 어렵다. IYF라는 단체는
2001년 초 사단법인으로 등록되었고, 이들이 매년 주최하는 "IYF세계
대회"는 MBC, YTN, 「월간조선」 등 일반 주요 언론에 소개되기도 했다.
또 IYF 해외봉사단 GNC(Good News Corps)를 조직하여 국내는 물론 외
국의 청소년과 청년들을 끌어들이는 데도 힘을 아끼지 않고 있다. 현재
IYF는 여러 대학교 캠퍼스에 침투해 활동 영역을 넓혀가고 있지만 포교
활동 문제로 인해 학교 행정당국과 마찰을 빚는 경우가 많다고 한다.

그 외에도 기쁜소식선교회가 자랑하는 하부 조직으로는 "그라시아
스 합창단"이 있고, 기쁜소식사라는 출판사와 인터넷 방송 GNN도 운
영한다. 기쁜소식선교회의 정기 간행물로는 「기쁜소식」과 「투모로우」
(*Tomorrow*)가 있다. 또한 국내 9개 도시에 "링컨하우스스쿨"이라는 영
어 교육 중심의 대안학교를 운영하며 수익 사업과 포교 활동을 동시에
하고 있다. 이처럼 기쁜소식선교회는 문화, 교육, 봉사 등 다양한 활동
을 통해 사람들을 미혹하는데 무엇보다도 대규모 성경세미나를 통한
국내외 포교 활동이 가장 대표적이다.

그들은 공익을 도모한다는 명분을 내세우기 때문에 "서울시민을 위
한 성경세미나" 등과 같은 행사명을 주로 사용한다. 또 MBC, SBS와
같은 공중파 방송은 물론 「조선일보」, 「중앙일보」, 「동아일보」와 같은
언론을 통해 대대적인 광고를 한다. 그의 주장이 미국 *LA Times*, *NY
Times* 등에 (광고 형식으로) 실렸다는 이유로 「월간중앙」, 「월간동아」 등

에서는 박옥수 목사를 영향력 있는 기독교 지도자인 것처럼 대담 기사
를 게재한 적도 있다.

하지만 박옥수 씨는 그의 저서를 통해 "정통 교회에서 하는 모든 것
이 헛되다는 것을 깨닫는 것이 바로 회개와 믿음"이라고 주장한다. 또
한 기쁜소식선교회는 죄와 범죄, 회개와 자백을 구분해 보통 교회에서
강조하는 회개의 필요성을 부인한다. 그들의 주장에 따르면 회개로 죄
가 사해지는 것이 아니라, 예수의 보혈로 사해졌다는 것을 깨닫는 순간
죄 문제가 해결되어 구원받기 때문이다. 그러므로 그들은 모든 죄가 용
서되어 회개할 필요가 없으며, 심지어 회개하는 자는 구원받지 못한 자
라고 주장한다.[4]

그들의 어긋난 교리는 다양한 사회 문제로 이어지고 있다. 그들이 운
영하는 링컨하우스스쿨(전주)이 불법 건축물을 사용한 것은 아주 작은
예일 뿐이다. 박옥수 씨는 자신이 고문 역할을 하면서 실질적 지배력을
행사한 ㈜운화의 건강식품 "또별"이 항암 등 건강에 효과가 있다고 주
장하면서 신도들에게 액면가 5,000원인 주식을 50만 원에 사게 한 혐의
로 2015년 1월 기소되었다. 2008년부터 2014년 8월까지 신도 등 800여
명으로 하여금 자그마치 252억 원어치의 주식을 사도록 했다고 한다.
2015년 7월 현재 재판이 진행 중이지만 기소 내용과 지금까지의 증거
들로 볼 때 박옥수 씨가 혐의를 벗기는 매우 힘들 것으로 보인다. 하지
만 그는 재판 과정에서 자신의 잘못을 시인하지 않고 혐의를 모두 부인
하는 한편, 전 국무총리, 전 국회의원, 국회의장 등 권력층과의 친분을
이용해 법망을 피해 가려는 모습을 보인다고 하는데, 이는 상습사기범
으로 유죄 판결을 받은 유병언 씨의 모습과 다르지 않은 것 같다.

I_구원파의 현황과 역사

영국의 이단 전문가 모리스 버렐(Maurice Burrell)은 사이비 기독교, 이단의 공통된 특징으로 다음의 열 가지를 꼽았다.

① 교세 확장을 위한 강한 전도열
② 카리스마적 지도력(권위주의)
③ 배타적이고 독선적인 진리
④ 집단적 우월감
⑤ 중앙집권적 체제와 엄격한 통제
⑥ 개성의 말살
⑦ 정통 교회의 교리와 전통으로부터의 탈선
⑧ 반대자나 이탈자에 대한 신체적 폭력이나 심리적 학대
⑨ 극단적 선민의식
⑩ 비밀스런 은폐성

이런 특징들을 기준으로 구원파의 성격을 가늠해보면 어떤 결과가 나올까? 이 열 가지 특징은 구원파를 거쳐 정통 신앙으로 돌아온 분들이라면 모두 동의하고 공감할 수 있는 구원파의 명확한 특성이라 할 수 있다.

# II

—

## 구원파에 대한 신학적 비판

어떤 집단이 이단인지 아닌지를 분별할 때 그 기준은 무엇일까? 기독교의 판단 기준은 오직 성경이다. 이 사실에 대해 이의를 제기할 사람은 아무도 없을 것이다. 누군가 성경이 아닌 다른 척도로 기독교 신앙을 판단한다면 그것은 일종의 "체계적 오류"를 불러올 수밖에 없다.

물론 구원파도 진리의 절대 기준이 성경이라고 강조한다. 하지만 그들은 성경 전체를 보지 않고 자신들의 기준에 부합하는 일면만을 성경 진리의 전부인 양 생각한다. 여기서 신조와 교의, 교리의 중요성이 드러난다. 그들이 정통 교회의 신조, 교의, 교리를 진지하게 검토했다면 자신들의 시야가 매우 좁다는 사실을 자각했을 것이기 때문이다.

성경 진리를 체계적으로 조직화해 언어로 표현한 것에는 신조(creed)와 교의(dogma), 교리(doctrine)가 있다. 그중 신조(信條)는 성경적 정통 신앙을 지켜온 교회가 오랜 역사를 통해 검증한, 기독교 신앙의 내용에 대한 객관적 표현이다. 대표적인 신조로는 "사도신경"과 "웨스트민스터 신앙고백"이 있다. 사도신경은 성경 내용을 압축한 것으로서 신앙 교육이나 교회의 일치와 질서 유지, 그리고 이단과 거짓 선생들을 판별하는 중요한 기준 혹은 표준이 된다.

다음은 유병언 씨가 이끄는 구원파가 믿는 내용이다. 그들의 핵심 주장은 무엇인지, 그것이 우리가 고백하는 신앙과 어떤 차이가 있는지를 직접 확인해보기 바란다.

구원 개념 바로잡기

유대인은 예수를 마음에 영접함으로써 구원받지만 우리 이방인은 죄 사함의 복음을 깨달음으로 구원을 받는다. 하나님은 인간을 사랑하시나 인간은 하나님을 사랑할 수 없다. 하나님은 구원과 교회를 예정하셨고 개인은 예정하지 않으셨다. 또한 하나님은 사람의 영을 구원하시기 때문에 일단 죄 사함을 받으면 육신은 어떻게 생활하든 구원에 아무런 영향도 끼치지 않는다. 구원은 영이 받았으므로 육으로 하는 일은 구원과 관계가 없으며 육으로 범죄하면 그 책임은 육이 진다. 모든 종교 행위와 율법의 요구에서 해방되는 것이 구원이다. 복음의 진리를 피동적으로 깨달으면 구원받는 것이지 인격적인 회개나 믿음의 결단은 필요 없다. 성도의 교제가 바로 기도이며 예배다. 새벽 기도는 한국인의 미신적 종교성의 표현이다. 세계 역사상 새벽 기도를 통해 신령해진 사람은 없다. 모임의 일, 즉 한강 유람선을 운영하고 스쿠알렌 식품을 팔고 컴퓨터 모니터를 생산해 시판하는 (주)세모의 일이 하나님의 일이며 사업을 논의하는 것이 성도의 교제이며 예배다. 손으로 지은 교회는 필요 없다. 교회의 참모습에 대한 비밀이 구원파에서 처음으로 깨달아졌다. 구원파 모임에 붙어 있는 자만이 예수님이 재림하실 때 들림을 받을 수 있다.[1]

구원파는 먼저 영과 육을 구별하는 구원론으로 윤리 의식을 마비시키고, 기존 교회의 제도 및 문화를 비웃으면서 자기 집단의 우월성을 강조한다. 그리고 폐쇄적인 신앙을 조장하면서 신도들의 삶을 통째로 집어삼키는 것이다. 대체 구원파는 어디서부터 잘못된 것일까?

물론 구원파의 대표적 세 계파 중 사람들에게 가장 잘 알려진 계파는 유병언·권신찬 계열의 기독교복음침례회다. 이 계파는 지난해 세월호 참사의 배후로 지목되면서 많은 사람의 입에 오르내렸다. 이에 비해 이요한 씨와 박옥수 씨의 계파가 상대적으로 덜 알려져 있지만 세 구원파의 사상적·신학적 뿌리는 같다.

지금부터 구원파가 역사적 정통 기독교와 어떤 점에서 다른지를 구체적으로 살펴보도록 하자. 원활한 논의를 위해 극단적인 주장과 사례를 쉽게 발견할 수 있는 유병언 씨 계열의 교리를 중심으로 그 이단성을 해부하고, 다른 계파에 대해 부연 설명하는 방법을 사용했음을 미리 밝힌다. 구원파의 신학적인 문제는 무엇인가?

구원 개념 바로잡기

# 4
## 잘못된 성경관

성경을 하나님의 말씀으로 믿는 기독교의 정통적 성경 해석 원리를 간단하게 제시하자면 다음과 같다. 첫째, 문법적 해석이다. 이는 단어의 정확한 의미와 용례, 글의 구조에 대한 분석을 통해 저자의 본래 의도를 파악해야 한다는 것이다. 둘째, 역사적 해석이다. 이는 성경이 기록된 시대의 정치적·사회적·문화적 요소들을 고려하여 본문의 상황을 올바로 해석하는 것이다. 셋째, 문예적 해석이다. 이는 역사 속에서 진행되어온 하나님 나라에 대한 통시적 관점을 유지하면서 성경의 유기적 구조를 염두에 두고 본문의 의미를 파악해야 한다는 것이다. 넷째, 신학적 해석이다. 이는 성경이 예수 그리스도를 증거 하는 책(요 5:39)이라는 사실을 기억하며 예수 그리스도 안에서 성경 66권을 재해석하여 우리의 생명의 양식으로 삼아야 한다는 것이다.

하나님이 성경을 우리에게 주신 목적은 다음과 같다.

16모든 성경 말씀은 하나님께서 감동을 주셔서 기록되었기 때문에 진리를 가르쳐주며, 삶 가운데 무엇이 잘못되었는지 알게 해줍니다. 또한 그 잘못을 바르게 잡아주고 의롭게 사는 법을 가르쳐줍니다. 17말씀을 통해 하나님을 바르게 섬기는 자로 준비하게 되고, 모든 좋은 일을 할 수 있는 사람으로 자라게 됩니다(딤후 3:16-17, 쉬운성경).

구원파의 지도자들은 자신들도 성경을 성령의 감동으로 기록된 하나님의 말씀으로 믿는다고 주장한다. 정통 교회가 심령부흥회, 전도대회, 대각성 전도집회라는 문구를 사용할 때, 구원파의 지도자들은 "성경 세미나" 또는 "성경강연회"라는 문구로 사람들의 관심을 끈다. 그러나 그들이 일으키는 분란과 손가락질받아 마땅한 행태들은 그들이 성경을 바르게 사용하지 않고 있음을 증거한다. 성경은 "잘못을 바르게 잡아주고 의롭게 사는 법을 가르쳐주는" 목적에 맞게 대우해야 한다. 그렇다면 구원파가 과연 이 목적에 맞게 성경을 사용하고 있는가?

구원파의 성경 해석 방법에는 심각한 문제가 있다. 그들은 성경의 저자들이 의도한 내용을 석의(釋義) 또는 주해(exegesis)하는 데는 전혀 관심이 없고, 자기들의 선입관을 본문에 집어넣어 해석하는 억지 해석(eisegesis)에 능숙하다. 이단들은 성경의 지극히 작은 부분을 확대 해석하거나 성경을 자기 입맛에 맞게 비유적·우화적(寓話的, allegorical)으로 해석하는 데 능한데, 구원파 역시 성경에 대해 잘못된 접근법을 사용하는 것이다.

따라서 구원파는 성경을 해석할 때 본문의 원어적·역사적·문화적 문맥을 전혀 고려하지 않는다. 구원파 지도자들은 신학교에서 성서해석학을 접해본 적이 없으므로 성경의 문법적·역사적 지식에 무지한 상태에서 신학의 조언을 무시하고 성경을 자기 마음대로 해석하기를 좋아한다. 심지어 그들의 영적 스승인 딕 요크는 내가 1984년에 침례신학대학교 대학원에 입학하기로 했다고 하자 "왜 타락의 길을 가려 하느냐?"라고 질타하면서 신학 공부를 포기할 것을 강권하기도 했다.

이단들은 결론을 내려놓고 성경을 증거 본문(proof-text)으로 악용한다. 지금부터 구원파가 어떻게 성경을 악용하는지 실례를 통해 살펴보자.

먼저 권신찬 씨는 기도와 예배의 필요성을 부정하고 교제를 강조하기 위해 말라기 3:16을 끌어왔다.

그때에 여호와를 경외하는 자들이 피차에 말하매 여호와께서 그것을 분명히 들으시고 여호와를 경외하는 자와 그 이름을 존중히 여기는 자를 위하여 여호와 앞에 있는 기념책에 기록하셨느니라(말 3:16).

권신찬 씨는 본문의 문맥이나 역사적 배경과는 상관없이 이 구절에서 "성도들의 대화와 교제가 바로 기도에 해당한다는 진리를 깨달았다"고 한다. 여기서 피차에 말하는 것을 여호와께서 값지게 들으셨듯이 "성도들과 함께 주님의 일을 위해 서로 상의하고 의논하는 성도의 교제는 참으로 중요한 기도"라는 것이다.[1]

하나님과의 수직적인 대화(기도)와 성도들 사이의 수평적 대화(교제)는 본질적으로 서로 다르다. 그런데 권신찬 씨는 구원파에서 벌이는 전도 사업과 여러 수익 사업을 상의하는 것이 바로 "성도의 교제, 곧 중요한 기도"가 된다는 논리를 폈다. 새벽 기도, 합심 기도, 금식 기도 등 기존 교회에서 강조하는 모든 형태의 기도는 쓸데없는 종교라고 매도한 그가, 사위인 유병언 씨가 주도하는 여러 사업에 동참해 의논하는 기도를 해야 한다는 교회 역사상 초유의 해괴한 교리를 만들어낸 것이다.

유병언 씨도 마찬가지다. 그는 "교제"를 강조하기 위해 요한복음 14:6의 "나로 말미암지 않고는 아버지께로 올 자가 없느니라"라는 말씀을 해석하면서 서슴지 않고 본문의 "나"는 예수님이 아니고 교회 즉 구원파 교회를 가리킨다고 "영해"(靈解)했다. 그는 "내가 누구인가? 성령이 오셔서 교회를 형성하고 여기에 일원이 된 지체들이 서로 연합하고 상합하여…교제를 형성해서 거룩한 몸이 형성되면 '내가' 이루어진다"라고 주장했다.[2]

그뿐 아니다. 유병언 씨는 신도들이 자기 교회를 떠나지 못하게 하려고 요한복음 15:5의 "나는 포도나무요 너희는 가지라"라는 말씀에서 예수님이 포도나무가 아니라 한국에 이루어져 있는 구원파 교회가 바로 포도나무라는 전무후무한 해석을 내놓았다. 그 해석대로라면 구원파에 붙어 있어야 예수님이 재림하실 때 들림을 받을 수 있다.

또 잠언 18:1 ─"무리에게서 스스로 갈라지는 자는 자기 소욕을 따르는 자라. 온갖 참 지혜를 배척하느니라."─은 불만이 있어도 구원파를 이탈하지 못하게 하려고 자주 사용하는 구절이다. 나는 예전에 온갖 협박과 살해 위협을 당하면서도 구원파에 끝까지 "붙어 있으려고" 했는데, 거기를 떠나면 구원을 상실한다는 두려움이 컸기 때문이었다. 세월호 사건 후에도 구원파 내부에 적잖은 동요가 있었지만 구원 상실에 대한 두려움 때문에 구원파를 떠나는 것을 주저하는 이들이 많았다고 한다.

유병언 씨는 또 로마서 12:1에 나오는 "너희 몸을…산 제물로 드리

II_구원파에 대한 신학적 비판

라"는 말씀에서 "너희 몸"이 단수이기 때문에, 이것은 구원파 교회를 지칭한다고 강변했다. 하지만 여기서 "너희 몸"으로 해석된 헬라어 "소마타 휘몬"(σώματα ὑμῶν)은 복수로서 "여러분의 몸들"(bodies of you)이라는 뜻이다. 제 아무리 억지를 부려도 이 단어는 단수가 될 수 없다.[3]

기쁜소식선교회의 박옥수 씨도 성경을 우화적으로 해석하는 것으로 유명하다. 박옥수 씨는 "선한 사마리아인"(눅 10:25-37)의 비유를 해석하면서 사마리아인은 예수님을, 상처에 바른 기름은 성령을, 포도주는 기쁨을 가리키는데 "도수가 높은 알코올은 잘 날아가지만 기름은 쩐득쩐득하여 잘 날아가지 않는다"고 해석한다. 결국 이 본문을 통해 죄 사함을 받은 기쁨의 감정은 사라질 수 있지만 성령은 떠나가지 않는다는 주장을 하는 것이다. 그는 사마리아인이 강도 만난 사람을 "자기 짐승에 태워" 데리고 갔다는 구절을 주님이 타야 할 자리에 우리를 태우고 가는 것으로 해석하기도 한다. 또 사마리아인이 주막 주인에게 두 데나리온을 주고 갔는데 한 데나리온은 하루 품삯이라는 점에 착안해 "두 개는 이틀을 말합니다. 주님은 하루가 천 년 같고 천 년이 하루 같다고 하였습니다. 이것은 약 2천 년 후에 주님이 우리를 데리러 다시 오실 것을 약속하고 계시는 것입니다"라고 가르치기도 했다.[4]

구원파에 소속된 신도라면 이런 종류의 성경 해석에 상당한 만족감을 느낄 것이다. 임박한 종말의 때에 구원이 보장된 교회에 소속되어 있다는 안도감을 느끼기 때문이다. 하지만 성경은 인간에게 주시는 하나님의 의미 있는 "자기개방"(self-disclosure)이다. 성경을 올바르게 해석하고 적용하려면 역사적·문화적·유기적·신학적·문법적 연구가 반드시 선행되어야 한다. 이 해석 원칙 앞에서는 어떤 신학자도, 어떤 유명한 목회자도 겸허해질 수밖에 없다. 하나님이 성경을 통해 하시는 말씀을 정확하게 해석하기 위해서는 성경 자체의 의미를 성실하게 연구하고 다른 성도들과 풍성하게 연대함으로써 오류에서 벗어나려는 노력을 게을리하면 안 된다.

그러나 구원파 신도들은 자신들만이 복음의 진리를 독점하고 있다는 집단이기주의적인 착각에 빠져 있다. 그 결과 그들은 성경을 억지로, 특히 풍유적으로 잘못 해석하면서도 기존 교회를 비판하는 일을 두려워하지 않는다. 결국 구원파는 하나님, 구원, 거듭남, 죄 사함, 율법, 기도, 예배, 재림 등의 공통 용어를 사용하면서도 정통 교회와 다른 의미로 변용하기에 이르렀다.

앞서도 밝혔지만 구원파의 지도자들은 체계적으로 신학을 공부한 적이 없다. 그들은 올바른 성경 해석의 원리를 모르는 탓에 자기들의 잘못된 구원관을 합리화하기 위해 성경을 자의적으로 해석한다. 그리고 교주의 설교집과 종말론을 주제로 한 책만을 집중적으로 읽힐 뿐, 정통 교회에서 나온 신앙 서적은 읽으라고 권장하지 않는다. 혹여 독자 중에 구원파에 실망하여 나온 분이 있다면 이 책의 마지막에 정리해놓은 "올바른 신앙생활을 위한 추천도서"를 꼭 읽어보기 바란다.

5
# 잘못된 신관과 인간관

우리가 믿는 하나님은 성부 하나님, 성자 하나님, 성령 하나님, 즉 삼위일체의 하나님이시다. 인간은 원래 삼위일체 하나님의 형상을 따라 남자와 여자로 창조함을 받았으며 지정의를 가진 인격으로서 자아 결정권을 가진 존재였다. 그러나 첫 사람 아담이 범죄한 결과로 모든 사람은 하나님의 형상을 훼손당했으며 구원은 우리 인간에게 필연이 되었다.

이번 장에서는 구원파의 신관(神觀)과 인간관(人間觀)에 대해 알아보자. 우선 구원파 지도자들은 하나님이 인격이 아닌 영이라고 가르친다. 권신찬 씨는 다음과 같이 주장했다.

사람들이 영을 자기의 인격적 활동과 혼동하여 인격의 일부인 이지(理知)나 감정, 혹은 의지로서 영이신 하나님과 접하는 것은 불가능하다.…하나님은 인간을 사랑하시지만 인간은 하나님을 사랑할 수 없다.[1]

영에는 성령(또는 예수)이 들어오고 육(육신)에는 죄가 들어온다. 영접식 구원을 가르치는 사람들이 자기 결심으로 예수님을 영접해도 소용없다. 말씀을 깨달을 때에 예수님이 마음에 영접되는 것이다.[2]

사람에게는 영과 혼과 육신이 있다. 제일 깊은 곳에 영이 있고, 그다음에 혼이, 육신은 제일 밖에 있다. 육신과 혼은 가깝다. 이 영은 양심의 활동을 한다. 현재 구원을 받는다는 것은 영혼의 구원이지 육신의 구원이 아니다. 우리 육신의 구원은 따로 있다. 성령으로 거듭난 사람은 어느 시점에 가면 한꺼번에 육신의 구원을 다 받게 된다.[3]

이런 사상은 권신찬 씨의 수제자 격인 이요한 씨에게도 영향을 끼쳤다. 이요한 씨의 주장을 살펴보자.

성령은 육체의 어떤 느낌으로 오는 것이 아니라 영으로서 우리 영에 오신다. 성령이 임재하는 처소는 영이다. 영이신 하나님이 육신을 가진 사람에게 나타날 때에는 말씀으로 나타나신다. 예수님은 사람이지만 그 안에는 하나님이 계셨다. 우리의 육체는 껍데기이고 우리의 영에 주님이 계신다.[4]

물론 "하나님은 영이시다"라는 명제는 옳다. 이 명제는 하나님이 우리에게 생명을 주시는 분이시며 정적인 존재가 아니라는 사실을 알려준다. 그러나 구원파는 하나님을 정적인 존재로 이해한다. 그들은 역동적이고 살아서 활동하시는 분은 성령 하나님이라고 단정한다. 즉 성부와 성자 사이에서 이뤄지는 관계를 삼위일체의 세 번째 위격이신 성령

II_구원파에 대한 신학적 비판

으로 보는 것이다.

이러한 구원파의 왜곡된 신관에서 가장 두드러지게 소외되는 것은 하나님의 인격성이다. 정통 기독교는, 의지를 가지고 계신 하나님은 측량 불가능하고 자유로우신 분이라고 이해하기 때문에 하나님이 인격적 존재라고 이야기한다. 그 인격성은 하나님의 이름에서도 드러난다. 그는 "스스로 있는 자"이시다(출 3:14). 또한 하나님은 우리가 사랑하고 순종하고 섬겨야 할 아버지이시다(신 10:12-13). 하나님은 정적인 존재가 아니며 역동적이고 관계적인 하나님이시다.

하나님을 영으로 이해하는 구원파는 하나님의 초월성은 강조하는 데 비해 하나님의 임재성(臨在性)은 말하지 않는다. 그들은 예수님을 이해할 때도 인성보다 신성이나 초월성을 강조한다. 하지만 그들이 이처럼 하나님의 초월성을 강조하는 이유는 하나님을 경외하기 위함이 아니다. 오히려 하나님을 자신들과 관계없는 초월적 영역 안에 묶어둠으로써 자신들의 특권을 강화하기 위함이다.

대다수 교회에는 참된 구원이 없으며 구원파 교회 안에만 참된 구원이 있다는 주장을 살펴보면 그들이 하나님의 편재하시고(어디에나 계시며), 전지하시며(모든 것을 아시며), 전능하시다(무엇이든 하실 수 있다)는 사실을 부인하고 있음을 알 수 있다. 그들은 심지어 성령이 한국에 머무르고 있으며 구원파 안에서만 집중적으로 역사하신다고 주장한다.

그러나 하나님은 인생이 아니시다. 성경의 하나님은 영원하시고 무소부재하시고 모든 것을 아시는, 능치 못함이 없으신 절대자이시다. 교부 테르툴리아누스(Tertullianus)의 고백대로 "다 이해되고 납득할 수 있으면 그런 하나님은 우리가 경배하고 찬양하고 앙모(仰慕)할 필요가 없다. 나는 이해되지 않고 다 헤아릴 수 없기 때문에 하나님을 믿는다."

게다가 구원파의 이단성은 양태론적 신관에서도 나타난다. 이에 대해 평신도이단대책협의회의 이인규 대표는 다음과 같이 지적했다.

이들이 믿는 하나님은 기독교의 삼위일체 하나님이 아니라 2,000년 동안 이단적인 신론이었던 성부고난설이다. 정통 삼위일체는 본질적으로는 하나님이지만, 인격적으로는 상호교류를 할 수 있는 구별된 세 위격이어야만 하는데, 양태론은 단일신론으로서 한 인격의 세 양태를 주장한다. 양태론의 대표적인 비유는 물과 얼음과 수증기의 비유, 집에서는 아버지, 교회에서는 집사, 회사에서는 과장인 사역적인 구별을 삼위로 비유하는 것이다.
　　양태론을 인정한다면 성령은 재림 예수가 되므로 예수의 재림을 부정하게 되며, 십자가에서 희생 제물이 되신 예수와 그것을 온전히 받으시는 하나님이 동일 인물이 되어버리고, 기도를 하는 예수와 기도를 받는 하나님이 동일 인격이 되어버린다.[5]

예수님의 성육신은 하나님이 예수라는 인간 안으로 들어오신 사건이 아니다. 예수님은 인성과 신성이 분리되지 않고 하나의 인격으로 연합되신 분이시다. 하지만 양태론적 신관을 가지고 있는 자들은 성령과 주님을 구분하지 못한다. 예를 들어 기도가 필요 없다던 유병언 씨도 설교할 때는 대표 기도를 할 때가 종종 있었는데, 주님의 이름으로 주님께 기도했다. 그에게는 삼위를 구분하는 게 중요하지 않을뿐더러, 예수님의 이름으로 한 성령 안에서 아버지 하나님께 기도하고 예배드린다는 관념 자체가 없었던 것이다.

　　　　　　　　　　　　　　　　　II_구원파에 대한 신학적 비판

박옥수 씨에게도 삼위의 구분이 별로 중요하지 않은 것 같다. 그는 "성령은 예수님의 마음이다. 예수님은 성령의 도구였다. 성령은 하나님의 마음이다. 하나님의 마음 곧 예수님의 성령이 우리 마음에 들어와야 한다"라고 주장했다.[6] 이처럼 박옥수 씨는 삼위를 뭉뚱그려 이해하면서, 예수 그리스도의 구속을 성령이 우리에게 적용하신다는 사실을 간과한다. 그래서 죄 사함에 대한 그의 해석은 영지주의적이고 펠라기우스주의적 색채가 강해질 수밖에 없다.[7]

하지만 정통 교회의 그리스도인들은 삼위일체를 믿는다. 아타나시우스 신조에는 다음과 같은 대목이 있다.

하나님은 성부, 성자, 성령 삼위로 영원히 존재하는데, 삼위는 각자 완전한 하나님이시다. 그런데도 하나님은 한 분이시다. 삼위일체에는 선후나 대소가 없다. 세 분 모두 다른 분과 같이 영원하고 동등하다. 따라서 일체가 삼위로, 삼위가 일체로 예배되어야 한다. 그러므로 누구든지 구원받기 원하는 사람은 삼위일체를 믿어야 한다.

구원파의 신관은 인간관에도 영향을 끼친다. 정통 교회 안에는 인간을 영과 혼과 몸으로 보는 삼분설(trichotomism)과 영혼과 몸으로 구성된다고 보는 이분설(dichotomism), 그리고 통합된 전체로 보는 일원설(monism)이 공존한다. 그리고 어떻게 이해하든 인간을 하나의 통일체(unity)로 간주해야 한다는 성경의 서술은 공통분모로 존재한다. 성경에 따르면 인간의 영적 조건은 육체적이고 심리적인 조건과 무관하게 취급되어서는 안 된다. 인간은 물질적인 요소와 비물질적인 요소가 결합된 "복합적 구조를 가진 통일체"이기 때문이다.

신구약 성경이 모두 기초하고 있는 히브리적 인간관은 몸과 육신, 영과 혼을 분리하는 그리스적 인간관과는 다르게 통합적 인간관(unitary view of man)이다. 인간은 하나의 복합적이고 통합된 존재다. 하나님은 전인(全人, the whole of what we are)을 상대하신다. 성경에서 몸(body)과 육체(flesh, 육신)와 영혼은 서로 대조되는 단어가 아니라 호환해서 사용하는 동의어라 할 수 있다.

반면 워치만 니의 영향을 받은 구원파 지도자들의 인간관은 그리스적·이원론적이다. 이요한 씨는 영에는 하나님이 거하고, 육에는 사탄이 거하며 죄가 있다고 가르친다. 그래서 "우리가 구원을 받는 것은 영혼의 구원을 의미합니다.···사탄은 인간 육체를 통해 역사합니다"라고 주장한다.[8]

그러나 성경에서 육(flesh)은 몸이나 육체를 가리키는 말로 쓰이지 않는다. 육은 주로 몸 안에 거하는 죄악된 성향(죄성)이나 습관을 가리키는 전문 용어다. 바울은 성령이 우리 안에 거하는 것을 "육신에 있지 않고 영에 있다"라고 표현한다.

육체의 소욕은 성령을 거스르고 성령은 육체를 거스르나니 이 둘이 서로 대적함으로 너희가 원하는 것을 하지 못하게 하려 함이니라(갈 5:17).

여기서 "육체의 소욕"이란 죄성을 지닌 인간성 자체를 말하는 것이지 영혼을 제외한 고깃덩어리만의 육체를 말하는 것이 아니다.

하지만 잘못된 인간관 때문에 구원파에서는 "구원은 영이 받았으므

II_구원파에 대한 신학적 비판

로 육적으로 죄를 지어도 그것은 구원과 관계가 없으며 생활 속에서 짓는 죄는 죄가 되지 않는다. 일단 구원받으면 육적으로 범죄하여도 그 육이 책임진다"는 잘못된 구원관이 나오게 된 것이다.

영국의 신학자 윌리엄 바클레이(William Barclay)는 "모든 이단은 성경의 한 가지 진리를 정도 이상으로 부풀려 강조함으로써 형성되며, 하나님의 속성 가운데 한두 가지를 지나치게 강조하는 가운데 생겨난 것이다. 이단들은 마치 하나님의 진리를 기하공식처럼 다 깨달은 것 같이 모든 것을 논리적으로 전개한다"라고 말했다.

# 6

## 잘못된 죄관

하나님의 선민이라고 자칭하는 유대인들이 왜 예수님을 십자가에 못 박아 죽였을까? 하나님에 대한 열심은 있으나 하나님을 아는 올바른 지식이 없었기 때문이다(롬10:1-4). 유대인들은 자기 의를 이루기 위해 하나님의 의에 복종하지 아니했다. 한마디로 말하면 그들은 성경적 죄관이 없었기 때문에 하나님께 반역하는 결과를 낳은 것이었다. 구원파 또한 성경적 죄관이 분명하지 않기 때문에 어둠에 빠졌다고 볼 수 있다.

어떻게 보면 구원파의 문제는 죄를 잘못 이해한 데서부터 시작되었다고 해도 과언이 아니다. 그들의 잘못된 구원론의 발원지는 그들의 잘못된 인죄론(人罪論)이다. 도대체 그들의 죄관(罪觀)은 무엇이 문제인가?

기독교는 "나도 죄인이고, 당신도 죄인이고, 우리 모두가 죄인이다"라는 기초 위에 서 있다. 성경은 죄를 두 가지로 구분한다. 첫째는 로마서 5:12-"그러므로 한 사람으로 말미암아 죄가 세상에 들어오고…"-에 언급된 원죄(原罪)다. 모든 인간이 자신의 의지와 관계없이 인간으로 태어나기 때문에 어쩔 수 없이 갖게 되는 것이 원죄다. 원죄는 아담과 하와로부터 물려받은 일종의 가족력이라고 할 수 있다. 인간이면 필연적으로 가질 수밖에 없는 보편적 현상인 것이다. 둘째, 또 다른 하나의 죄는 스스로 범하는 자범죄(自犯罪)다. 원죄가 있기 때문에 자범죄가 발생한다. 인간은 누구든지 죄를 범하고 나면 죄의식(죄책감)을 느끼게 된다.

그러나 구원파에서는 죄를 오해 또는 곡해한다. 예를 들어 박옥수 씨는 원죄와 자범죄를 구분하는 대신 "죄"와 "범죄"를 구분하는데, 여기서 그가 말하는 "죄"란 정통 신학에서 말하는 원죄와 자범죄 모두를 포함하는 개념이다.[1] 반면 범죄는 "죄의 증상"이라고 할 수 있다.[2] 그는 인간이 "죄의 종", "사탄의 종"으로서[3] 인간의 마음에는 죄가 흐르고 있다고 표현한다.[4] 인간은 죄 덩어리로서 죄를 지을 수밖에 없다는 것이다.[5]

나는 죄 덩어리로 뭉쳐진 인간이라는 것입니다. 여러분, 죄의 결과를 고백하는 것과 죄의 근본을 고백하는 것에는 상당한 차이가 있습니다. 우리는 죄 악투성이이기 때문에 근본적으로 죄의 나무이며 죄의 자식이고 죄의 씨여서 아무리 스스로 깨끗해지려고 해도, 죄를 안 지으려 해도 마음대로 되지 않습니다.[6]

이런 주장은 사실 성경이 말하는 죄에 대한 이해가 부족한 상태에서 죄를 존재론적으로 설명하다가 나온 것이다. 성경이 말하는 원죄란 아담이 죄를 지은 후 인류의 삶을 옭아매며 인간으로 하여금 계속 범죄하도록 만드는 것이다. 그리고 자범죄는 원죄의 영향 아래서 범하는 악행을 의미한다. 따라서 우리는 인간의 전적인 타락을 "인간 본성의 모든

II_구원파에 대한 신학적 비판

부분이 죄에 의해 영향을 받았다는 뜻"으로 이해할 수 있다. 하지만 박옥수 씨는 영과 혼과 몸이 모두 부패하고 타락해 사람에게 전혀 희망이 없다는 뜻으로 곡해한다.

나아가 유병언, 이요한, 박옥수 세 계파는 예수님이 십자가를 지셨을 때 우리의 원죄가 존재론적으로 모두 사라졌다고 주장한다. 그들의 주장에 따르면 죄인은 그 사실을 깨닫는 순간 죄 없는 의인으로 거듭난다. 이처럼 구원파 지도자들은 교만과 불신앙, 하나님의 뜻에 순복하지 않는 행동이나 말, 생각 등 자범죄를 하찮게 취급하며 원죄만을 강조해 아담에게 모든 죄에 대한 책임을 돌린다. 그들의 주장대로라면 아담의 원죄에 대한 책임을 예수님이 담당하셨기 때문에 우리는 회개할 필요 없이 죄 사함이 이뤄진 것을 깨닫기만 하면 된다. 결국 그들은 "죄 사함을 삼위일체와 인간 사이의 인격적이고 역학적인 관계로 설명하는 일에 실패하고 있다."[7]

또한 구원파에서는 죄가 육체에 거한다고 주장한다. 문제는 이들이 "육체"와 영혼(혹은 영)을 분리해서 생각한다는 것인데, 그런 관점이라면 죄가 그 자리를 육체에 두고 있다는 주장은 성경적이지 않다. 과연 영혼이 배제된 육체가 죄를 지을 수 있는가? 죄는 어떤 물질이 아니라, 하나님과 인간의 비정상적 **관계**를 의미한다. 하지만 워치만 니의 이원론에 영향을 받은 구원파는 세상의 악이 모두 사탄으로부터 온다고 간주하고 물질은 하나님이 아닌 다른 존재한테서 온 악한 것이라고 이해한다.

그러나 하나님이 우리를 죄인이라 할 때는 우리의 육체만이 죄인이라는 것이 아니라 우리의 전인적인 존재가 하나님 앞에 죄인이라는 것이다. 육체만 죄를 짓는 것이 아니라 우리의 영혼도 죄를 짓는다. 또한 성경은 같은 의미에서 우리가 영혼이 배제된 육체가 아니라 마음으로 죄를 짓는다고 기록하기도 한다(렘 17:9; 마 15:19). 이것이 히브리적이고 성경적인 죄관이다.

정통 교회는 교파를 초월하여 죄를 관계론적으로 이해한다. 죄란 근본적으로 관계의 파괴다. 즉 하나님께 순종하지 못하고 그의 명령(계명)을 어기는 것이 죄다. 죄의 결과로 인해 하나님과의 관계, 다른 인간과의 관계가 파괴된다. 죄의 본질은 불신, 불경, 불의이며 죄는 불순종과 불법, 우상 숭배로 나타난다. 죄는 "의식적 불순종"으로 생각이나 말, 그리고 행위로 하나님께 반항하는 것이다. 구원파는 우리가 아담 안에서 시커먼 죄인이 되었다고 강조할 뿐이지만, 정통 교회는 우리가 생활의 여러 영역에서 자범죄(actual sins)를 통해 하나님의 마음을 아프게 한 죄인임을 알고 회개하도록 인도한다.

성경이 말하는 죄는 표적을 빗나가는 것이며 불신, 반항, 패역, 허물(transgression)로 특징지어진다. 죄는 하나님의 기준, 하나님의 영광에 이르지 못하는 것이다. 또한 죄는 하나님의 뜻에 거역하는 것인데 불의, 추악, 탐욕, 악의, 시기, 살인, 분쟁, 사기, 악독, 수군수군함, 비방, 악을 도모함, 부모를 거역함, 우매, 배약, 무정함, 무자비함 등 사회악적 요소를 다수 포함한다. 예수님은 친히 우리가 범하는 죄를 열거하셨다.

21속에서 곧 사람의 마음에서 나오는 것은 악한 생각 곧 음란과 도둑질과 살인과 22간음과 탐욕과 악독과 속임과 음탕과 질투와 비방과 교만과 우매함이니 23이 모든 악한 것이 다 속에서 나와서 사람을 더럽게 하느니라(막 7:21-23).

죄는 두 종류로 구분할 수 있다. "하나님이 금지한 것을 행하는 것"과 "하나님이 명령하신 것을 행하지 않는 것"이다. 전자는 "행함의 죄"(sins of commission)이고 후자는 "태만의 죄"(sins of omission)다. 마땅히 해야 할 것을 안 하는 것도 죄고, 해서는 안 되는 것을 행하는 것도 죄다.

죄는 금기를 범하는 측면만이 아니라 하나님의 마음을 아프게 한다는 측면에서도 문제다. 죄는 하나님과 인간의 인격적 관계를 갈라놓는다. 따라서 엄밀하게 말하면 인간에게 절실하게 필요한 것은 죄값의 지불이 아니라 **화해**다.

구원파에서는 죄책(guilt, 죄에 대한 책임)이 아담에게 있다고 보고, 정통 기독교는 죄책이 죄인인 우리 각자에게 있다고 본다. 따라서 구원파에서는 아담의 죄를 둘째 아담이신 예수님이 담당하신 것이 전부라고 여기며 구원받을 때도, 구원받은 후에도 회개가 필요 없다고 주장한다. 심지어는 살인, 거짓말, 도둑질, 간음 등으로 인해 죄책감을 느끼고 수치심을 갖는 것도 허락하지 않는다. 그런 것은 죄의 증상에 불과할 뿐, 원죄의 죄책을 제거해준 십자가 복음을 깨달은 한 문제가 되지 않는다고 믿는 것이다.

죄관의 문제에서 구원파의 입장과 정통 기독교의 입장은 어떻게 다를까? 정통 기독교는 내가 죄인인 것을 인정하고 죄에서 철저하게 돌이키고 예수 그리스도가 나의 죄를 대속하신 구주인 것을 믿을 때 용서의 은혜가 주어진다고 본다. 하지만 구원파는 과거와 현재와 미래의 죄가 십자가 사건을 통해 전부 용서되었기 때문에 구원받은 자들은 더 회개할 필요가 없다고 본다. 정통 기독교는 성도들이 자범죄를 지었을 때 죄책감을 느끼고 선한 양심에 따라 하나님 앞에 회개하게 한다. 그러나 구원파는 예수님의 피 흘림으로 죄가 모두 다 사해졌다고 가르쳐 아예 죄책감(죄의식)을 없애버린다. 그래서 구원파는 회개무용론, 도덕률폐기론으로 빠져드는 것이다.

# 7
## 잘못된 구원관

앞서 "들어가는 말"에서 밝혔듯이 빌리 그레이엄 목사는 1973년 여의도 광장에서 열린 전도대회에서 "당신의 죄를 회개하고 예수님을 구주와 주님으로 영접하라"고 설교했다. 정통 기독교에서는 구원을 예수님과의 인격적 만남으로 인식하기 때문에 당연히 "예수님께 나아오라"(마 11:28), "회개하고 예수님을 믿어라"(행 2:38), "예수님을 영접하라"(요 1:12)고 설교한다.

그러나 당시 권신찬 씨는 빌리 그레이엄의 설교를 듣고는 "빌리 그레이엄은 구원받은 줄 알았는데 아니었다. 빌리 그레이엄도 구원을 받지 못했다"라고 탄식했다. 그뿐 아니라 그는 한경직, 김충기, 곽선희 목사도 구원받지 못했다고 말했다. 이쯤 되면 구원파가 말하는 구원이 정통 교회가 말하는 구원과 다르다는 사실은 너무나 분명해진다. 구원파의 구원은 무엇이며 그들이 전하는 복음은 어떻게 "다른 복음"일까?

구원관을 빼놓고는 이 집단을 이해할 수 없다. 이 집단의 모든 교리는 구원관을 중심으로 형성된다. 이미 잘 알려진 대로 구원파는 "죄 사함으로 말미암는 구원", "깨달음에 의한 구원", "율법과 종교에서의 해방 (자유)"을 강조한다. 그래서 사람들은 이들에게 "깨달음파, 중생파, 구원 깡패" 등의 별명을 붙여주었다.[1]

사람은 어떻게 구원을 받을까? 어떻게 하면 영생을 얻을 수 있을까? 성경의 가르침대로라면 우리는 자신의 **죄를 회개하고 예수님을 믿음으로** 구원을 받는다. 그런데 구원파는 **죄 사함을 깨달으면** 구원을 받는다고 주장한다.

## 구원파가 말하는 구원

앞서 살펴보았지만 권신찬 씨는 구원을 "율법의 억압으로부터 떠나는 것", "양심의 해방", "종교에서의 해방", "율법으로부터의 해방", "불안에서의 평안"이라고 정의하면서, 기존 교회의 새벽 기도, 십일조, 주일 성수, 직분 제도, 예배 형식 등을 "종교"로 규정했다. 도대체 어떤 논리에서 이런 주장이 가능한지 궁금하다. 또한 이요한 씨는 다음과 같은 간증을 했다.

> 거듭난 날이 구원받은 날입니다.⋯복음의 말씀을 깨달을 때, 그 영혼이 구원받고 거듭나서 하나님의 자녀가 됩니다.⋯구원 즉 거듭나는 것은 영적 출생이라는 사건이요, 확실한 경험입니다. 구원받는 것은 반드시 성경 말씀을 통해 그 진리의 말씀을 깨달음으로 되는 것입니다.[2]

II_구원파에 대한 신학적 비판

박옥수 씨는 "천국에는 죄인이 갈 수 없고 의인들만이 들어가며, 예수를 믿는 자는 이미 과거, 현재, 미래의 모든 죄를 사함 받고 이미 100퍼센트 온전한 의인이 되었으므로 구원을 받지만, 자신이 죄인이라고 하는 사람들은 죄인이므로 구원을 받지 못한다"라고 주장한다.[3]

죄 사함에 대한 이야기를 하면 머리로는 다 이해가 되는데, 마음에는 여전히 죄가 남아 있는 그런 사람이 있다.····여러분의 마음을 묶고 있는 어떤 죄라도 성령이 임하시면 그냥 풀어져 버린다. 이것이 바로 구원이다. 우리 마음이 죄에서 벗어나야 구원받은 것이며 거듭나는 것이다. 마음이 죄에서 해방을 받아야 한다.[4]

구원파의 구원은 결국 죄책감으로부터의 해방을 말한다. 그들의 공통된 주장은 자신이 구원받았다는 사실을 깨닫는 그 순간이 곧 구원받은 정확한 시간이라는 것이다. 그들은 골로새서 1:6의 "하나님의 은혜를 깨달은 날부터"라는 말씀을 인용하며 죄 사함과 거듭남의 비밀을 깨달으면, 즉 예수님이 죄를 대속하셨다는 사실만 깨달으면 즉시 구원을 받는다고 주장한다. 그래서 그들은 기존 신자들에게 "당신은 언제 구원받았습니까?"라고 질문하면서 접근한다. 또한 어느 집회에서 몇 명이 구원을 받았다거나 누가 언제 구원을 받았다는 말을 자주 한다.

그러나 성경은 단순히 "구원받았다는 사실을 깨달음이 곧 구원"이라는 주장을 지지하지 않는다. 누가는 "죄 사함을 받게 하는 회개"가 예루살렘에서부터 시작하여 모든 족속에게 전파될 것이라고 기록했다(눅 24:47). 또 성경에는 은혜로 인하여 믿음으로 구원을 받는다는 말이 수십

번 기록되어 있는데, 구원파는 왜 이런 구절들을 외면할까? 단지 자신들의 경험을 중심으로 성경을 보기 때문이 아닐까?

사실 믿음으로 의롭다 함을 얻는다는 칭의론은 "교회가 서고 넘어짐을 결정하는 항목"이다. 옥스퍼드 대학의 알리스터 맥그래스(Alister McGrath) 교수가 지적한 것처럼 "기독교적이고 기독교적이 아닌 것 사이의 구분은 이신칭의 교리를 받아들이는가 받아들이지 않는가에 있는 것이 아니다. 정통과 이단의 차이는 일단 이 교리를 수용한 이후에 이 교리를 어떻게 이해하는가에서 드러난다. 이단은 기본적으로 이 교리를 받아들이면서 그 의미를 내적 일관성 없는 모순된 방식으로 해석함으로써 생기는 것이다."[5]

죄를 관계적으로 이해하는 정통 기독교에서는 성경의 내적 일관성에 따라 구원을 회심(돌이킴), 대속, 화목, 화해, 중생, 양자됨, 칭의, 성화, 영화, 견인의 관점에서 다차원적으로 풍성하게 이해한다. 하지만 구원파는 자신들의 잘못된 죄관에 기초해 구원을 주로 "죄 사함 받은 상태"로 이해한다. 그들의 확신과 고집은 성경의 내적 일관성에 근거한 것이 아니라 성경과 모순되는 자기 집단의 일관성에 근거한다.

자신들이 구원의 비밀을 독차지하고 있다고 확신하는 구원파 신도들은 전도 대상자에게 다음과 같은 10가지 질문으로 접근하는 것으로 유명하다. 이에 대해 확신 있게 대답하지 못하는 성도들은 자칫하면 미혹되어 지금까지의 신앙생활을 무효로 생각하기 쉽다.

① 선생님의 이름이 생명책에 기록된 것을 확실히 알고 믿습니까?
② 선생님은 거듭나셨습니까?

II_구원파에 대한 신학적 비판

③ 성령이 마음속에 계심을 믿습니까?

④ 사망에서 생명으로 옮겨진 것을 확신하십니까?

⑤ 선생님은 의인입니까, 죄인입니까?

⑥ 선생님은 모든 죄를 용서받았습니까?

⑦ 하나님을 두려워하는 생활을 하십니까?

⑧ 구원받은 것을 확신합니까?

⑨ 재림주를 영접할 준비가 되어 있습니까?

⑩ 구원의 근거는 어디에 있습니까?


위에 열거한 질문 자체에 문제가 있는 것은 아니다. 하지만 평소에 이런 질문들을 곱씹으며 생각해보지 않은 경우, 구원파의 수법에 걸려들어 그들이 말하는 구원이 무언가 더 우월하다고 느끼게 될 수 있다는 것이 문제다.

구원에 대한 유병언 씨의 가르침을 요약해보면 다음과 같다. "사람은 자신이 하나님 앞에 아담의 원죄로 말미암아 멸망할 수밖에 없는 죄인임을 깨닫고 성경의 특정 구절에서 예수님의 보혈로 자신의 죄가 단번에 영원히 용서받은 것을 깨달아야 한다. 유대인은 예수를 영접함으로 구원을 받지만, 이방인은 복음을 깨달음으로 구원을 받는다." 이런 구원파의 구원에는 의지적인 회개와 결단과 헌신으로서의 믿음(행 20:21)이 소외되고, 주 예수 그리스도와의 인격적인 만남도 무시된다. 그들은 "한 번 죄 사함을 깨달으면 과거, 현재, 미래의 죄가 모두 사함을 받아 죄가 없어진다"고 주장하기 때문이다.

하지만 구원파의 구원관은 "한 번 구원은 영원한 구원이다"라는 구호에 갇혀 있으며, "그러므로 신자는 어떻게 사는가에 대해서는 괘념치 말고 오직 구원의 확신을 가지고 살면 된다"라는 위험한 사상으로까지 나아간다. 구원파의 주장처럼 본인의 죄가 사해진 것을 깨달음으로 구원을 받으면 이후에는 죄를 지어도 아무 상관이 없고 생활 속에서 짓는 죄는 죄가 되지 않으며 구원받은 이후에는 회개할 필요는 없고 자백만 하면 될까? 또 예수의 십자가 사건으로 과거, 현재, 미래의 죄까지 다 사함을 받았기 때문에 구원받은 후에는 다시 회개할 필요가 없을까?

구원파는 일단 깨달음으로 구원을 받으면 그 구원은 어떤 경우에도 취소되지 않는다는 확신에 빠져 있다. 권신찬 씨는 다음과 같이 말한다.

우리가 구원받았다고 하는 것은 영이 받은 것이다. 구원 이후의 죄가 영혼의 구원 이후에는 영향을 미치지 않는다. 구원은 영이 받았으므로 육으로 하는 것은 관계치 않으며 한 번 깨달았으면 다시 범죄가 없고 죄를 지어도 죄가 되지 않는다.[6]

이처럼 하나님이 사람의 영(혼)을 구원하시기 때문에 일단 죄 사함을 받으면 육신으로 어떻게 생활하든 관계없다고 주장한 것은 구원파의 이단 사상이 얼마나 심각한지를 잘 드러낸다. "나는 이제 율법에서 해방되어 죄와 상관이 없다"라는 주장은 초대교회 때부터 퍼져 있던 도덕률폐기론과 성화무용론으로 이어져 심각한 범죄 행위를 초래한다. 실례로 왜곡된 구원론을 앞세운 유병언 씨는 자기 목적을 달성하기 위해서 미행, 도청, 폭력, 사기, 정치권 로비, 협박 등을 불사했다는 혐의를 받았다. 마찬가지로 오대양 사건 당시 반대파를 살해하고 암매장한 김도현 등

II_구원파에 대한 신학적 비판

집단 자수범들은 살인은 했어도 영혼이 구원을 받았기 때문에 천국에 가는 데는 문제가 없다고 주장했다. 또 구원파와 관련된 것으로 보이는 기업의 비윤리적 운영과 관련자들의 무책임한 태도, 공권력을 무시하는 그들의 행동거지에서 왜곡된 구원관의 문제는 여실히 드러났다.

심지어 구원파에서는 죄의식(죄책감)이 없어야 구원받은 사람이고, 죄의식을 가진 자는 구원받지 못한 사람이라고 본다. 그렇다면 수많은 사람을 죽이고도 일말의 가책을 느끼지 못한 "막가파"나 "지존파"가 구원파의 식구들이라도 된다는 말인가? 또 일단 복음을 깨닫고 구원을 받은 사람은 장차 예수를 믿지 않거나 사이비 종교 집단에 빠져도 죄와 상관없이 구원을 받는다는 뜻인가?

## 도덕률폐기론 vs 성경적 회개

성경적 참된 회개는 천국과 관련이 있다. 예수님이 공생애를 시작하시면서 제일 먼저 선포하신 복음의 핵심적 내용은 바로 "회개"다.

> 이때부터 예수께서 비로소 전파하여 이르시되 회개하라, 천국이 가까이 왔느니라 하시더라(마 4:17).

우리는 회개를 통해 하나님 나라의 참 백성이 된다. 참된 회개는 단순히 죄를 깨닫는 정도가 아니라 "국적"을 옮기는 사건과 같다. 회개는 예수 그리스도 안에서 속량 곧 죄 사함을 얻는 것이며(골 1:14), 흑암의 권세에서 하나님의 나라로 옮기는 사건이다(골 1:13).

정통 기독교는 성도가 구원받은 이후에도 죄와 싸우는 군사로 서 있어야 한다고 가르쳐왔다. 그런 의미에서 교회는 하나님 나라의 군대이기도 하다. 하나님의 나라는 이미 우리 안에 임했지만 아직 완성되지 않았다. 그렇기에 참된 그리스도인의 삶에는 하나님 나라의 윤리가 치열하게 구현되어야 한다.

그런데 구원파 주장의 본질은 우리가 "이미 구원받았으므로 죄와 아무 상관이 없다"는 것이다. 그들의 주장대로라면 우리는 이미 구원을 받았으므로 장래에 지을 죄까지도 이미 사함을 받았고 죄를 짓지 않으려고 노력할 필요조차 없다. 신학자들은 이런 주장을 "도덕률폐기론"이라고 부른다. 박옥수 씨는 확신을 가지고 도덕률폐기론을 주장한다.

예수 그리스도가 여러분의 마음을 지배하시면 더 이상 여러분 자신이 죄와 싸울 필요가 없는 줄 압니다. 여러분이 더 이상 술을 끊으려고, 담배를 끊으려고, 도둑질을 하지 않으려고, 방탕한 생각을 하지 않으려고 노력할 필요가 전혀 없게 됩니다. 여러분에게 계신 예수 그리스도께서 여러분 마음속에서 그 모든 죄악을 이기게 해주실 것입니다.[7]

그러나 성경은 분명히 반복적인 회개의 필요성에 대해 수없이 강조한다. 요한계시록 2-3장에서 성령은 일곱 교회를 향하여 거듭 "회개하라"고 말씀하신다. 물론 그 교회들은 이미 예수님을 믿어 구원받은 그리스도인들의 모임이다. 즉 성령은 처음 믿을 때의 회개와는 구별되는 생활 속의 회개를 촉구하신 것이다. 이에 대해 조직신학자 웨인 그루뎀(Wayne Grudem)은 다음과 같이 말한다.

II_구원파에 대한 신학적 비판

따라서 최초의 믿음과 회개는 생애 중 단 한 번 있는 일이고 그 일이 일어날 때 참된 회심이라고 말할 수 있지만, 그럼에도 믿음과 회개의 마음 자세는 회심 때 단지 시작될 뿐이다. 그때의 그 자세는 그리스도인으로서의 삶을 살아가는 동안 지속되어야 한다.[8]

예수님이 전하신 메시지의 핵심은 "회개하고 복음을 믿으라"(막 1:15)는 것이었다. 회심(回心, conversion)이라는 위대한 변화는 우리가 죄에 대하여 회개하고 복음에 인격적으로 응답할 때 발생한다. 회심은 구분되지만 분리할 수 없는 두 개의 측면, 즉 회개와 믿음을 포함하는 단일 개념이다. 성경은 회개와 믿음을 구원의 두 가지 조건으로 제시하며(행 20:21) 죄의 용서가 회개를 전제로 한 것임을 분명히 한다.

회개와 믿음은 같은 사건의 부정적 측면과 긍정적 측면이라고 볼 수 있다. 회개는 "죄에서 떠나 하나님이 원하시는 방향으로 다시 돌아오는 것"으로서 우리 마음의 근본적 방향 전환을 뜻한다(눅 1:16-17; 고후 3:16-17). 박철수 목사는 회개에 대해 이렇게 정의했다. "회개란 지금까지 내가 살아왔던 삶의 양식, 삶의 태도, 사고방식이 하나님 나라 백성답게 변하는 것이다."[9] 이 방향전환에는 우리의 전 존재가 포함되며[10] 생각(지성)과 감정과 의지(행동)의 변화가 뒤따른다.

① **생각의 변화.** 회개에는 지성이 관련되어 있다. 회개한다는 것은 이제까지의 자기 모습, 자신의 삶, 자신의 행동에 대한 평가가 바뀌는 것을 의미한다. 회개는 죄의 자각, 인간의 죄성에 대한 고백이다. 우리는 우리가 지은 죄가 얼마나 무서운지를 알아야 한다. 회개하려면 먼저 자신이 죄를 지었다는 사실을 깨닫고 시인하는 단계가 있어야 한다. 전

에는 자기 자신을 선하게 생각했던 사람이 이제는 자신이 "영적으로 가난한 사람"일 뿐임을 인식하는 것이다.

② **감정의 변화.** 회개에는 감정적 요소가 있다. 자신에 대한 평가가 바뀔 때 우리는 과거에 대해 후회하는 마음을 갖게 되며 지나온 삶에 대해 불만족, 심지어 비탄을 느끼기도 한다. 하나님 말씀을 들을 때 마음에 찔림이 있고 슬퍼하며 고뇌하는 마음이 따르기도 한다. 사도 바울처럼 자신의 지난 잘못을 미워하게 되며 "자신의 상태와 처지를 살핀 후 절망에 빠지기도 한다." 마틴 로이드 존스(Martyn Lloyd Jones)는 이 단계를 "우리가 저지른 일의 성격이나 본질이 정확히 어떤 것인지를 파악하는 단계"라고 했다. 하나님의 뜻대로 하는 근심은 후회할 것이 없는 구원에 이르게 한다는 고린도후서 7:10의 말씀처럼 우리에게는 회개에 이르게 하는 근심이 있어야 한다.

③ **의지의 변화.** 회개에는 의지적 요소가 있다. 생각의 변화 및 마음속 비탄과 후회는 자연히 자신의 모습과 행동을 변화시키려는 갈망을 낳는다. 그리고 이 갈망은 자신의 삶을 개혁하고자 하는 결심으로 이어진다. 의지의 변화는 자신의 삶과 행동이 하나님의 목전에서 그분의 뜻을 거스르고 있음을 깨닫고 고백하며 뉘우치는 단계다. 회개에는 구체적 실천과 순종이 따르며 진정한 회개를 하면 삶을 대하는 태도가 달라진다.

종교개혁자 마르틴 루터(Martin Luther)는 회개에 대해 다음과 같이 말했다.

이는 단지 내면적 참회만을 의미하지 않는다. 이러한 내면적 참회란 그것이 다양하고 구체적인 현세적 변화를 수반하지 않는 한 무가치하다.[11]

그의 지적대로 회개란 그저 내면의 뉘우침만이 아니며 모름지기 구체적인 행동을 수반해야 한다. 회개 곧 진정한 참회는 기독교 신앙의 핵심이며 지정의가 함께하는 전인적 결단이다. 그러나 구원파의 회심에는 이러한 회개가 없다. 다만 자신의 죄가 사해졌다는 것에 대한 깨달음, 그리고 값싼 은혜만 있을 뿐이다.

회개한다는 것은 죄를 뉘우치고(양심의 가책을 받고) 돌아선다는 말이다. 그런데 만약 이미 예수님이 우리 죄—과거의 죄, 현재의 죄, 미래의 죄까지—를 다 용서했다고 깨닫는 것이 구원이라면 죄를 지었을 때 보여야 하는 반응은 회개가 아니라 감사다. 일면 그럴듯해 보이는 주장이다. 이런 구원관은 값싼 은혜에 중독되어 점점 더 은혜에 갈증을 느끼는 현대인들에게 잘 먹혀들어 갈 수도 있다.

그러나 여기에는 치명적인 약점이 있다. 성경은 "만일 우리가 죄 없다 하면 스스로 속이고 또 진리가 우리 속에 있지 아니할 것이요"(요일 1:8)라고 말한다. 구원파는 죄를 어떤 물질처럼 생각해 구원받는 순간 죄가 없어진다고 가르치지만 죄는 인간의 지정의가 관련되는 행위이며 상태다. 예수님은 정죄하지 않는다고 하셨지 죄를 없게 해준다고 말씀하신 적이 없다. 예수님은 간음하다 잡혀 온 여인에게 "나도 너를 정죄하지 아니하노니 가서 다시는 죄를 범하지 말라"(요 8:11)라고 말씀하셨다.

물론 예수님이 우리의 모든 죄를 용서하셨다는 말은 맞다. 또한 성경이 "죄 없이 함을 받으라"(행 3:19), "죄를 없이 하시려고 세상 끝에 나타나셨느니라"(히 9:26), "그가 우리 죄를 없애려고 나타나신 것"(요일 3:5)이라고 하며 예수 그리스도의 사역이 우리의 죄를 "없애준다"라고 말한다는 것도 사실이다. 그러나 이런 말씀들은 예수님의 구속 사역이 영원히 유효하다는 사실을 강조하는 것이지 회개의 필요성을 부정하는 말씀들이 아니다. 우리는 이미 구원을 받았지만 아직 구원이 완성된 것은 아니다. 성도의 삶은 죄를 지으면 잘못을 뉘우치고 회개하는 삶이다. 이것이 바로 구원을 이루어가는 삶이다(빌 2:12).

신앙의 선조들은 날마다 탐욕과 탐심, 교만, 질투, 나태, 색욕, 분노 등의 죄를 회개했다. 날마다 회개한다는 것은 매순간 하나님과 인격적 관계를 맺는다는 의미다. 만일 구원파의 주장처럼 회개가 필요 없다면 인격이신 주님을 날마다 만나는 일도 필요 없어진다. 만일 어떤 아버지가 아들을 위해 평생 쓸 돈을 저축해놓았는데 아들은 계속 그 돈을 쓰기만 하고 정작 아버지는 만나지 않는다면 어떻게 될까? 그가 과연 진정한 아들이라고 할 수 있을까? 진정한 아들이라면 아버지가 저축해놓은 많은 돈보다는 자기 아버지를 더욱 존경하고 사랑하는 삶을 살 것이다.

반면 박옥수 씨는 "성경에 회개하면 죄가 씻어진다"라는 말이 없다고 단언한다.

여러분, 아무리 유명한 부흥 목사의 이야기라 해도 성경에 없는 것은 하나님의 길이 아닙니다. 회개하면 죄가 씻어진다는 말이 성경 어디에 있습니까? 회개해서 죄를 씻는 것도 성경적인 방법이 아닙니다.[12]

이런 해괴한 주장에 대한 문제 제기가 이어지자 기쁜소식선교회는 "회개"와 "자백"을 구분해 회개는 죄 사함을 받는 단회적 사건과 연결하고, 자백은 살아가면서 행하는 악과 연결한다.[13] 그러면서 그들은 보통 교회에서 가르치듯 회개를 반복하는 것은 구원받지 못한 증거라고 주

II_구원파에 대한 신학적 비판

장한다. 하지만 이런 구분은 그들이 내적 일관성이 없는 모순된 주장을 하고 있다는 사실을 드러낼 뿐이다. 과거 박옥수 씨는 자백이 죄에 대한 것이 아니라고 주장했다.

> 우리는 도둑질했다, 살인했다, 거짓말했다는 것을 자백해야 되는 것이 아닙니다. 나는 근본적으로 죄를 지을 수밖에 없는 인간이라는 것을 고백해야한다는 것입니다. 간첩이 자수할 때, "내가 기밀을 누설했다"는 식의 고백이아니라, 간첩이라는 것을 자백해야 하는 것처럼 말입니다.[14]

하지만 현재 기쁜소식선교회는 소위 "나는 간첩입니다. 몇 년도에 남파되어서 지금까지 간첩활동을 했습니다"라는 고백이 자백이 아닌 "회개"와 연결된다고 공식적으로 밝히고 있다.[15] 이는 그들이 처음부터 성경에 기초해 회개무용론을 주장했던 것이 아니라는 사실을 알려주는 대목이다.

그들이 자기모순을 떠안으면서까지 굳이 "회개"와 "자백"을 구분하는 이유는 무엇일까? 그들은 이 구분을 통해 기존 교회의 문제점을 드러내고 싶어 한다. 그들은 반복적인 회개에서 벗어나지 못하면서 기쁨이 없는 신앙생활을 하는 기존 교회의 일부 성도들이 처한 상황을 교묘하게 이용해 자신들의 특권을 주장하고 교세를 확장하려는 것이다. 이런 분열 조장과 사리 추구야말로 거짓 선생들의 특징이 아닐까?

성경은 자백과 회개, 그리고 배상에 대해 말한다. 그런데 이는 서로 섞이지 않는 개념이 아니다. 성경에는 죄를 자백하라고 가르치는 구절도 있고, 회개하라고 가르치는 구절도 있다. 이 두 단어는 결국 같은 의미다. 다윗은 자신의 살인죄와 간음죄를 자백하고 애통해하며 회개했다. 그리고 다시는 같은 죄를 짓지 않기로 결심하고 그대로 이행했다. 또 삭개오의 경우처럼 회개한 후에 이웃에게 해를 끼친 것이나 속여 빼앗은 것을 몇 배를 더해 모두 배상해야 하는 경우도 있다.

하나님께 죄를 자백한다는 말의 가장 기본적인 뜻은 자신의 잘못을 정직하게 인정하고 옳고 그름에 대한 하나님의 기준이 맞다고 동의하는 것이다. 성경은 여러 곳에서 신자가 하나님께 죄를 자백해야 한다고 가르친다(시 32:3-5; 요일 1:8-9). 그런데 심리학자 브루스 내러모어(Bruce Narramore)는 많은 사람이 "죄를 지음, 죄책감을 느낌, 자백함, 일시적 평안을 누림, 그런 다음에 다시 죄를 지음"이라는 주기를 반복한다고 지적했다. 이러한 자백은 순전한 회개라고 볼 수 없다. 죄의 자백은 죄를 버리는 열매로 이어져야 한다(잠 28:13).[16]

성경을 기준으로 보자면 자백과 회개는 반복적일 수 있다. 하나님의 의인인 다니엘이 자신과 이스라엘 백성의 죄를 자복(自服, confess)하고 회개한 것은 잘못이 아니었다(단 9:20). 이스라엘 백성은 자기의 죄와 열조의 허물을 자백하고 회개했다(느 9:2). 에스라도 울며 기도할 때 죄를 자복하고 회개했다(스 10:1). 예수님은 다음과 같이 말씀하셨다.

3너희는 스스로 조심하라. 만일 네 형제가 죄를 범하거든 경고하고 회개하거든 용서하라. 4만일 하루에 일곱 번이라도 네게 죄를 짓고 일곱 번 네게 돌아와 내가 회개하노라 하거든 너는 용서하라 하시더라(눅 17:3-4).

이는 일상적인 죄에 대하여 반복적으로 회개하는 경우도 있다는 성

II_구원파에 대한 신학적 비판

경의 명백한 증거다. 즉 성경은 반복적인 죄에 대해서도 "회개"라는 단어를 분명히 사용한다.

구원파가 주기도문을 부정하는 이유 중 하나는 반복적인 회개로 이끄는 "우리 죄를 사하여 주시옵고"라는 문구와 자기네들의 죄 사함에 대한 교리가 상충하기 때문이다. 우리는 정말 죄를 회개하면 안 될까? 아니다. 성경은 그렇게 말하지 않는다. 바울은 음란과 호색의 죄를 지은 고린도 교인에게 회개하라고 말한다.

또 내가 다시 갈 때에 내 하나님이 나를 너희 앞에서 낮추실까 두려워하고 또 내가 전에 죄를 지은 여러 사람의 그 행한 바 더러움과 음란함과 호색함을 회개하지 아니함 때문에 슬퍼할까 두려워하노라(고후 12:21).

요한계시록 2-3장에는 일곱 교회에 대한 회개 촉구가 기록되어 있다. 주님은 일곱 교회에 보내는 메시지를 통해 타락과 죄로부터 회개하지 않으면 벌하실 것을 분명히 경고하신다(계 2:5, 16, 22). 또 예수님은 자기가 죄인이라고 회개한 세리가 바리새인보다 의롭다 하심을 받았다고 말씀하셨다.

13세리는 멀리 서서 감히 눈을 들어 하늘을 쳐다보지도 못하고 다만 가슴을 치며 이르되 하나님이여 불쌍히 여기소서 나는 죄인이로소이다 하였느니라. 14내가 너희에게 이르노니 이에 저 바리새인이 아니고 이 사람이 의롭다 하심을 받고 그의 집으로 내려갔느니라. 무릇 자기를 높이는 자는 낮아지고 자기를 낮추는 자는 높아지리라 하시니라(눅 18:13-14).

바울은 "너희가 육신대로 살면 반드시 죽을 것이로되 영으로써 몸의 행실을 죽이면 살리니"(롬 8:13)라고 기록했다. 이 구절은 너무 무서운 말씀이다. 여기서 "육신"(flesh)은 "육체의 죄성"을 가리키며 성적인 부패, 인간적 부패, 종교적 부패와 연관된 개념이다. 우리는 영으로써 율법에 불순종하게 하는 몸의 행실을 십자가에 못 박아 죽여야 살 수 있다. 죄가 그 기운을 쓰지 못하도록 "죄 죽이기"(mortification)를 하라는 것이다.

신약성경에서 "회개"로 번역되는 그리스어 "메타노이아"($\mu\epsilon\tau\acute{a}\nu o\iota\alpha$)는 "(하나님을 향해) 돌아서다, 돌이키다"라는 뜻으로 "방향 수정"을 의미한다. 즉 내 마음대로 살던 사람이 하나님 뜻대로 살기로 마음먹고 돌이키는 것이 회개다. 이런 돌이킴과는 상관없이 "참된 회개는 '내가 거짓말을 했습니다', '간음했습니다', '살인했습니다' 하는 것이 아니다. 내가 죄의 씨임을 고백하는 것이 참된 회개다"[17]라고 주장하는 박옥수 씨의 가르침은 성경과는 거리가 멀다. 김세윤 교수가 지적한 것처럼, 구원파의 복음은 긴장의 제거와 무율법주의라는 특징을 동시에 드러낸다.[18]


## 깨달음 vs 믿음

하나님과의 인격적인 관계를 확립해주고 현생과 내생에 지속적 축복의 희망을 가져다주는, 죄로부터의 개인적인 구원은 어떻게 받을 수 있는가? 누구든지 예수님이 그의 죽음과 부활을 통해 사람들을 죄로부터 구원하셨다는 사실을 마음에 믿고 입으로 시인하면 구원을 받을 수 있다. 바울은 다음과 같이 기록했다.

네가 만일 네 입으로 예수를 주로 시인하며 또 하나님께서 그를 죽은 자 가운데서 살리신 것을 네 마음에 믿으면 구원을 받으리라(롬 10:9).

어느 시대에나 구원의 근거는 오직 예수 그리스도의 죽으심과 부활 뿐이다. 어느 시대에나 구원의 요건은 믿음이며, 어느 시대에나 믿음의 대상은 하나님이다.

21이제는 율법 외에 하나님의 한 의가 나타났으니 율법과 선지자들에게 증거를 받은 것이라. 22곧 예수 그리스도를 믿음으로 말미암아 모든 믿는 자에게 미치는 하나님의 의니 차별이 없느니라. 23모든 사람이 죄를 범하였으매 하나님의 영광에 이르지 못하더니, 24그리스도 예수 안에 있는 속량으로 말미암아 하나님의 은혜로 값 없이 의롭다 하심을 얻은 자 되었느니라(롬 3:21-24).

이처럼 성경은 우리가 "깨달음"이 아니라 "믿음"으로 의롭다 하심을 얻는다고 말한다. 믿음이라는 단어는 기본적으로 "참된 것으로 간주함" 또는 "온전히 맡김"이라는 뜻을 가지고 있다. 그런데 우리는 알지 못하는 존재를 믿을 수는 없다. 그러므로 먼저 무엇을 믿어야 할지, 누구를 믿어야 할지 믿음의 대상에 대해 알아야 한다. 예수님은 "영생은 곧 유일하신 참 하나님과 그가 보내신 자 예수 그리스도를 아는 것"(요 17:3)이라고 말씀하셨다.

앞서 살펴본 회개와 마찬가지로 믿음에는 ① 지적 요소(지식, 知), ② 감정적 요소(찬동, 情), ③ 의지적 요소(신뢰와 헌신, 意)가 있으며, 이 세 가지 요소가 종합될 때 구원으로 이끄는 확고한 신앙을 갖게 된다고 말할 수 있다. 깨달음은 단지 믿음의 한 가지 기능인 지식의 일면일 뿐이다. 믿음은 어떤 사실을 알게 되었다는 순간적인 깨달음과는 전혀 다르다. 성경은 지식이 사람을 교만하게 한다고 경고한다(고전 8:1). 사실 깨달음으로 구원받았다는 구원파 교인들을 보면 자신만 비밀을 깨달았다는 특권 의식으로 가득 차 있는 것을 확인할 수 있다.

성경적인 믿음, 즉 구원받게 하는 회심은 지정의를 포함한 전인격적 존재인 인간이 그리스도 안에서 하나님을 만나는 사건(personal encounter with God in Christ)이다. 하나님은 그리스도의 피로 우리를 죄와 진노에서 속량하셨으며, 죄인들이 영원한 생명을 얻도록 속전을 지불하셨다. 우리는 속량의 은혜를 베푸신 주님께 우리 자신을 의탁해야 한다. 그런데 구원파의 구원관을 살펴보면 의지적인 회개와 의지적인 의탁(commitment) 또는 신뢰(trust)로서의 믿음이 빠져 있다는 것을 알 수 있다. 기독교적 구원관으로 보면 이는 치명적인 결함이다.

믿음(faith)의 본질은 신뢰와 의탁이다. 신뢰는 믿음의 본질에 속한다. 사람은 어떤 인격을 믿을 수도 있고 어떤 명제가 참임을 믿을 수도 있다. 영어에서는 신뢰가 인격을 향할 때는 "페이스 인"(faith in...)이라고 표현하고 명제적 진리를 향할 때는 "페이스 댓"(faith that...)이라고 표현한다. 깨달음을 말하는 구원파의 믿음은 후자로 설명해야 한다.[19] 하지만 성경적 믿음은 종국에는 하나님에 대한 철저한 신뢰(faith in)를 말하며, 하나님이 약속하신 바를 우리를 위해 성취해내는 인격이심을 의심하지 않는 것이다.

엄밀히 말하면 우리를 구원하는 것은 그리스도에 대한 우리의 믿음

II_구원파에 대한 신학적 비판

자체가 아니다. 믿음으로 말미암아 구원하는 주체는 그리스도이시다. 하지만 성도 입장에서 무엇보다 중요한 신앙생활의 요소는 의지적인 회개(돌이킴)와 신뢰, 그리고 결단이다. 성도의 입장에서 볼 때 예수님을 믿기로 결심하고 영접하는 것은 성도의 의지가 작용한 결과다.

내가 구원파에서 나온 후 사랑의교회에서 제대로 된 신앙 교육을 받을 때, 옥한흠 목사님은 회개와 결단을 요구했고 나는 분명히 하나님 앞에 의지적으로 결단하고 헌신을 다짐했다. 하지만 유병언, 박옥수, 이요한 계열이 주장하는 구원론에서는 의지적인 회개와 믿음, 즉 인격적 신뢰가 소외된다. 그들은 죄 사함의 복음을 피동적으로 깨닫기만 하면 구원받은 상태에 들어갈 수 있다고 보기 때문이다. 이것은 영지주의적 깨달음이지 성경에서 말하는 믿음에 의한 구원이 아니다.

다시 한 번 강조하지만, 성경이 말하는 구원으로 이끄는 믿음은 다음의 세 가지 요소를 포함한다. ① **믿음은 지식에서 시작된다.** 먼저 우리는 하나님이 우리를 위해 하신 일, 즉 복음의 진리를 듣고 받아들인다 (롬 10:12-17). ② **감정적 동의가 있어야 한다.** 우리는 복음의 핵심을 이루는 특정 진술을 진리로서 기꺼이 받아들인다. 여기에는 "나는 예수님이 나의 죄를 위하여 돌아가셨고 나를 의롭다 하기 위해 부활하셨음을 믿는다"라는 고백이 해당한다. ③ **신뢰와 의탁이 있어야 한다.** 예수님을 믿는다는 말은 "나를 구원하실 예수님을 신뢰한다"는 말이다. 또한 믿음이란 궁극적으로 구원자이신 예수님께 자신을 맡기고, 주님이신 그분께 삶 전체를 위탁하는 것이다.

회개와 믿음은 복음에 대한 구별된 두 가지 반응이 아니라 연결된 하나의 인격적 응답이다. 하나님은 이 응답을 우리에게 요구하신다. 그리스도인에게 회심(구원받는 경험) 즉 "예수 그리스도에게 나아가는 것"은 회개하는 신앙 또는 믿음의 회개로 나타난다. 초대교회 사도들은 하나님이 "이스라엘에게 회개함과 죄 사함을 주시려고"(행 5:31) 예수님을 구주로 삼으셨다고 설교했다. 바울은 "회개하고 하나님께로 돌아가서 회개에 합당한 일을 하라"(행 26:20)고 전했다. 회개하지 않고 받는 구원은 성경적 구원이 아니다.

구약 시대부터 구원은 죄에 대한 자복, 회개, 믿음, 순종이 요구되는 사건이었다(시 32:1, 5-7, 9-10). 신약 시대도 마찬가지다. 구원을 위해서는 "회개, 믿음, 순종"이 요구된다.[20] 기독교 복음은 기본적으로 그리스도의 신성과 죽음 그리고 부활의 교리를 믿으라고 요구한다. 그러나 여기서 그치지 않고 모든 사람에게 예수 그리스도를 개인적으로 신뢰하고 마음과 삶을 의탁하도록 도전한다. 따라서 믿음이란 예수 그리스도를 통해 하나님과의 신실한 관계 맺음에 들어가는 것이다. 한 번의 깨달음이 아니라 우리가 예수님을 개인적인 구주와 주님으로 신뢰하고 나의 삶을 의탁하는 것이 더 중요하다.

정통 기독교 신자는 하나님의 은혜로 예수 그리스도를 믿음으로 말미암아 의롭다 함을 얻는다고 고백한다. 여기서 하나님의 은혜는 은혜 받은 자들의 변화된 삶을 목적으로 주어지는 선물이지, 죄책감을 버리고 뻔뻔한 삶을 살도록 자극하는 것이 아니다. 참된 믿음을 가진 성도는 하나님 앞에서 스스로 죄인임을 고백한다(시 51; 삼하 24:10; 마 6:12; 요일 1:8-9; 딤후 1:15). 깨달음 이후에는 죄인임을 고백할 필요가 없다는 구원파의 논리대로 하면 바울은 구원을 받지 못한 채 순교한 것이 된다. 바울이 그의 생애 말년에 자신을 의인이 아닌 죄인의 괴수라고 고백했

II_구원파에 대한 신학적 비판

기 때문이다.

앞서 살펴보았듯이 무릇 진정한 회개에는 커다란 방향 전환이 따른다. 즉 회심은 "옛 생활 방식과의 결별" 및 "전적으로 새로운 생활 방식의 시작"을 뜻한다. 회개는 깨달음일 뿐 아니라 의식적이고 의도적인 행동이며 결단이다. 이 결단이 삶 전체의 방향을 바꾸어놓는다. 참된 회심을 경험하면 하나님과 다른 사람 그리고 자기 자신에 대한 태도의 방향 전환이 뒤따르기 마련이다.[21]

성경은 "누구든지 그리스도 안에 있으면 새로운 피조물"(고후 5:17)이라고 말한다. 거듭난 그리스도인은 새로운 동기와 새로운 기준, 그리고 새로운 목표를 갖게 되고 새로운 삶을 살아가게 된다. 거듭남 즉 중생(regeneration)은 하나님이 믿는 죄인에게 새로운 성품을 전수하는 과정으로서 생명의 본체요 근본이신 하나님의 말씀을 통해 우리가 성령으로 말미암아 위로부터, 새롭게, 영적으로 태어나는 것을 의미한다. 믿음은 구원의 수단과 조건이 되며, 중생 즉 거듭남은 성령이 주시는 보증과 확신이라고 할 수 있다. 거듭남이란 우리 안에 새 사람, 새 인격이 시작되는 것이기 때문에 진정한 삶의 변화가 없는 거듭남의 체험은 의심해볼 여지가 있다. 거듭난 사람은 그 증거가 금방 나타난다는 점에 대해 고 옥한흠 목사님은 이렇게 말했다.

[거듭난 사람은] 예수님이야말로 하나님의 아들로서 나의 죄를 위하여 십자가에서 죽으셨다는 것과, 죽은 지 사흘 만에 부활하셔서 전 인류의 구원자가 되신 사실을 믿게 된다. 중생한 후로는 세상적인 생각과 생활 태도가 점점 바뀌면서 예수님을 따라 신앙생활을 하게 된다. 속사람이 변하면 행동

이 변하게 된다.[22]

미국 웨슬리 신학교 교수인 콜드웰(Caldwell)은 "거듭남은 과정인 동시에 한 사건이다"라고 정의한다.[23] 그의 말처럼 거듭남의 역사는 시간이 필요한 과정이기도 하고 한순간에 일어나는 사건이기도 하다. 성령은 먼저 과정을 통해 사람 안에 역사하시고 어느 순간 사람을 거듭나게 하신다.[24] 거듭남의 과정은 태아의 수정, 보육, 출산 과정과 비슷하다. 주님의 말씀이 뿌려지고 성령의 운행으로 자라며 고통 속에 다시 태어나는 것이다.[25]

성경이 말하는 구원(救援, salvation)은 우리가 예수 그리스도를 믿음으로써, 특히 그의 죽으심과 부활을 믿음으로써 하나님의 자녀가 되고 하나님의 나라에 들어가는 것을 일컫는다(요 5:24). 누구든지 예수 그리스도를 구주로 영접하면 죄 사함을 받고, 영원한 사망에 이르지 아니하고 하나님의 자녀로 인정되어 영생을 누린다.

내가 진실로 진실로 너희에게 이르노니 내 말을 듣고 또 나 보내신 이를 믿는 자는 영생을 얻었고 심판에 이르지 아니하나니 사망에서 생명으로 옮겼느니라(요 5:24).

표면상으로는 구원파와 정통 교회가 모두 예수 그리스도를 떠나서는 구원이 없다는 사실에 동의한다. 하지만 구원파는 자신들만이 죄 사함과 거듭남의 비밀을 알고 있으며 기존 교회의 구원관은 틀렸다고 계속해서 주장한다. 구원파는 결국 정통 기독교와 같은 용어를 사용하면

II_구원파에 대한 신학적 비판

서도 다른 구원, 다른 복음을 전한다.

## 칭의

구원에는 과거, 현재, 미래의 시제가 있다. 다시 말해 "이미 받은 구원"(회심과 칭의)이 있고, "현재 이루어가고 있는 구원"(성화)이 있으며, "장차 궁극적으로 받을 구원"(영화)이 있다.

① 회심/칭의(conversion/justification): 나는 구원받았다(롬 8:24; 엡 2:1-8).
② 성화(sanctification): 나는 구원을 이루어간다(고전 1:18; 빌 2:12).
③ 영화(glorification): 나는 미래의 어느 영광스러운 날 구원을 완성받게 된다(마 24:13; 롬 5:9; 13:11).

이에 대해 아더 핑크(Authur W. Pink)는 다음과 같이 말한다.

신약에서의 구원은 과거와 현재, 미래의 3중 범위로 이루어져 있다. 그에 따른 특성도 3중적이다. 즉 구원은 죄의 형벌, 죄의 힘, 죄의 존재로부터의 구원이다. 모든 신자는 죄의 형벌에서 구원받았다.…하지만 우리는 아직 죄의 존재에서 구원받지는 못했다.…주님이 돌아오실 때 우리는 죄의 지배와 오염에서 완전히 해방될 것이다.[26]

하지만 구원파는 구원을 이런 3중적인 의미로 이해하지 않는다. 앞서 언급했듯이 구원파의 세 계파는 모두 주기도문을 암송하는 것을 꺼리는데, 이는 "우리가 우리에게 죄 지은 자를 사하여 준 것 같이 우리 죄를 사하여 주시옵고"라는 부분 때문이다. 구원파는 "이미 받은 구원"만 강조하기 때문에 그들의 왜곡된 구원관이 회개에 대한 부정으로 드러나는 것이다.

구원파는 우리가 죄 사함을 받아 의인이 되었기에 다시 죄를 사해 달라고 기도할 필요가 없다고 주장한다. 하지만 성경적 회개는 두 가지 개념으로 분류된다. 하나는 죄인이 불신으로부터 돌이킨다는 의미의 회개다. 이런 회개에는 "법적인 용서"(judicial forgiveness)가 뒤따른다. 이 회개는 단회적이다. 또 다른 하나는 이미 회개한 그리스도인이 죄로부터 돌이키는 회개, 즉 성화를 위한 반복적인 회개다. 이런 회개에는 "아버지로서의 용서"(parental forgiveness)가 따른다. 죄 사함을 받은 하나님의 자녀들은 아버지의 뜻대로 살지 못할 때 자신의 잘못을 고백하고, 그 잘못에 대해 돌이켜야 한다. 그 잘못을 해결하지 않으면 아버지 하나님과 불편한 관계에 있을 수밖에 없다.[27]

우리는 법적인 용서와 아버지로서의 용서, 이 둘 사이의 차이점을 구분해야 한다. 구원파의 세 계파가 공통으로 저지르는 신학적 오류는 단회적 회개와 반복적 회개, 그리고 구원을 위한 회개(히 6:1 이하)와 성화를 위한 회개를 구분하지 못한다는 것이다. 반면 정통 기독교는 칭의와 성화의 개념을 통해 단회적 회개와 반복적 회개의 차이를 설명한다.

칭의는 우리가 예수님 안에서 의로워지는 것이다. 누군가 예수 그리스도를 구주로 믿으면 하나님은 그를 "의롭다고 선언"하신다. 칭의는 우리의 죄를 위한 예수 그리스도의 죄 없는 삶과 대속의 죽음, 그리고 놀라운 부활을 통해 이뤄진다. 칭의는 우리 밖에서 이루어지는 것으로서 단지 우리의 죄가 용서된다는 의미에 머물지 않는다. 긍정적 의미에서 칭의는 하나님이 우리를 자녀로 입양하시고 영생의 권리를 부여하셨음을 말해준다.

칭의에 대한 해석은 크게 두 가지로 나눌 수 있다. 바로 "법정적 해석"과 "관계적 해석"이다. ① 법정적 해석에서는 우리가 하나님 앞에서 사면을 받아 의인으로 선언된 것을 강조한다. 따라서 칭의에는 무죄선언, 의인이라 선언됨, 의인이라 칭함을 받음, 의인의 신분을 얻음, 죄 용서가 포함된다. ② 관계적 해석에서는 칭의를 근본적으로 하나님이 자신에게 등 돌린 죄인들을 자신과의 올바른 관계로 회복시키시는 것으로 이해한다. 바울은 관계적 칭의를 성화, 화해, 하나님의 자녀됨(입양) 또는 새 창조로 표현한다. 이 두 가지 해석을 종합하자면 칭의는 무죄선언(죄 용서)을 받고 하나님과의 올바른 관계가 회복되는 것이다.[28]

다음과 같은 성경 구절들은 칭의에 대해 말한다.

6일한 것이 없이 하나님께 의로 여기심을 받는 사람의 복에 대하여 다윗이 말한 바 7불법이 사함을 받고 죄가 가리어짐을 받는 사람들은 복이 있고 8주께서 그 죄를 인정하지 아니하실 사람은 복이 있도다 함과 같으니라(롬 4:6-8).

그리스도 예수 안에 있는 속량으로 말미암아 하나님의 은혜로 값없이 의롭다 하심을 얻은 자 되었느니라(롬 3:24).

이 밖에도 칭의와 관련된 성경 구절들을 살펴보면 그리스도 안에서 우리가 누리는 의에는 세 가지 특징이 있음을 알 수 있다. ① 법률적인 용어로서의 "법정적인 의"(forensic rightheousness), ② 우리가 우리 내부에서 이룬 것이 아니라 예수님이 밖에서부터 만들어 우리에게 주신 "외래적인 의", ③ 예수 그리스도가 가지신 의를 우리에게 전해주신 "전가된 의"라는 특징이다. 의의 전가는 마치 다른 사람의 옷을 나에게 입혀주는 것과 같아서 "의의 옷"을 입는다고 말할 수 있다.

반면 구원파의 칭의론은 비성경적일 뿐 아니라 제한적이다. 깨달음에 의한 구원은 단순히 죄의식을 없애주는 데 그치지만, 회개와 믿음에 의한 구원은 선한 양심을 일깨워 죄에 대해 더 민감하게 한다. 율법과 죄에 대해 둔감하게 만드는 구원파의 신앙이 얼마나 무서운 결과를 낳는가! 도둑질하고 사기를 치다가 발각이 되어도 뻔뻔스럽게 죄를 부인하고 회개하지 않는 것이 구원받은 열매는 아닐 것이다.

개혁주의 신학은 "전가된 의"(imputed righteousness)에 대해 좀 더 명확한 설명을 제시한다. 개혁주의 신학에 따르면 우리는 의롭다 하심, 의롭다 여기심을 받은 것이지 의인이 된 것이 아니다. 전가란 본래 내 것이 아닌데 내 것인 양 덧씌워지는 것이다. 그래서 종교개혁자들은 구원받은 그리스도인을 "의롭게 된 죄인"(justified sinner)이라고 불렀다.

카슨(D. A. Carson)은 우리의 구원을 "3중 전가"로 설명한다. ① 아담의 타락으로 죄가 인류에 전가되어 우리는 죄인이 되었다. ② 신자의 죄는 회개를 통해 그리스도께 전가된다. 우리의 죄는 그리스도께 전가되어 그분이 정죄를 받으셨다. "하나님이 죄를 알지도 못하신 이를 우리를 대신하여 죄로 삼으신 것"(고후 5:21)이다. ③ 믿음으로 그리스도의 의가 죄인에게 전가된다. "그리스도께서도 단번에 죄를 위하여 죽으사

의인으로서 불의한 자를 대신"(벧전 3:18)하셨다. 따라서 우리는 그리스도의 완전한 생애와 희생적 죽음을 근거로 우리에게 전가된 의로 말미암아 의롭게 되었다.[29]

하이델베르크 요리문답은 성경의 칭의 교리를 가장 아름답게 설명한다.

> 오직 예수 그리스도에 대한 참된 믿음으로만 의롭게 된다. 비록 내 양심은 내가 하나님의 모든 계명을 크게 어겼고, 단 하나도 지키지 않았으며, 여전히 모든 악으로 향하는 성향이 있다고 고발하지만, 하나님은 내 공로가 전혀 없는데도 순전히 은혜로 그리스도의 완전한 대속의 혜택과 의로움과 거룩함을 선물로 주신다. 하나님은 내가 마치 무죄하고 죄를 짓지 않은 것처럼, 실로 그리스도께서 나를 위해 이루신 모든 순종을 내 순종으로 여기신다. 나는 오직 믿음으로만 이 선물을 받는다.[30]

하나님이 우리를 의롭다고 하실 때 무조건 나쁜 사람을 선한 사람이라고 선언하시는 것이 아니다. 오히려 하나님은 그들을 (범법에 대해 어떤 책임으로부터도 자유롭다는 의미에서) 법적으로 의롭다고 선언하신다. 하나님은 친히 아들을 통해 율법을 어긴 것에 대한 형벌을 담당하셨다.[31]

예수님의 죽음은 무죄한 자에 대한 정죄의 결과였다. 무죄한 자의 죽음으로 죄인은 의롭다는 선고를 받았고, 무죄한 자에게는 죄가 전가되었다. 하나님은 우리의 죄를 그리스도에게 "전가"하셨다. 우리는 예수님의 의를 힘입어서 우리의 죄를 그분께 드리고 예수님의 의를 전가받는 "놀라운 교환"으로 "완전한 의"(perfect righteousness)를 얻고 의의 예복을 입어 천국에 당당히 들어가게 된다.

따라서 구원파의 칭의론은 전통적인 개혁주의 신학에서 멀리 떠나 있다. 초기 기독교 시절 대표적 이단이었던 영지주의는 "특별한 지식" 곧 영적인 지식(깨달음)을 통해 구원을 받는다고 한다. 그래서 총신대학교의 김정우 교수는 구원파에서 죄 사함의 비밀을 한 번 깨달으면 구원받은 경지(의인이 됨)에 도달한다고 가르치는 것이 불교에서 대오각성하면 해탈의 경지에 들어간다고 하는 것과 다를 것이 없다고 하여 구원파를 "기독교를 불교화한 이단"이라고 지적하기도 했다.[32]

저들은 회개를 계속하는 것은 예수님을 십자가에 다시 못 박는 것이라고 한다. 그리고 죄 사함을 깨닫고 거듭나는 순간 구원을 받으며, 구원받는 순간 죄가 없어진다고 믿고 가르친다. 죄를 어떤 물건처럼 존재론적으로 오해하면서 죄가 없어졌기 때문에 회개가 필요 없다고 억지를 부리는 것이다. 그들은 모든 죄는 십자가에서 이미 용서되었기 때문에 반복해서 회개할 필요가 없다고 주장하며, 심지어 아나니아와 삽비라도 구원받았다고 가르친다.

반대로 성경이 기록하고 정통 기독교가 가르쳐온 칭의는 법정적인 용어로, "노예로 팔려온 죄인에게 속전을 지불했으니" 이제 그 죄인에게 "무죄를 선언한다"는 의미다. 칭의는 우리가 죄가 있음에도 불구하고 예수 그리스도를 믿음으로 말미암아 의인으로 칭함을 받는다는 뜻이다. 즉 누구에게나 죄가 있지만 믿음을 보시고 정죄하지 않겠다는 의미다. 정죄하지 않는다는 말은 박옥수 씨가 말하는 것처럼 죄가 없어졌다는 의미가 아니라 죄책(guilt, 죄에 대한 책임)을 묻지 않겠다는 의미다. 그리스도 예수 안에 들어오면 정죄(condemnation)가 없어진다.

II_구원파에 대한 신학적 비판

# 성화

다음과 같은 말씀들은 구원의 현재 시제를 강조한다.

> 모든 사람과 더불어 화평함과 거룩함을 따르라. 이것이 없이는 아무도 주를 보지 못하리라(히 12:14).

> …항상 복종하여 두렵고 떨림으로 너희 구원을 이루라(빌 2:12).

> 모든 것을 거룩하고 온전하게 하시는 하나님께서 여러분을 거룩하고 온전하게 하시고 여러분의 영과 혼과 몸을 온전하게 하셔서, 우리 주 예수 그리스도께서 오실 때 그에 합당한 사람이 되게 해주시기를 바랍니다(살전 5:23, 메시지성경).

우리의 옛 사람은 십자가에 못 박혔으니 이제 우리의 심령은 계속 새롭게 되어야 한다(엡 4:22-24). 우리는 경건에 이르기를 연습해야 하며 예수 그리스도의 형상을 닮아가는 일에 우리 자신을 부지런히 드려야 한다(히 12:14; 벧후 1:5-11). 이처럼 거듭난 성도들이 주님을 닮아 거룩해져 가는 과정이 바로 성화(聖化)다. 반복적 회개를 부정하는 구원파는 이 성화의 과정을 소홀히 취급할 수밖에 없다.

중생의 과정은 인간의 의지와 결단이 아닌 성령의 주도로 이루어진다(딛 3:5). 그러나 성화는 성령과 인간의 협력으로 이루어진다. 즉 죄와 싸우면서 율법에 순종하고 거룩해져 가는 과정에서 인간은 단순히 수동적 입장을 취하는 것이 아니라 적극적 노력과 의지로 참여한다. 성화를 이루기 위해 하나님과 인간은 상호 협력한다고 말할 수 있다.[33]

사도 요한은 "우리가 죄 없다 하면 스스로 속이는 것"(요일 1:8)이라면서, 그리스도 안에 있는 성도들도 계속해서 성화의 길을 걸어야 한다고 가르친다. 바울은 골로새 교인들, 즉 이미 죄 사함 받은 그리스도인들에게 "그러므로 땅에 있는 지체를 죽이라. 곧 음란과 부정과 사욕과 악한 정욕과 탐심이니 탐심은 우상 숭배니라"(골 3:5)라고 권면한다. 한편 성화는 우리를 세상과 구별시키시고, 예수 그리스도의 형상으로 변화시키시며, 하나님을 섬기는 삶으로 인도하시는 성령의 이끌림을 받아 매일매일 거룩해지는 과정이다. 따라서 성화란 우리의 책임 있는 참여 가운데, 우리를 죄의 오염으로부터 구하시고 하나님의 형상을 따라 우리의 본성을 새롭게 하며 그분을 기쁘시게 하는 삶을 살도록 하시는 성령의 은혜로운 작업이라고 정의할 수 있다.

성화는 거룩함(holiness)의 개념과 관련해 두 가지 의미를 지닌다. 우선 거룩함이란 특정 대상의 속성을 가리키는 것으로서 특별한 목적을 위해 속된 것으로부터 분리 혹은 구별된 상태를 가리키는 말이다. 구약에서 하나님이 거룩하다고 지정하신 제사장, 성전 및 지성소, 안식일은 모두 부정한 것에서 분리되어야 했다. 마찬가지로 성화의 삶을 살아가야 하는 "성도"들은 "거룩하게 분리된 무리"로서 세속의 가치와 우상으로부터 자신을 지켜야 한다. 다음으로 거룩함은 도덕적인 선이나 영적인 가치, 인격적 특성이 고양됨을 뜻하는 말이다. 따라서 성화의 삶을 살아가야 하는 성도는 적극적으로 성결하고 선한 삶(life of purity and goodness)을 추구해야 한다.

그런데 우리는 신약성경을 읽으면서 모순처럼 보이는 부분을 발견하게 된다. 우리가 이미 거룩하다는 선언 ─ "너희는…거룩한 나라요"(벧전 2:9) ─ 이 바로 그것이다. 그렇다면 우리에게 성화가 왜 필요하다는 말인가? 성화에 두 가지 차원이 있음을 알면 모순처럼 보이는 이 문제를 해결할 수 있다. 성화의 두 차원은 "신분적 성화"(positional or definitive sanctification, 혹은 단정적 성화)와 "상태적 성화"(conditional sanctification)다.

"신분적 성화"란 하나님 앞에서 우리의 "신분"이 "그리스도 안에 있는 존재"임을 말해준다. 이는 칭의와 비슷한 의미로서 법정적이고 선언적인 문제다. 우리는 순간적으로 의롭다는 선언을 받고 신분적으로 거룩한 자가 되었다. 따라서 우리는 "거룩한" 또는 "구별된" 백성으로 하나님 앞에 서 있다. "너희가 전에는 어둠이더니 이제는 주 안에서 빛이라"(엡 5:8)라는 말씀이 이런 측면을 잘 드러내 준다.

그러나 "상태적 성화"는 다른 문제다. 이것은 우리의 현재의 영적 상태나 영적 수준과 관련된 개념으로서 성령이 우리를 변화시켜가는 과정을 일컫는 말이다. 신분적 성화는 확고하고 고정된 것이지만, 상태적 성화는 성도의 인격과 상태가 실제로 거룩하게 변화되는 과정을 일컫기 때문에 주관적이고 경험적이며 가변적이고 유동적이다. 정상적인 그리스도인이라면 시간이 흐를수록 마땅히 속 사람이 점점 더 성숙해가고 성장해가야 한다. 우리는 전에는 죄의 종이었으나 이제는 의의 종, 순종의 종이 되었다(롬 6:16-18).

성화는 전인격적인 것이다. 대개 이원론을 주장하는 이단들은 성화가 "육체의 구원적 과정"이나, "혼의 구원적 과정"을 뜻한다고 주장하기도 한다. 특히 지방교회나 구원파의 영향을 받은 사람들은 영혼과 육체를 분리해 영은 이미 거듭났으며 육체에만 죄성이 남아 있다고 주장하는 경향이 강하다. 그러나 고린도후서 7:1이나 데살로니가전서 5:23에서 바울이 말하는 것처럼 성화는 영혼이나 육체만의 문제가 아니고 지정의가 포함된 인간의 전인격에 영향을 미친다.

그렇다면 칭의와 성화는 어떻게 다를까? 칭의와 성화를 비교해보면 그 차이점을 쉽게 파악할 수 있을 것이다.[34]

① 칭의는 우리의 신분(standing)을 다루지만, 성화는 우리의 상태(state)를 다룬다.

② 칭의는 하나님이 우리를 위해(for us) 해주시는 것이지만, 성화는 하나님이 우리 안에(in us) 해주시는 것이다.

③ 칭의는 하나의 행위(act)이지만, 성화는 하나의 노력(work)이다.

④ 칭의는 하나의 수단(means)이지만, 성화는 하나의 목적(end)이다.

⑤ 칭의는 우리를 안전하게(safe) 만들지만, 성화는 우리를 건전하게(sound) 만들어준다.

⑥ 칭의는 우리를 선하다고 선언하지만(declares), 성화는 우리를 선하게 만든다(makes).

⑦ 칭의는 죄의 죄책(guilt)과 형벌(penalty)을 제거하지만, 성화는 죄의 자라남(growth)과 능력(power)을 제어한다.

⑧ 칭의는 천국으로 인도하는 선로(track)를 제공하지만, 성화는 열차(train)를 제공한다.

성화는 칭의와 함께 구원이라는 동전의 양면을 이룬다. 구원은 최후 심판 때까지 진행되는 믿음의 여정이며 성화 없는 구원이란 있을 수 없다. 우리는 현재 구원을 얻고 있다. 또한 죄에서 벗어나 의로운 삶을 살게 되는 성장의 과정 중에 있다(엡 4:13; 골 1:20). 구원의 증거는 현재의 선한 일들과 회개에 합당한 열매다(눅 3:8; 엡 2:10).

성화는 하나님 앞에서 의롭게 된 사람의 내면적·영적 변화의 점진적 과정, 예수님의 거룩한 성품을 닮아가는 과정이다. 따라서 우리는 그리스도의 형상을 닮아가기 위해 부지런히 노력해야 한다. 우리는 죄와 싸우면서 두렵고 떨림으로 구원을 이루도록 부름을 받았다(빌 2:12). 예수님은 다음과 같이 말씀하셨다.

이미 목욕한 자는 발밖에 씻을 필요가 없느니라. 온몸이 깨끗하니라(요 13:10).

목욕한 자는 온몸이 깨끗하지만 발은 씻어야 한다는 이 말씀은 무슨 뜻일까? 이는 죄 사함의 믿음은 단회적이지만 지속적·반복적으로 죄를 회개하고 정결하게 하는 과정이 필요하다는 말씀이 아닌가! 예수님은 발을 씻지 않겠다는 베드로에게 그와 같은 거부는 자신이 예수님과 상관이 없다는 의미라고 말씀하셨다(요 13:8). 구원받은 자, 의롭다 여기심을 받은 자들은 자주 발을 씻어야 한다.

하지만 구원파에서는 마르틴 루터, 웨슬리(John Wesley), 칼뱅 등이 구원파처럼 "복음을 깨닫고" 구원을 받았는데 정통 교회가 그 사실을 왜곡한다고 주장한다. 과연 그럴까? 거듭난 우리에게 여전히 죄가 남아 있는지 아니면 죄가 전혀 없는지에 대해 위대한 믿음의 선조들이 어떻게 이야기했는지 자세히 살펴보자.

그렇다면 그것은 무엇입니까? 사실 저는 아직도 이 삶과 이 세상에 있습니다. 저는 여전히 이 몸 안에 있는 죄와 싸우고 있습니다. 따라서 요한은 다음과 같이 진술합니다. "주를 향하여 이 소망을 가진 자마다 그의 깨끗하심과 같이 자기를 깨끗하게 하느니라"(요일 3:3). 소망을 가진 자는 이렇게 해야 합니다. "내가 내 몸을 쳐 복종하게 함은"(고전 9:27)이라고 바울이 말한 것처럼, 다시 소망을 가진 자는 수동적으로 주님만을 바라보고 있어서는 안 됩니다. 저는 저의 "땅에 있는 지체를"(골 3:5) 죽입니다. 이것이 바로 논제입니다. 이 모든 진리는 주어졌고, 성령의 능력은 제 안에서 역사하시며, 저는 그것을 하도록 격려를 받으며, 그것을 행하기를 원하는 이것이 바로 성화입니다. 우리는 이 세상에서 죄를 완전히 제거했다거나 죄로부터 완전히 구원받았다고 말하는 모든 것들을 반드시 거절해야만 합니다. 아울러 우리는 동일하게 반동의 원리 또한 거절해야만 합니다(마틴 로이드 존스).[35]

이 회개[중생 후의 반복적인 회개]는 칭의에 선행하는 회개와는 아주 다른 것입니다. 여기서 회개는 죄책이라든가 정죄라든가 하나님의 진노에 대한 의식이라든가 하는 것들과 연관되지 않습니다. 또 하나님의 사랑을 조금도 의심하지 않습니다. 이는 성령의 역사로 일어나는 깨달음이니 곧 우리 마음 속에 아직 남아 있는 죄를 깨닫는 것입니다.…곧 육에 속한 마음입니다. 중생한 사람들 속에서도 그것이 남아 있으나 지배하지는 못합니다(웨슬리).[36]

하나님의 자녀들은 중생을 통해서 죄의 결박에서 풀려난다. 그러나 그들은

II_구원파에 대한 신학적 비판

육신에서 생겨나는 괴로움을 전연 느끼지 않을 만큼 충분히 자유를 얻은 것
은 아니다. 그들 속에는 계속해서 싸워야 할 여지가 여전히 남아 있다. 그로
인해 그들은 훈련을 받는다. 그들은 훈련받을 뿐만 아니라 자기의 무력함
을 더욱 깨닫게 된다. 이 문제에 대해서 건전한 판단력을 가진 모든 저술가
들의 일치된 의견은 중생한 사람 안에는 악을 유발하는 불씨가 남아 있어서
거기에서부터 욕망이 끊임없이 튀어나와 죄를 짓도록 유혹하며 자극한다는
것이다(칼뱅).[37]

종교개혁가 마르틴 루터도 『신학개요』에서 "우리는 죄인이면서 동시
에 의인이다. 신분적으로는 의인이지만, 성품적으로는 여전히 죄인이
다. 그리스도인들에게도 죄는 여전히 있으므로 그리스도인은 죄와 사
탄, 그리고 자아에 대항해 싸워야 한다"라고 기록했다.[38]

하지만 구원파는 이에 대해 이의를 제기할 것이다. 당신이 예수 그리
스도를 믿음으로 단번에 사함을 받았는데, 왜 하나님과 다른 사람으로
부터 다시 용서받아야 하는가? 죄를 지을 때마다, "주님, 감사합니다. 그
죄는 모두 주님의 보혈 아래 있습니다" 하고 자기 갈 길을 가면 되지 않
는가? 하나님이 다시는 당신의 죄와 불법을 기억하지 않는다고 하셨는
데 구원받은 후에도 계속해서 회개하고 용서를 빌 필요가 있는가? 신자
들이 그리스도의 죽으심과 부활로 말미암아 단번에 죄 사함을 받았는
데도 다시 죄를 자백(회개)하거나 용서를 구해야 하는가?[39]

어떻게 보면 이것은 누구나 한 번쯤 갖게 되는 그럴듯한 의문이다.
이에 대해 제이 아담스(Jay Adams) 목사는 다음과 같이 대답한다.

하나님은 의롭다 하심을 받은 자들의 죄를 계속해서 용서하고 계신다. 칭의된 자들은 그 의롭다 칭함을 받은 신분에서 결코 이탈될 수 없다. 그렇지만 그들은 다시 죄를 범함으로 말미암아 하나님 아버지를 불쾌하게 만들 수는 있다. 그래서 하나님이 그들로부터 그 얼굴의 광채를 돌리실 수 있다. 그럴 때는 하나님이 그들에게 그 얼굴의 광채를 다시 비추실 때까지 그들이 자신을 낮추어 하나님께 자신의 죄를 고백하고 용서를 구하며 자신의 믿음과 회개를 새롭게 해야만 한다. 그리스도인은 죄인으로서 회개하는 게 아니라 자녀로서 아버지께 회개하는 것이다.[40]

성령의 감동으로 자신의 죄인 됨을 회개하고 예수님을 주님으로 영접하게 되면 우리의 신분은 죄인(sinner)에서 자녀(child)로 바뀐다. 그러나 우리의 상태는 여전히 용서받은 죄인이며 의로워진 죄인이다. 구원받은 자녀는 영원한 형벌에서는 면제되었으나 아버지의 징계로부터 면제된 것은 아니다. 우리는 아버지의 뜻대로 살지 못하는 자녀이므로 여전히 반복적인 회개(자백)를 통한 성화의 과정이 필요하다.

## 영화

영화(榮化)란 우리 구원의 최종 완성, 즉 그리스도의 형상을 완전히 닮은 상태로 이끄시는 성령의 종말론적 사역을 말한다. 미래에 있을 영화에 대해 요한은 다음과 같이 선언했다.

그가 나타나시면 우리가 그와 같을 줄을 아는 것은 그의 참모습 그대로 볼 것이기 때문이니(요일 3:2).

이 말씀은 무엇을 의미하는가? 간단히 말하자면, 영화는 우리의 실존 전체 즉 우리의 모든 면이 예수 그리스도를 닮으리라는 것이다. 이를 좀 더 자세히 나누어 설명하면 첫째, 영화에는 우리의 성품 변화가 포함된다. 신분적 변화와 상태적 변화는 하나로 합쳐질 것이다. 둘째, 영화에는 우리의 신체 변화가 포함된다. 부활을 통해 성령은 우리의 몸을 변화시켜서 부활하신 주님의 영광스러운 몸처럼 만드실 것이다(롬 8:11). 셋째, 영화는 우리를 공동체의 충만함 속으로 인도한다. 영화는 모든 그리스도인이 함께 부활할 종말에 일어난다. 종말의 그날, 예수 그리스도와 연합되어 있는 모든 사람이 함께 그 부활에 참여할 것이다.

우리가 영화로워질 것을 어떻게 확신할 수 있을까? 이에 대해 바울은 다음과 같이 말한다.

29하나님이 미리 아신 자들을 또한 그 아들의 형상을 본받게 하기 위하여 미리 정하셨으니 이는 그로 많은 형제 중에서 맏아들이 되게 하려 하심이니라. 30또 미리 정하신 그들을 또한 부르시고 부르신 그들을 또한 의롭다 하시고 의롭다 하신 그들을 또한 영화롭게 하셨느니라(롬 8:29-30).

우리가 영화에 대한 소망을 품을 수 있는 이유는 첫째, 하나님이 우리를 위하여 우리의 구원을 신실하게 지키고 계시기 때문이다. 예수님이 말씀하셨듯이 천국에 있는 우리의 보화는 부패와 도둑으로부터 안전하다(마 6:19-21). 둘째, 우리가 충만한 구원을 누릴 때까지 하나님이 우리를 지키고 계시기 때문이다(빌 1:6). 베드로가 말했듯이 우리는 "말세에 나타내기로 예비하신 구원을 얻기 위하여 믿음으로 말미암아 하나님의 능력으로 보호하심을"(벧전 1:5) 입고 있다.

영화에 대한 성경의 가르침은 성도들에게 너무나 큰 감동을 준다. 성도들이 구원의 여정에서 넘어서야 할 난관이 너무나 많기 때문이다. 우리는 "빛을 받은 후에 고난의 큰 싸움을 견디어"(히 10:32)내며 달려갈 길을 마치기 위해 최선을 다해야 한다. 우리는 신분적 변화와 상태적 변화의 괴리 속에서 계속하여 신음하며 하나님의 구원이 하루 속히 완성되기를 기다린다. 그리고 성경은 이런 우리의 씨름이 하나님의 도우심과 인도하심 가운데 헛되지 않게 끝나리라는 사실을 누누이 알려준다.

구원파는 "한 번 깨달으면 영원한 구원 보장"이라는 확신 때문에, 최후 심판에서 면죄부를 받아 반드시 천국에 들어가게 된다는 사실만 강조할 뿐이다. 그러나 우리가 반드시 기억해야 할 사실은 성경이 구원과 관련해 하나님 차원에서의 택함, 인치심, 생명책에 기록함, 견인에 대해 강조하는 동시에, 인간 차원에서의 순종과 책임, 충성 또한 강조한다는 것이다. 인간의 책임을 강조하는 차원에서 구원이란 "끝까지 견디는 자", "이기는 자", "충성스러운 종"에게만 주어지는 축복이다.

구원은 그리스도인이 되면서 시작되어 마지막 심판 날까지 이루어지는 전체 과정이다. 영화는 구원의 마지막 과정이요 그리스도인의 최종 목적지라고 할 수 있다. 성도들이 참고 인내하며 충성스럽고 거룩하게 살아야 하는 이유는 이제 우리의 구원이 처음 믿을 때보다 더 가까워졌기 때문이다(롬 13:11-14). 성도는 복된 소망 가운데 다가올 하나님의 진노로부터 구원을 받을 것이라는 확신 속에 살아간다(롬 5:9; 살전 1:10).

잘못된 구원론은 과거형 즉 "나는 이미 구원받았다"만 지나치게 강조하면서 논리적 결론으로서의 확신과 기쁨, 안위와 평안을 이야기한다. 하지만 기독교의 기쁨과 평안은 합리성보다는 삼위일체 하나님과의 관계성에서 생겨난다. 진정한 그리스도인의 삶은 마치 어린아이가 엄마 품에서 아무 걱정 없이 평안함을 누리는 것과 같다. 바로 그 모습이 우리 삶에 있어야 한다. 하나님의 아들 예수 그리스도께서 그의 영으로 나를 보호하고 인도하실 뿐만 아니라, 하나님의 최후 심판대 앞에서 나를 변호하시며 나로 하여금 하나님의 영광에 이르도록 하리라는 것이 복음 아닌가?

## 거짓 선생들의 거짓 구원

거짓 선생들의 문제 중 하나는 존재와 행위를 분리하는 사상이다. 그들의 가르침에 따르면 사람이 일단 죄 사함을 깨닫고 "구원"을 받으면 모든 죄책에서 해방되기 때문에 그다음부터는 거짓말이나 도둑질, 사기, 간음, 살인 등 육신적인 죄를 저질러도 문제가 되지 않는다. 구원파에서는 죄를 존재론적으로—"죄 덩어리"라는 식으로—이해하기 때문에 구원을 받아 죄가 없어지면 그만이라고 믿는 것이다.

또 구원파는 사람이 일단 거듭나면 완전한 의인이 되고, 육체로 범하는 죄는 죄가 아니라고 가르친다. 나아가 구원파는 구원은 영으로 받고 구원 이후 육으로 범하는 죄는 영과 관련이 없으며 죄를 지어도 죄가 되지 아니한다고 주장한다. 적극적으로 죄를 지으라고 가르치지는 않겠지만 회개가 필요 없다는 그들의 교리는 도덕률폐기론, 율법폐기론으로 이어진다.

구원파의 이러한 가르침은 인간을 영, 혼, 육으로 구분하는 비성경적인 이원론적 삼분설에 기초한다. 복음을 파괴하는 이단들은 대부분 이와 같은 이원론을 취하면서 성령은 신자의 영혼 속에, 사탄은 신자의 육체 속에 거하면서 서로 대립한다고 가르친다.

구원파에서도 이런 사상이 나타나는 것은 권신찬 씨가 워치만 니의 영향을 받은 것과도 무관하지 않다. 나는 구원파 신도로 있을 때 워치만 니의 『영에 속한 사람』 1, 2, 3권을 모두 번역해 권신찬 씨에게 전달했다. 워치만 니의 모든 사상이 이단적인 것은 아니지만 그의 경직된 삼분설이 한국교회에 부정적인 영향을 끼친 것은 분명하다. 권신찬 씨와 이요한 씨도 그의 영향 아래 삼분설적 구원, 즉 3중 구원을 말한다고 볼 수 있다. 권신찬 씨는 다음과 같이 말했다.

우리가 구원받았다는 것은 영이 받은 구원입니다. 그다음에 혼이 받을 구원이 있고, 또 육신이 받을 구원이 있어요. 간단히 말하면 영은 복음을 깨달을 때에 구원을 받습니다.[41]

이요한 씨는 이를 영의 구원, 혼(생활)의 구원, 몸의 구원이라는 용어로 설명하기도 했다. 또 "과거 경험, 현재 경험, 미래 경험"이라는 개념과 연결하거나 "영혼구원, 성품구원, 생활구원, 육신구원"이라는 4중 구원을 주장하기도 했다.

박옥수 씨의 다음과 같은 주장은 하나님의 용서를 강조하는 것 같지만 사실은 죄를 어떤 사물인 것처럼 오해하는 그들의 왜곡된 사상에서

II_구원파에 대한 신학적 비판

나온 주장일 뿐이다.

> 마귀는 사실이 아닌데도 사실처럼 만들고 죄가 없는데도 죄의 가책을 느끼
> 도록 죄가 있는 것처럼 만듭니다.…이제 우리 마음에 죄의 기억은 있지만
> 실제 죄는 없습니다.[42]

우리가 구원받은 후로는 완전해져서 육체로 범하는 죄가 더는 영혼에 영향을 미치지 못한다는 구원파의 가르침은 영지주의에 뿌리를 두고 있다. "죄 사함·거듭남의 비밀"을 깨달음으로 얻는 구원, 즉 영적 지식을 통한 구원은 결국 구원이 물질 세계와는 상관없는 사건이기 때문에 그 사람의 육신이 무슨 일을 할지라도 아무런 영향을 받지 않는다는 이론으로 나아간다. 세월호가 침몰하여 무고한 승객 수백 명이 죽을 위기에 처해도 오직 자신들만 빠져나온 승무원들의 이상한 행동은 이 세상의 도덕과 윤리에 대해 상관하지 않는 영지주의 사상의 영향과 무관하지 않다.

중세 가톨릭교회가 면죄부를 팔았듯이 구원파는 깨달음에 의한 구원이라는 면죄부를 파는 듯하다. 성경은 "죄에서 떠나 의를 행하라"고 요구하는데 반해 구원파는 모든 죄가 용서받아 없어졌기 때문에 은혜만을 누리라고 가르친다. 그리고 깨달은 이후에는 순종도, 성화도, 제자도, 변화된 삶도 필요 없는 것으로 치부하고 오직 자기 집단에 충성하는 것이 구원받은 증거라고 주장한다.

그러나 살아 있는 인간은 영과 혼과 몸을 분리해서 생각할 수 없다. 사람은 전인적으로 구원을 받으며 전인적으로 죄를 짓는다. 영에는 하

나님이 거하시고 육에는 사탄이 거하며 혼에는 인격이 거한다는 주장은 이단들이 주장하는 이원론적인 인간론일 뿐이다. 성경에 따르면 인간은 전인적이어서 영도 죄를 짓고, 육도 하나님을 찬양한다고 말할 수 있다(시 63:1; 84:2; 고후 7:1; 살전 5:23). 성경에서 "육체" 또는 육신(flesh)이라는 표현은 때로는 "전인적인 인간 자체"를 말하며, 때로는 성령을 거스리는 인간의 욕망을 의미한다.

우리는 거짓 선생들의 거짓 주장을 분별해야 한다. 육과 영을 분리해서 인간 존재를 설명하는 사상은 너무나 일반적이어서 그 위험성을 간과하기 쉽다. 하지만 구원파의 왜곡된 구원론은 그 위험성을 분명히 드러내 준다. 구원파의 주장에 매력을 느꼈던 독자가 있다면 그 위험성을 깨닫고 돌이켜, 선악 간의 문제에서 육체와 영혼을 구별하지 않는 성경의 가르침대로 자기 존재의 모든 영역에 하나님의 구원이 이루어지기를 간절히 사모해야 할 것이다.

# 8

## 잘못된 율법관

구원파는 구원받은 사람은 "이제 율법에 대하여 죽임을 당했으니" 율법을 지킬 필요가 없다고 가르치며 율법에서 해방되는 것이 바로 구원이라는 황당한 주장을 펼친다. 권신찬 씨는 다음과 같이 말했다.

율법은 종교다. 하나님이 주신 구약의 율법은 종교를 가리키는 것이다. 율법은 외면적인 것이요, 복음은 내면적인 것이다. 모든 인생은 율법 앞에서 벌벌 떨 수밖에 없는데 그러기에 율법은 종교다. 새벽마다 울리는 종소리와 함께 모여든 사람들의 울부짖는 기도 소리는 기독교 종교가 얼마나 사람들의 마음을 매고 억압하고 있느냐를 보여주는 것이며, 그 밖의 모든 종교는 그 종교를 신봉하는 사람들의 양심에 강력한 명령으로 군림하며 사람들은 그 명령에 매여 억압되어 있다.[1]

물론 교적에 등록된 것(membership)이나 선행, 세례(침례), 율법 준수,

십일조, 새벽 기도 등의 종교적 열심으로 구원을 받을 수 없다는 말은 맞다.

> 16사람이 의롭게 되는 것은 율법의 행위로 말미암음이 아니요 오직 예수 그리스도를 믿음으로 말미암는 줄 알므로 우리도 그리스도 예수를 믿나니 이는 우리가 율법의 행위로써가 아니고 그리스도를 믿음으로써 의롭다 함을 얻으려 함이라. 율법의 행위로써는 의롭다 함을 얻을 육체가 없느니라. 17만일 우리가 그리스도 안에서 의롭게 되려 하다가 죄인으로 드러나면 그리스도께서 죄를 짓게 하는 자냐 결코 그럴 수 없느니라(갈 2:16-17).

그러나 우리가 이런 "종교적 행위"에 열심을 내는 것은 구원을 받았기 때문이지, 구원파 지도자들이 주장하는 것처럼 구원을 받기 위해서가 아니다. 성경은 율법주의를 문제 삼는 만큼 율법폐기론도 문제가 있다고 가르친다. 예수님은 당대의 율법주의자들과 많은 갈등을 겪으시면서 마치 율법을 해체하러 오신 것처럼 행동하셨다. 하지만 예수님은 도리어 율법을 완전하게 하러 오셨으며(마 5:17), "율법의 한 획이 떨어짐보다 천지가 없어짐이 쉬우리라"(눅 16:17)라고 말씀하셨다. 정통 기독교는 율법주의를 행위구원론으로, 율법폐기론을 도덕무용론 혹은 회개무용론으로 개념화해 중심을 잡고자 노력해왔다.

율법이란 무엇인가? 존 파인버그(John Feinberg)에 의하면 율법은 하나님이 그 백성에게 주신 "삶의 규칙"(rule of life), 순종하고 지켜야 하는 계명들(commandments)이다.[2] 율법은 아주 넓은 의미에서 성경 전체를 가리킨다고 볼 수 있다. 또 율법은 구약의 모세오경을 말하기도 하

II_구원파에 대한 신학적 비판

고 가장 좁은 의미에서는 하나님이 이스라엘과 맺은 언약인 십계명이라고도 할 수 있다. 십계명은 인간에게 주신 하나님의 완벽한 규율로서 인간 전체를 향하신 하나님의 근본적인 뜻이며 구약 시대, 신약 시대를 막론하고 일점일획도 변함없는 영원한 법이다.

십계명은 하나님의 마음을 담은 것으로서 거룩하고 선하며 의롭다. 모세가 시내 산에서 받은 십계명은 두 돌비에 새겨졌다. 첫 번째 돌비에는 제1계명부터 제4계명이, 두 번째 돌비에는 제5계명에서 제10계명이 기록되었다. 첫 번째 돌비는 하나님과 인간의 관계 즉 대신(對神) 관계를 다루고, 두 번째 돌비는 인간과 인간의 관계 즉 대인(對人) 관계를 다룬다.

십계명을 중심으로 한 율법의 기원은 출애굽 사건과 관련이 있다. 하나님은 억압받던 이스라엘 백성을 애굽에서 구원하시고 그들을 당신의 백성으로 삼으셨다. 그뿐 아니라 그들을 하나님의 백성답게 살게 하시려고 하나님과 이웃, 그리고 모든 피조물과 참된 관계를 누릴 수 있는 지침서 즉 율법을 주셨다. 하나님은 그의 언약백성과 영속적 관계를 누리기 위해서 항상 율법을 주신다.

그런데 모세 율법에는 제사법적(ceremonial) 차원과 시민법적(civil) 차원, 그리고 도덕법적(moral) 차원이 있다. 세 차원은 유기적으로 서로 연결된다. 레위기는 주로 제사법(번제, 소제, 화목제, 속건제, 속죄제 등)을 다루고, 신명기는 주로 도덕법을 다룬다. 의식적인 제사법은 금식과 세례(침례), 할례, 유월절, 정결법, 십일조 등과 관계되는 것이고, 시민법은 소송 문제, 안식일, 결혼, 노동과 같은 신자들의 사회적 책임을 다룬다. 이 제사법과 시민법은 시대적·문화적 맥락에 따라 다르게 해석되어야 한다.

하지만 십계명으로 대표되는 도덕법은 구약 시대에나 신약 시대에나 언제든지 타당하게 적용되는 영구불변의 항존법(standing law)이다. 신약 시대라고 해서 마치 십계명이 폐해진 것처럼 주장하는 것은 세대주의적 발상에서 나온 것이다. 오히려 신약성경은 도덕법이 더욱 굳게 세워져야 함을 이야기한다.

그런즉 우리가 믿음으로 말미암아 율법을 파기하느냐? 그럴 수 없느니라. 도리어 율법을 굳게 세우느니라(롬 3:31).

신약성경에서 율법은 예수님의 새로운 가르침으로 흡수, 통합되었다. 율법은 예수 그리스도 안에서 재해석되어야 한다. 모든 율법은 하나님 사랑과 이웃 사랑의 대원칙 아래에서 다시 해석되고 지켜져야 한다(요 13:34-35).

하지만 구원파의 율법 이해는 성경과는 너무 거리가 멀다. 그들은 매우 좁은 시야로 율법을 바라보면서 성령과 인간 사이의 역학적 관계는 무시하고 존재론적으로 설명하는 잘못을 범한다. 권신찬, 유병언, 박옥수, 이요한 씨는 모두 세대주의 신학의 영향을 받았는데, 세대주의는 근본적으로 "율법폐기론"을 근간으로 한다. 세대주의는 율법과 은혜를 원수로 설정한 후, 은혜받은 사람은 율법의 원수가 된다는 메커니즘을 만들어놓았다.

세대주의의 영향을 받은 구원파는 성화를 위해 도덕법으로서의 율법을 지킬 필요가 있다는 사실을 무시한다. 하지만 디모데전서 1:8은 우리가 적법하게만 쓰면 율법이 선한 것이라고 말한다. 도덕법은 적법하게 쓰면 선하다. 성도는 구원받은 후 하나님의 자녀로서 성령의 인도를 따라 율법을 지킴으로 거룩한 자가 되어야 한다(벧전 1:15). 따라서 성령은 성도가 죄를 이기고 거룩한 삶을 살도록 인도하신다.

율법은 어떤 기능을 하며 어떤 가치가 있는가? 율법은 우리를 괴롭히기 위한 까다로운 조건이 아니라 우리를 살리고 교육하며 마음을 정화하고 백성들을 하나로 묶어 사회에 좋은 영향력을 끼치도록 하나님이 우리에게 주신 것이다.[3]

개혁주의 신학 전통에 따르면, 비신자는 율법을 주신 하나님을 경외하며 율법에 순종하는 일에 실패했기 때문에 저주 아래에 있다. 그러나 신자에게 율법은 은혜에 의한 구원에 감사드릴 길을 마련해주고 하나님과 이웃에 대한 사랑을 보여줄 기본적인 방법을 제공한다. 또한 성령은 율법을 통해 죄를 책망하시며 회개를 촉구하신다. 모세 율법의 규범적이고 일차적인 용도는 그리스도인들에게 거룩한 삶의 규칙을 제공하는 것이라고 할 수 있다.

## 율법의 세 가지 용도

하나님은 어떤 목적으로 우리에게 도덕법을 율법으로 주셨을까? 첫째, 그 법을 보고 자신이 죄인임을 깨달으라는 것이다. 율법 즉 십계명은 죄인으로 하여금 죄를 깨닫게 하는 역할을 한다(딤전 1:9-10). 율법은 자기를 비추어 볼 수 있는 거울과 같다.

율법의 행위로 그의 앞에 의롭다 하심을 얻을 육체가 없나니 율법으로는 죄를 깨달음이니라(롬 3:20).

율법으로 말미암지 않고는 내가 죄를 알지 못하였으니 곧 율법이 탐내지 말라 하지 아니 하였더라면 내가 탐심을 알지 못하였으리라(롬 7:7).

인간은 율법을 통해 자신이 하나님과 같지 않다는 것과 인간이 선하지 않다는 것, 인간은 저주와 정죄를 받기에 마땅하다는 인식에 도달한다. 우리는 율법에서 저주와 정죄의 소리를 듣는다. 구원파에서는 율법이 가진 이 첫 번째 기능을 주로 강조한다.

둘째, 신학적·영적 용도로서 율법은 우리에게 예수 그리스도가 필요하다는 사실을 깨닫게 한다. 율법은 절망에 빠진 죄인들을 예수 그리스도에게로 인도할 의도로 주어졌다.

이같이 율법이 우리를 그리스도께로 인도하는 초등교사가 되어 우리로 하여금 믿음으로 말미암아 의롭다 함을 얻게 하려 함이라(갈 3:24).

율법은 우리의 죄와 비참함을 인식하도록 가르치며 죄를 책망해 예수님을 찾도록 인도하는 초등교사의 역할을 한다.

셋째, 예수님을 믿고 구원을 받았으면 그 거룩한 법을 준행하며 살아가야 한다. 누구든지 중생하면 성령의 능력으로 율법을 지켜 예수 그리스도의 형상을 닮아갈 수 있다. 율법은 구원받고 자유를 얻은 사람에게 거룩함을 이루게 하는 표준으로 기능한다. 메이첸(John Gresham Machen)은 "복음은 도덕법을 폐지하는 것이 아니라 도리어 사랑하게 만

**140**

든다"라고 말했다.[4]

율법은 중생한 사람에게 어떻게 작용할까? 죄인은 회개한 후에도 여전히 죄인이고 또 죄인으로 남는다.

우리가 율법은 신령한 줄 알거니와 나는 육신에 속하여 죄 아래에 팔렸도다 (롬 7:14).

하지만 율법은 하나님의 백성에게 하나님의 성품을 계시한다. 하나님을 참으로 인격적으로 경험하게 되면 율법폐기론이나 불순종의 삶으로 빠지는 것이 아니라 은혜와 사랑으로 특징지어지는 삶을 살게 된다. 칼뱅이 주장한 것처럼 중생한 사람은 이 율법을 통해 하나님에 대한 진리를 배우고 복종의 덕을 터득하며 나아가 은총의 약속을 붙들게 됨으로써 주어진 목적지를 향해 가게 된다.[5]

예수님을 믿어 구원받은 사람에게도 여전히 죄성이 남아 있으므로 율법은 죄성과 싸워 죄를 이기고 거룩하게 살도록 하는 삶의 표준이 된다. 이는 매우 성경적인 율법관이다.

우리가 그의 계명을 지키면 이로써 우리가 그를 아는 줄로 알 것이요(요일 2:3).

이러므로 그들의 열매로 그들을 알리라(마 7:20).

너희가 나를 사랑하면 나의 계명을 지키리라(요 14:15).

구원받은 백성들에게 율법은 구원의 방법이 아니라 언약적 관계 안에서 질서 있는 삶과 하나님의 풍성한 생명을 누리는 수단이다. 구원받은 성도들에게 율법을 지키고 순종하는 것은 선택 사항이 아니다.

그런데 구원파는 일단 구원을 받으면 율법과 종교에서 해방되었기 때문에 일체의 율법을 지킬 필요가 없다고 가르친다. 그리고 기존 교회에서 하는 것은 종교요, 자기들이 전하는 것은 복음이라고 주장한다. 결국 우리나라의 모든 정통 교단은 구원파를 율법폐기론(도덕률폐기론)에 물든 이단으로 규정할 수밖에 없었다.

우리는 율법의 형벌과 저주로부터 해방된 것이지, 그 교훈과 도덕률로부터 해방된 것이 아니다. 예수님은 율법을 폐하러 오시지 않았다. 바울도 사랑의 법 안에서 율법의 구체적 계명을 준수할 수 있음을 지적하면서 부모를 공경하라는 약속 있는 첫 계명의 중요성을 강조하기도 했다(엡 6:2).

권신찬 씨는 로마서 7장의 남편과 아내로 비유된 율법과 성도의 관계에 대해 설교했던 적이 있다. 그는 "율법에 대하여 죽임을 당하였으니"(롬 7:4)라는 구절을 들어 구원받은 성도는 율법을 지킬 필요가 없다고 주장했다. 나아가 주일 성수, 십일조, 금식, 새벽 기도, 기도 생활까지도 율법이라고 단정했다. 이는 그가 과거 장로교 목사일 때 율법적인 신앙생활을 하면서 그 노력이 소용없었음을 경험했기 때문이었다. 그는 자신의 경험을 바탕으로 무서운 자기 복음을 만들었다. 우리는 무서운 폭군인 율법에 대하여 죽었으므로 율법을 지킬 의무가 사라졌으니 은혜를 누리면서 자유롭게 살자는 것이다.[6]

하지만 성경에서 율법이 폐해졌다고 말할 때는 그 율법이 구약의 이

II_구원파에 대한 신학적 비판

스라엘에 해당하는 경우에 한해서다. 구약에서 이스라엘 백성에게 주셨던 모든 율법과 법도, 즉 모세의 율법은 십자가로 폐한 것이 분명하다. 예를 들어 구약 이스라엘이 지켜야 했던 할례나 제사 제도, 절기에 관한 율법이나 시민법으로 주어진 율법은 폐해졌기 때문에 오늘날 우리가 그런 규례를 따를 필요는 없다.

따라서 성도는 어떤 의미에서는 율법에서 자유롭다. 이에 대해 바울은 분명하게 말한다.

너희가 [율]법 아래에 있지 아니하고 은혜 아래에 있음이라(롬 6:14).

여기서 우리가 율법 아래에 있지 않다는 것은 율법을 지키지 못할 때 받는 정죄 아래에 있지 않다는 뜻이다. 바울은 "율법 책에 기록된 대로 모든 일을 항상 행하지 아니하는 자는 저주 아래에 있는 자"임을 지적하면서, "그리스도께서 우리를 위하여 저주를 받은바 되사 율법의 저주에서 우리를 속량"(갈 3:11-13)하셨다고 선언한다.

그러나 다른 의미에서 성도는 율법에서 자유롭지 못하다. 성도는 자신에게 구원의 선물을 주신 하나님께 감사를 표현하는 방법으로 하나님의 율법을 지키는 데 깊은 관심을 두어야 한다. 예를 들어 하나님은 시내 산에서 십계명을 주시기 전에 자신을 "나는 너를 애굽 땅, 종 되었던 집에서 인도하여 낸 네 하나님 여호와니라"(출 20:2)라고 소개하셨다. 즉 하나님은 죄의 굴레에서 속량함을 받은 사람들에게 "자, 이제 너에게 보여준 자비에 대한 감사의 표시로 이 계명들을 지켜야 한다"라고 말씀하신 것이다.

시편 1편은 복 있는 사람이 "율법을 주야로 묵상하는" 자라고 밝히고, 시편 19편은 율법의 완전함을 노래하며, 119편은 "나로 하여금 주의 계명들의 길로 행하게 하소서 내가 이를 즐거워함이니이다"(시 119:35)라고 고백한다. 하나님은 우리를 율법의 정죄와 형벌과 저주에서 구원하신 것이지 율법의 교훈과 윤리적 규범에서마저 해방하신 것은 아니다.

모세 율법을 이루는 도덕적 윤리 규범은 신약에 와서 더욱 강조된다. 도덕적 율법은 폐한 것이 아니라 새 계명으로 새롭게 주어졌다. 사도 요한은 구원받은 성도가 율법(계명)을 지킬 필요성을 다음과 같이 강조한다.

2우리가 하나님을 사랑하고 그의 계명들을 지킬 때에 이로써 우리가 하나님의 자녀를 사랑하는 줄을 아느니라. 3하나님을 사랑하는 것은 이것이니 우리가 그의 계명들을 지키는 것이라. 그의 계명들은 무거운 것이 아니로다 (요일 5:2-3).

예수님은 "너희도 내 계명을 지키면 내 사랑 안에 거하리라"(요 15:10)라고 말씀하신 후 "내 계명은 곧 내가 너희를 사랑한 것 같이 너희도 서로 사랑하라 하는 이것이니라"(12절)라고 가르치셨다.

사탄은 우리 인생의 목적이 죄를 안 지으려 죽도록 노력하는 것이라고 거짓말한다. 만일 인생의 목적이 죄를 안 짓는 것이라면 하나님은 은혜를 주시는 대신 율법을 강화하셨을 것이다. 그 대신 하나님은 우리가 은혜를 경험하고 주님을 사랑하는 마음으로 죄를 안 짓게 되길 원하신다. 누군가를 진정으로 사랑하면 사랑하는 사람이 원하지 않는 일은 하고 싶지 않은 게 정상이다. 하나님과 성도 사이에 친밀한 사랑의 관계가 이루어지면 율법과 죄의 문제는 저절로 해결된다. 율법은 하나님의 마음을 반영하기 때문에 율법에 순종하는 삶은 하나님의 형상대로 지음 받은 삶이다. 그러므로 율법은 하나님이 우리를 거룩하게 하시는 가장 중요한 수단 중 하나다.[7]

예수 그리스도의 사역 이전에는 자기 자신을 의롭게 하려는 노력이 율법의 반역을 초래해 오히려 자신을 죄의 노예가 되게 할 뿐이었으나, 이제 우리는 그리스도로 말미암아 자유롭게 율법에 순종하여 의를 행할 수 있게 되었다. 그리스도인은 구원받기 위해 율법을 행하는 것이 아니라 구원받았기에 율법을 지킨다. 그리스도인의 자유는 "순종으로부터의 자유"가 아니라 "불순종으로부터의 자유"다. 최고의 경건은 계명 준수를 즐기는 삶이다. 다음과 같은 말씀들은 믿는 자들의 선하고 거룩한 삶에 대해 강조한다.

모든 사람과 더불어 화평함과 거룩함을 따르라. 이것이 없이는 아무도 주를 보지 못하리라(히 12:14).

하나님의 뜻은 이것이니 너희의 거룩함이라…(살전 4:3).

너희 마음에 그리스도를 주로 삼아 거룩하게 하고…(벧전 3:15).

…항상 복종하여 두렵고 떨림으로 너희 구원을 이루라(빌 2:12).

그런즉 사랑하는 자들아…거룩함을 온전히 이루어 육과 영의 온갖 더러운 것에서 자신을 깨끗하게 하자(고후 7:1).

예수님은 간음하다 잡혀 온 여인에게 "나도 너를 정죄하지 아니하노니 가서 다시는 죄를 범하지 말라"(요 8:11)고 말씀하셨다. 구원받은 후에 우리는 율법을 지켜 죄를 범하지 않도록 노력해야 한다. 구원받은 사람은 마땅히 율법을 지키는 가운데 예수님의 성품을 닮아가는 삶, "성화의 삶"을 추구해야 한다.

## 십계명으로 보는 구원파의 실체

구원파의 교주 유병언 씨의 삶은 구원파의 율법관이 비성경적이라는 사실을 웅변적으로 증언한다. 세월호 사건 후 어떤 이들은 유병언 씨를 가리켜 "양복 입은 뱀"(snakes in suits) 즉 화이트칼라 사이코패스(white collar psychopath)라고 진단하기도 했다.[8] 유병언 씨가 그렇게 평가되는 이유를 십계명을 통해 짚어보자. 십계명은 율법의 핵심이다.

3너는 나 외에는 다른 신들을 네게 두지 말라. 4너를 위하여 새긴 우상을 만들지 말고 또 위로 하늘에 있는 것이나 아래로 땅에 있는 것이나 땅 아래 물속에 있는 것의 어떤 형상도 만들지 말며, 5그것들에게 절하지 말며, 그것들을 섬기지 말라. 나 네 하나님 여호와는 질투하는 하나님인즉 나를 미워하는 자의 죄를 갚되 아버지로부터 아들에게로 삼사 대까지 이르게 하거니와 6나를 사랑하고 내 계명을 지키는 자에게는 천 대까지 은혜를 베푸느니라.

7너는 네 하나님 여호와의 이름을 망령되게 부르지 말라. 여호와는 그의 이름을 망령되게 부르는 자를 죄 없다 하지 아니하리라(출 20:3-7).

구원파는 십계명 중 처음 세 계명을 모두 어긴다. 유병언 씨는 자기를 "아해"라고 해 여호와의 이름을 망령되게 부른다는 의혹을 샀으며, 아해 교향곡을 작곡하게 하고 어린이들로 하여금 자신을 찬양하게 하는 식으로 자신을 우상화했다고 한다. 또 그는 추종자들이 자신을 살아 있는 예수님 또는 성령으로 신격화하도록 허용했다. 구원파 내의 "이꼴파"(송재화 등)는 "그분[유병언 씨]이 그분[예수님]이다"라고 고백하며 유병언 씨를 예수님과 동일시하기도 했다.

안식일을 기억하여 거룩하게 지키라(출 20:8).

구원파는 일단 구원을 받으면 형식적인 예배는 드리지 않아도 된다고 주장하면서 주일을 거룩하게 지키지 않아도 되는 것처럼 가르쳤다. 구원파 교인 상당수는 주일 성수를 율법으로 규정하고 교회에 출석하지 않는다. 그 대신 그들은 주일 모임 후 유도, 태권도 등 무술을 연마하기도 한다.

네 부모를 공경하라. 그리하면 네 하나님 여호와가 네게 준 땅에서 네 생명이 길리라(출 20:12).

구원파는 부모가 살아 있을 때 부모에게 잘하는 것은 "육신적"이라

하여 부모에 대해 존경심을 보이지 않았다. 나는 유병언 씨가 자기 부모에게 불손하게 대하는 것을 현장에서 목격하기도 했다.

살인하지 말라(출 20:13).

유병언 씨는 살인하면 지옥에 간다는 말이 구약에도 없고 신약에도 없다고 가르쳤다. 그는 오대양 사건—당시에는 집단 자살 사건으로 보도되었다—으로 32명이 죽고, 한강 유람선 충돌로 13명이 사망하고 (1997년), 6명의 집단 자수범을 통해 반대파를 살해한 후 암매장한 정황이 드러나 책임을 추궁당해도 전혀 죄책감을 느끼지 않았다. 침몰하는 배에서 300명 이상이 사망한 세월호 참사 때도 그는 관련자로 지목되었지만, 검찰의 수사를 따돌리고 도피 행각을 벌였다.

간음하지 말라(출 20:14).

유병언 씨는 비서였던 김 아무개, 신 아무개, 송 아무개 씨 등 자기 아내가 아닌 다른 여자들과 수없이 간통을 저질렀다. 그의 문란한 사생활로 인해 본부인과 여러 차례 이혼 위기가 있었다는 것은 잘 알려진 사실이다. 그때마다 장인 권신찬 씨의 중재로 이혼은 하지 않았지만 두 부부는 별거 상태를 지속했다.

도둑질하지 말라(출 20:15).

유병언 씨는 회사에 자신이 찍은 사진 한 장을 17억 원에 파는 등 사진을 매매하는 수법으로만 446억 원을 횡령한 것으로 밝혀졌다.[9] 또한 각종 고문료, 자문료, 상표권 등의 명목으로 거액의 돈을 횡령, 배임, 탈세하고도 아무런 죄책감을 느끼지 않았다. 앞서도 밝혔지만 전문가들은 그가 세계 각지에 숨겨놓은 재산 및 차명으로 취득한 부동산의 시가를 합치면 약 5천억 원 이상은 될 것으로 추산하기도 한다. 그리고 유병언 씨가 죽은 후에 발견된 7개의 가방에 들어 있던 돈, 권총, 칼, 기념주화 등은 모두 법을 어기고 불법적으로 취득한 물품들이었다고 한다.

네 이웃에 대하여 거짓 증거하지 말라(출 20:16).

유병언 씨는 자신에게 불리한 경우 수시로 거짓말을 했다. 자신의 비서였던 송재화 씨를 모른다 하고, 자신이 만든 구원파와 자신은 관계가 없다고 했으며, 오대양과 자신은 상관이 없다고도 주장한 바 있다. 이에 검찰은 그를 종교를 빙자해 상습적으로 사기를 치는 희대의 사기꾼으로 기소했다. 또 구원파는 세월호 참사 이후 유병언 씨가 "구원파의 교주가 아니며 목사도 아니다", "구원받은 후에는 죄를 지어도 천국에 간다고 가르친 적이 없다"라고 TV와 신문을 상대로 정정 보도를 요구했다.

하지만 나는 "오대양 사건을 일으킨 구원파는 5공 정권에 엄청난 액수의 정치자금을 바쳐 신군부세력을 도와주었다. 그들이 운영하는 (주)세모에서는 레이건 대통령 방한 당시 경호를 지원하였고, 그 교주는 민정당 모범 당원과 월계수 회원 자격으로 활동하였다"라는 발언으로 고소를 당하고도 무혐의처분을 받았다.

네 이웃의 집을 탐내지 말라. 네 이웃의 아내나 그의 남종이나 그의 여종이
나 그의 소나 그의 나귀나 무릇 네 이웃의 소유를 탐내지 말라(출 20:21).

유병언 씨는 유람선 회사를 고의로 부도내 불법 이득을 취하고 제주
도, 보현산, 울릉도 등에 차명으로 재산을 취득했다고 한다.[10] 그의 탐
심과 욕심은 말 그대로 끝이 보이지 않았다. 나도 그의 탐심에 실제적
인 위협을 당해 얼마 되지 않는 재산이 가압류되어 경매에 부쳐지기도
했다. 그는 명예훼손 혐의로 나를 고소하면서 2억 5천만 원의 손해배상
을 요구했었다. 물론 그의 요구는 기각되었다.

이처럼 십계명을 전면적으로 어기는 도덕률폐기론자도 구원을 받을
까? 이에 대해 바울은 분명하게 말한다.

이제 내가 너희에게 쓴 것은 만일 어떤 형제라 일컫는 자가 음행하거나 탐
욕을 부리거나 우상 숭배를 하거나 모욕하거나 술 취하거나 속여 빼앗거든
사귀지도 말고 그런 자와는 함께 먹지도 말라 함이라(고전 5:11).

5너희도 정녕 이것을 알거니와 음행하는 자나 더러운 자나 탐하는 자 곧 우
상 숭배자는 다 그리스도와 하나님의 나라에서 기업을 얻지 못하리니 6누
구든지 헛된 말로 너희를 속이지 못하게 하라…(엡 5:5-6).

## 세대주의 신학과 개혁주의 신학

우리나라에서 막강한 영향력을 행사하는 두 가지 신학을 꼽으라면 하

II_구원파에 대한 신학적 비판

나는 루터와 칼뱅의 사상에 뿌리를 두고 있는 개신교 정통 신학인 "개혁주의 신학"이다. 그리고 또 다른 하나는 일부 선교사들을 통해 유입되어 일선 목회자들과 부흥사들의 임박한 종말론과 함께 성장해 여전히 위세를 떨치고 있는 "세대주의 신학"이다. 실제적인 면에서 20세기 한국 개신교는 세대주의 신학의 지배를 받았다고 해도 과언이 아닐 것이다. 많은 사람이 신구약 성경을 대할 때 알게 모르게 세대주의적 관점의 영향을 받는다. 그리고 구원파 같은 이단들은 극단적 세대주의 신학과 밀접하게 연결되어 있다.

『스코필드 주석 성경』으로 대표되는 세대주의 신학의 틀은 정통 기독교 신학의 틀과 다르다. 세대주의는 성경 역사를 무죄 시대, 양심 시대, 인간 통치 시대, 약속 시대, 율법 시대, 은혜 시대, 천년왕국 시대 등 일곱 시대로 나누어 설명하는데, 각 시대마다 하나님이 새로운 구원의 경륜을 제시해주셨다고 주장한다. 양심 시대는 양심에 따라 살면 구원을 받고, 율법 시대에는 율법에 따라 살면 구원받는다는 식이다. 하지만 율법을 통해 구원받을 길이 있었으나 사람들이 율법을 지키지 못하고 실패했기 때문에 어쩔 수 없이 은혜로 구원받는 길을 열게 되었다는 관점은, 율법과 은혜를 적대적인 관계로 만들어버린다. 즉 세대주의는 "지금은 은혜 시대이기 때문에 십계명이 우리의 신앙과 생활에 유일한 법칙이 될 수 없다"는 식의 주장을 만들어내는 것이다.

이러한 논리를 통해 세대주의 종말론은 "더 이상 율법이 필요 없다"는 율법폐기론(antinominianism)으로 이어진다. 그리고 이는 기독교의 윤리성을 무너뜨리는 원인이 된다. 이것이 세대주의 신학의 맹점이다. 이 신학에 영향을 받은 수많은 정통 교회도 "은혜를 누린다"는 명목하에 율법을 무시하는 모습을 보이기도 했다. 앞서 보았듯이 권신찬, 박옥수 씨도 구원받은 사람은 은혜 아래 있기 때문에 율법의 속박에서 해방되었다는 말의 의미를 오해한다.

그러나 성도가 율법에 대해 죽었다는 말은 율법의 정죄에서 해방되었다는 뜻이지, 율법의 도덕적 교훈 즉 십계명을 지키지 않아도 된다는 말이 아니다. 하나님의 거룩한 법을 외면하고 은혜만을 강조하다 보면, 유병언 씨의 삶에서 볼 수 있듯이 양심의 가책 없이 도둑질하고, 간음하고, 거짓말하고, 남의 것을 탐내고, 공권력을 무시하는 결과까지 낳게 된다. 따라서 어떤 목회자는 세대주의가 이단은 아니지만 유사 기독교의 나쁜 신학이라고 규정하기도 한다.

> 한국 기독교의 큰 문제 중 하나는 바로 율법과 은혜를 원수처럼 생각하는 것이다. 율법은 모세를 통해서 주었고, 우리는 율법과 관계없고, 예수 그리스도를 통해서 받은 은혜만이 우리가 받은 것으로 생각하는 것이 "율법폐기론"이다. 세대주의 종말론이 한국 기독교를 망쳐놓은 원인 중 하나다.…한국 사회를 변화시키지 못하고 있고 그 영향력은 미미하다. 한국의 기독교는 은혜만 강조했지 하나님의 법을 무시하는 율법폐기론에 빠졌기 때문이다. 모세 언약의 모든 내용은 예수 그리스도를 통하여 구원과 영생을 얻게 된다는 은혜 언약으로 가는 예표요 단계다. 신약에서 율법은 예수님의 새로운 가르침으로 흡수, 통합되었다.[11]

성경에는 아브라함 언약, 모세 언약, 다윗 언약 등 많은 언약이 있지만 하나님의 약속은 하나다. 그것은 바로 죄인이 예수 그리스도

II_구원파에 대한 신학적 비판

로 말미암아 구원을 받게 된다는 것이다. 이 언약이 구원 역사에서 여러 가지 언약들로 표현되었을 뿐이다. 에베소서 2:13은 "약속의 언약들"(Covenants of the Promise)에 대해 말하고 있는데, 약속은 단수이고 언약은 복수인 것을 볼 수 있다. 이것은 "하나님의 약속 한 가지를 이루는 여러 가지 언약들이 있다"는 의미다. 요한복음 5장에서 예수님은 모세가 "내게 대하여 기록하였음이라"라고 말씀하시며 모세의 가르침(언약)이나 예수님의 가르침이 다르지 않다는 사실을 알려주셨다. 이는 율법과 은혜를 대립적으로 볼 수 없다는 확실한 근거다.

율법은 하나님이 택하여 구원하신 백성들이 따라야 하는 삶의 원리다. 모세 언약은 구원받은 백성이 어떻게 사는 것이 마땅한지를 보여주며, 그중 십계명은 하나님의 백성들이 마땅히 따라야 할 규칙이다. 십계명을 요약하면 "하나님을 사랑하고 이웃을 사랑하라"는 것이다. 예수님의 계명은 "서로 사랑하라"는 말로 집약된다. 우리는 하나님의 거룩한 법을 마음에 두고 서로 사랑하는 사람들이 되어야 한다.

우리가 하나님의 계명을 다 지키지 못한다고 해서 하나님의 거룩하신 계명을 우리 수준으로 끌어내리면 안 된다. 오히려 항상 거룩하고 완전한 계명을 기준으로 삼아 우리 자신을 비추어 보며 죄에 빠지지 않도록 경계하고, 또 죄가 있으면 회개하고 자복함으로써 죄 씻음을 받고 구원을 이루어가야 한다.

갈라디아서는 신실함과 순종의 삶이 인간의 공로가 아니라 오직 성령의 능력을 통해서 가능하다고 말한다. 우리는 성령의 인도하심을 따라 살아야 한다(갈 5:16). 성령을 따라 살지 않고 육체의 욕심을 따라 살면 하나님 나라를 상속받을 수 없다(갈 5:21). 사람이 행함으로 의롭다 하심을 받고 믿음으로만 되는 것은 아니다(약 2:24).

은혜로 구원받은 신자도 이후 지속적으로 죄와 싸우며 선한 삶을 살아야 한다. 구원받은 신자의 특징은 더 이상 죄를 짓지 않는 것이 아니고, 내주하시는 성령의 역사하심으로 죄를 싫어하며 죄에 대해서 저항하게 되는 새로운 성향을 보이는 것이다. 구원받은 신자에게서는 죄와 투쟁하는 거룩한 삶의 새 질서가 시작된다. 웨슬리가 가르친 것처럼 신자의 삶에 "완전 성화"란 존재하지 않는다. 그 어떤 위대한 그리스도인도 생전에 완벽하게 자신의 죄를 정복하지 못한다. 그러나 이전처럼 죄를 즐거워하면서 무방비 상태로 죄에 끌려가거나 편안한 마음으로 죄를 즐기고 사랑하지도 않는다. 왜냐하면 죄를 지적하고 책망하시는 예수 그리스도의 영이 내주하시면서 역사하시기 때문이다(요 16:8).

20세기의 가장 위대한 설교자로 알려진 마틴 로이드 존스는 이렇게 말했다.

그리스도인이 율법에 대해서 죽었다는 말처럼 크게 오해되고 있는 말씀도 드물다. 이 말씀을 그리스도인은 더 이상 율법과 상관이 없다거나 율법에 대해 더 이상 생각할 필요도 없고, 읽을 필요도 더 이상 관심을 가질 필요도 없다고 이해하는 이들이 있다. 이것은 심각한 오류가 아닐 수 없다.

우리가 율법에 대해 죽었다는 말은 우리가 이제 하나님의 도덕적인 율법과 그 도덕적 요구에 관해 관심을 두지 않아도 된다는 말이 아니다. 이것은 가장 위험한 도덕률폐기론이다. 하나님이 우리를 구원하신 목적은 하나님의 계명을 지킬 수 있게 하려는 것이다.

그리스도인은 결코 율법에 작별 인사를 해서는 안 된다. 우리가 더 이상 율

II_구원파에 대한 신학적 비판

법 아래 있지 않은 것은 하나님께 감사해야 할 일이다. 그러나 우리는 율법을 지키고 존귀하게 여겨야 할 것이며 우리의 일상생활에서 이를 행해야 한다.[12]

회개와 믿음으로 거듭난 성도들은 주님의 은혜 가운데서 거룩한 삶을 살아가야 한다. 진정으로 구원받은 사람은 그 결과로 삶 속에서 선한 행위를 보이게 되어 있다. 우리의 선행은 우리를 의롭게 해주지 못한다. 우리의 선한 행위는 어디까지나 이미 우리를 새롭게 해주신 하나님에 대한 감사와 예배의 행위다. 한 신약학자의 다음과 같은 설명은 은혜에 대한 우리의 시각을 교정해야 할 필요를 말해준다.

사실, 성경에 조건 없는 은혜는 없다! 아무 기대 없이 그저 순수하게 베푸는 것을 선물이라고 한다면, 하나님의 구원은 절대로 선물이 아니다. 성경의 문화에서는 선물 또는 은혜를 이런 방식으로 이해하지 않았다. 관계 지향적 사회를 기반으로 하는 성경의 문화에서 구원의 선물 또는 은혜란 공짜가 아니라 일종의 투자다. 왜냐하면 하나님의 호의는 철저한 청산을 요구하기 때문이다. 씨 뿌리는 자의 비유를 보라. 씨 뿌림은 삼십 배, 육십 배, 백 배의 열매를 목적으로 하는 투자다(마 13:1-9; 막 4:1-9; 눅 8:4-8). 또한 불의한 청지기의 비유(눅 16:1-13)와 달란트 비유(마 25:14-30), 므나 비유(눅 19:11-27)에서도 베풀어진 은혜에 대한 합당한 반응, 철저한 청산이 강조된다.[13]

그리고 선한 일에는 거창한 일만 있는 게 아니다. 아브라함 카이퍼(Abraham Kuyper)는 이렇게 말했다.

인간 존재의 전 영역 중에 만물의 주권자이신 그리스도가 "내 것"이라 주장하지 않으시는 곳은 단 한 뼘도 없다.[14)]

따라서 그리스도인에게는 "세속적인 일"과 "신성한 일"(거룩한 일)이 따로 있지 않다. 마르틴 루터도 교회에서 하는 일만이 아니라 설거지와 빨래, 낙엽 치우기, 기저귀 갈기도 그리스도 안에서 선한 일이 될 수 있다고 말했다. 우리는 이 사실을 기억하면서 실제 삶에서 더욱 하나님의 율례에 순종하기 위해 애써야 할 것이다.

# 잘못된 종말관[1]

많은 사람이 구원파의 문제점을 그들의 왜곡된 구원관에서만 찾는다. 하지만 구원파의 교리 중 더 심각한 문제를 드러내는 것은 다름 아닌 종말관이다. 그들은 매우 급박한 종말론을 주장한다. 그들의 종말론은 왜곡되고 자의적인 성경 해석을 바탕으로 하는 "변질된 극단적 세대주의 종말론"이라고 할 수 있다.

이들의 종말에 대한 관심은 『임박한 대환란(상, 하)』, 『세계 독재자와 666』, 『세계 정부와 666』, 『카운트다운 예수 재림과 휴거』, 『인류 파멸의 징조와 중동 사태』, 『한계에 도달한 인류 역사』, 『잠시 잠간 후면』, 『오실 이가 오시리니』, 『가는 자와 남는 자』 등의 책에 잘 반영되어 있다. 유병언 씨는 종말에 대해 다음과 같이 주장한다.

이 세상 마지막 때에는 7년 대환란이 있고 환란 전에 주님의 공중 재림이 있으며 이때 자던 성도들은 그리스도와 같은 영광의 몸의 형체로 부활하고

그 후 살아남은 그리스도인들도 변화함을 입어 함께 공중에서 주님의 영접을 받게 된다.[2]

권신찬 씨는 그의 설교집에서 성령님이 구원파 형성 초기에 유병언에게 기름을 부어 사역자로 세우면서부터 "이스라엘 민족의 회복"이 그들의 중심 메시지가 되었다고 술회했다. 임박한 대환란과 재림이라는 그들의 강박적인 관심사는 그들의 월간지 「크리스천월드」의 표지와 내용에도 반영되었다. 그들은 7년 대환란이 있기 전에 그리스도의 몸(구원파)이 들림을 받게 된다고 주장한다. 나아가 구원파 교회에 들어오지 않는 사람은 공중 재림 때 들림을 받을 수 없고, 소위 "7년 대환란"을 겪어야 하는 것처럼 포장했다. 또 구원의 수가 차야 신부인 교회가 완성된다고 주장하기도 했다. 천년왕국에 대해 권신찬 씨는 다음과 같이 말했다.

우리에게 약속된 땅은 이 세상이 아니다. 완전한 의미에서는 "가나안 땅"을 "천년왕국"이라고 볼 수 있다. 그러나 그것이 우리 개개인의 생활에서는 반드시 천년왕국을 말하는 것만은 아니다. 약속된 땅으로서의 천년왕국은 개개인의 천년왕국이 아니고 "공동체의 천년왕국"이다.[3]

또 권신찬 씨는 세대주의의 영향을 받아 다음과 같이 역사를 구분했다.

하나님의 경영에 의한 역사를 시기적으로 크게 나누면 주전과 주후로 나뉘고, 세분하면 아담으로부터 약 2,000년까지는 시작의 시대이고, 그 후 2,000

년 예수님의 탄생까지가 선민의 시대이며, 주후 곧 신약은 서기 70년부터 1,900년간의 이방인의 때이고, 다음 환란의 7년과 주님 재림 후 1,000년간의 평화의 기간으로 되어 있다.[4]

권신찬 씨의 수제자인 이요한 씨도 "무화과나무가 잎사귀를 내는 것"을 1948년의 이스라엘 독립으로 해석해 곧 종말이 온다고 주장했다.

주님이 말씀하신 대로 1948년 5월 14일 이스라엘이 기적적으로 독립했고, 1967년 6월 7일 제3차 중동전쟁 때 예루살렘은 이스라엘 손에 들어갔다. 그리고 전 세계에 흩어진 이스라엘 민족이 그 땅에 모여들고 있는 것이다. 이제는 약 2,000년간의 긴 환란의 시대가 지나고 이스라엘이 회복되는 시기가 온 것이다.[5]

심지어 권신찬 씨와 이요한 씨는 설교 중 "1980년대에 재림이 일어날지도 모른다. 내 생전에 예수님이 재림한다"라고 공공연히 이야기했다고 전해진다. 그들은 세대주의적 종말론을 바탕으로 금세기 내에 종말이 올 것이라는 공포감을 조성하고 구원파 교회에 들어오지 않으면 공중 재림 때 휴거되지 못해 소위 7년 대환란을 겪어야 하는 것처럼 가르쳤다. 여기에 덧붙여 구원의 수가 차야 신부인 구원파 교회가 완성된다는 사상을 고취해 많은 사람을 끌어모았다.

권신찬 씨는 『위험한 지구』라는 책에서 제3차 세계대전을 예고하며 예루살렘 대회장의 조감도까지 넣어서 예루살렘 성전 재건을 중심에 둔 종말의 도래를 예언했다. "예루살렘에 종교별 성전이 건립될 것"은 틀림이 없으며 유대인들이 "성전을 재건한다고 하면 그들의 시대가 되는 것"으로서 신약 시대(이방인의 때)는 끝이 난다는 것이다.[6]

그는 요한계시록에 등장하는 짐승의 열 뿔은 유럽공동체(EC)인데, 이 유럽공동체가 10개국이 되면 재림이 일어난다고 주장했다. 하지만 현재 유럽연합(EU)은 28개국이며, 권신찬 씨는 1970년대부터 "기차가 종착역에 도달했다"고 계속 주장했지만 그가 사망한 후에도 종말은 오지 않았다. 이요한 씨는 유럽연합이 지금은 28개국이지만 다시 10개국이 될 것으로 예측한다. 이는 온 세상의 종말을 불러올 적그리스도가 이미 존재한다는 그들의 주장만큼이나 허황된 주장이 아닐 수 없다.

그들의 이런 허황된 주장은 성경을 잘못 해석한 결과다. 변질된 세대주의 종말론 성향을 가진 사람들과 구원파, 하나님의교회 등이 근거로 삼는 성경 구절은 예수님이 "무화과나무의 비유"에 대해 말씀하시는 부분이다.

32무화과나무의 비유를 배우라. 그 가지가 연하여지고 잎사귀를 내면 여름이 가까운 줄을 아나니 33이와 같이 너희도 이 모든 일을 보거든 인자가 가까이 곧 문앞에 이른 줄 알라. 34내가 진실로 너희에게 말하노니 이 세대가 지나가기 전에 이 일이 다 이루리라(마 24:32-34).

사실 성경은 종종 이스라엘을 무화과나무에 비유한다. 하지만 성경의 특정한 단어를 한 가지의 의미로만 해석한다면 이는 신천지와 다름없는 "비유풀이" 식 해석이 될 것이다. 그런데 구원파는 무화과나무가 이스라엘을 상징한다고 확신하고 이 말씀이 1948년의 이스라엘 독립을 예견한 것이라고 해석하여 임박한 종말론을 주장한다.

예수님께서 이스라엘 민족을 비유하시며 말라 죽게 한 무화과나무가 다시금 살아날 것을 말씀하셨다. 즉 겨울 동안 말라 죽은 것 같은 무화과나무도 여름이 가까이 오면 가지가 연하여지고 잎사귀가 나오듯 멸망했던 이스라엘이, 예수님이 재림하실 날이 가까워지면 다시 회복될 것을 말씀하신 것이다. 이스라엘은 1,900년이란 긴 환란의 겨울이 지나고 이제 회복될 때가 된 것이다. 예수님이 재림하시기 전에 이스라엘은 반드시 회복되어야 한다. 1948년 5월 14일 이스라엘은 독립했으며, 1967년 6월 6일간의 제3차 중동전 때 예루살렘을 도로 찾았다. 그리고 전 세계에 흩어져 있는 유대인들은 계속 이스라엘로 돌아오고 있다. 이는 하나님이 행하시는 기적이다. 무화과나무는 이미 싹이 나왔다. 주님이 저주하신 무화과나무를 주님이 다시 살리신 것이다.[7]

이제 여러분 눈에 환하게 보일 것입니다. 왜 지금 세상에서 이스라엘이라는 나라가 그렇게 말썽이 많습니까? 그 나라는 1948년에 독립했습니다. UN에 가입까지 했습니다. 그런데 왜 그 나라에 대해서 그렇게 말이 많습니까? 성경 속에 기록되어 있는 선민이기 때문에 그렇습니다. 그 민족으로 말미암아 세계 역사가 흘러가고 모든 일들이 이루어가고 있는 것입니다. 그것이 무슨 뜻입니까? 이스라엘 민족의 복구, 이스라엘 민족이 회복된다는 것은 바로 이 세상이 끝나가고 하나님의 나라가 가까웠다는 증거입니다.[8]

하지만 마태복음 24:32-34 말씀이 이스라엘의 독립을 예견한다는 어떤 근거나 타당성도 찾을 수 없다. 이 본문의 무화과나무를 이스라엘로 보는 해석은 성경의 문맥을 무시하는 신천지 식 "비유풀이"에 불과하다. 예수님은 제자들의 질문에 대해 자연스러운 징조를 통해 시대를 분별할 수 있다는 말씀을 하셨을 뿐이다. 반면 예수님은 종말의 날과 때는 아무도 모른다고 분명하게 말씀하셨다(마 24:36). 우리는 분명한 말씀은 제쳐두고 자극적인 해석만 앞세우는 자들의 목적이 무엇인지를 분별해야 한다.

구원파는 극단적 세대주의를 바탕으로 천년왕국 이전, 7년 대환란이 있기 전에 자신들이 휴거될 것으로 믿는다. 그래서 그들은 "우리 생전에 세상의 종말이 온다. 구원받은 교인들은 한데 모여 살아야 한다. 떨어져 있으면 휴거받지 못한다. 모임에 붙어 있는 자만 들림 받는다"라는 식으로 가르쳐 신도들을 미혹하고, 막대한 헌금을 거둬들였다.

특히 유병언 씨의 사업 자금을 조달하기 위한 명목의 헌금 강요는 1983년에 극에 달했다. "엄마 모임"이라는 데서 "작은 여우"로 알려진 송재화 씨는 "간증"을 통해 "때가 얼마 남지 않았다"면서 "개발비에 투자하라"고 선동했다. 또 그녀는 "종말이 다가오니 천국 사업(유병언 씨의 사업)이 잘돼야 구원받을 수 있다. 돈이 있으면 천국에 갈 수 없으니 추수(헌금)를 해야 한다. 우리 생전에 종말이 다가온다. 우리가 종말 직전에 나타나는 적그리스도의 도움 없이 자급자족하려면 재산을 모아 공동생활을 해야 한다"라며 긴박한 종말론을 내세워 자금을 끌어모았다. 오대양 사장이었던 고 박순자 씨도 대전 지역 모금책으로 활동하면서 같은 수법을 사용해 사채를 끌어모았다.

사실 세대주의적 종말론은 어떻게 보면 한국교회를 전체적으로 사로잡고 있는 종말론이라고 해도 과언이 아니다. 이런 상황에서 많은 이단이 천년왕국, 육백육십육(666), 십사만 사천, 12지파 등의 개념을 악용해 자신들의 배를 불려왔다. 구원파는 다른 이단과 마찬가지로 다니엘서와 요한계시록에 나오는 상징적인 단어를 자의적으로 해석한다.[9]

유병언 씨는 요한계시록에 나오는 적그리스도의 숫자인 666을 들먹이면서, 그의 인(印)을 받지 않으려면 재산을 헌납하고 공동생활을 해야 한다고 가르쳤다. 그의 이러한 종말 의식 고취는 하나님 나라의 건설을 위해서가 아니라, 자기 왕국의 건설을 목적으로 한 사업 자금을 조달하기 위함이었다는 사실이 세월호 참사를 계기로 명백히 드러났다.

권신찬 씨는 성경을 근거로 종말의 구체적인 모습을 다음과 같이 묘사했다.

앞으로 이스라엘 민족이 성전을 짓습니다. 성전 지을 준비가 이미 다 되어 있습니다. 성전을 지으면 그 안에 적그리스도란 자가 들어앉아서 자기가 하나님이라고 할 것입니다. 자기를 보여 하나님이라고 하는 자, 그것이 666의 뜻입니다. 사람이 하나님 노릇을 한다는 말이에요. 이러한 일들이 아주 세밀하고 구체적으로 지금 추진되고 있는 것입니다. 모든 준비가 거의 갖추어져 가고 있어요. 컴퓨터만 하더라도 지금 많은 사람이 사용하지만 그 컴퓨터의 이면에 비밀이 있는 것입니다. 컴퓨터를 능숙하게 다루면 온갖 비밀을 끌어낼 수 있습니다. 컴퓨터로 정부 은행의 돈도 끌어낼 수 있습니다. 이 컴퓨터란 것이 엄청난 힘을 가진 것입니다. 이것이 사람의 지능과 같은 역할을 하는 것입니다. 앞으로 물건을 살 때도 현금을 쓰지 않고, 이마나 손에 표가 있으면 물건을 사고 컴퓨터 앞에 가서 그 표만 지나가게 하면 은행에서 컴퓨터로 그것을 계산하게 됩니다. 월급을 받으면 그것이 은행에 예치되고 물건을 사면 은행에 있는 돈이 그 표로 말미암아 저절로 지급되고 차를 타거나 비행기를 탈 때도 다 그 표를 가지고 할 수 있는 것입니다. 그런 시대가 이제 우리 앞에 왔습니다. 여러분 성경이 사실이 아닌가요?[10]

구원파들은 666이 은행 카드라고 했다가 컴퓨터라고 말을 바꾸고, 이마와 손에 바코드를 받는 것이라고 주장하다가 이제는 베리칩으로 슬그머니 바꿨다. 구원파 지도자들은 아직도 은행 카드를 사용하지 않는지, 구원파 교회는 지금도 컴퓨터를 사용하지 않는지 묻고 싶다.[11] 권신찬 씨나 이요한 씨 모두 예전에 666에 관해 주장하던 내용은 취소한 것인가?[12] 십수 년 전부터 기차가 종착역에 도착했다고 주장하던 권신찬 씨의 주장은 사실로 증명되었는가?

오히려 그들은 "(구원파) 교회로 말미암지 않고는 구원을 받을 수 없다", "구원은 개인이 받지만 신앙생활은 교회가 한다", "일단 죄 사함을 받으면 어떻게 살든 천국에 간다", "구원파 안에 붙어 있는 자만 예수 재림 시에 들림을 받는다"라는 전혀 비성경적인 엉터리 교리로 교인들의 충성심을 유도해 구원파 신도들의 이름으로 융자를 받거나 차명으로 대출을 받아 엄청난 재산을 축적해왔다.

하지만 예수님은 "그 날과 그 때는 아무도 모르나니 하늘의 천사들도, 아들도 모르고 오직 아버지만 아시느니라"(마 24:36)라고 분명히 말씀하셨다.

그런즉 깨어 있으라. 너희는 그 날과 그 때를 알지 못하느니라(마 25:13).

II_구원파에 대한 신학적 비판

때와 시기는 아버지께서 자기의 권한에 두셨으니 너희가 알 바 아니요(행 1:7).

베드로는 주님의 재림을 상기시키면서 "너희가 어떠한 사람이 되어야 마땅하뇨? 거룩한 행실과 경건함으로 하나님의 날이 임하기를 바라보고 간절히 사모하라"라고 권면한다(벤후 3:11-12). 우리는 복된 소망을 가지고 현실에 충실하며 주어진 사명을 감당하고 충성하며 봉사할 때 약속된 하나님의 상급을 받게 될 것이다. 우리가 관심을 가져야 할 부분은 날과 때에 관한 것이 아니라 성도로서의 거룩한 삶의 자세다.

## 천년왕국에 대한 다른 견해들

사도 요한이 기록한 천년왕국(계 20:1-10)에 대한 해석의 문제는 기원후 2세기 이래로 그리스도인들 사이에서 많은 흥분과 논란을 일으켜 왔다. 그 과정에서 세 가지 기본적 입장이 정해졌다. 그 세 가지 입장은 각각 천년왕국 전에 재림이 있다는 "전천년설"(premillennialism), 천년왕국 후에 재림이 있다는 "후천년설"(postmillennialism), 그리고 예수님의 초림부터 재림 때까지의 전체 기간을 천년왕국으로 보는 "무천년설"(amillennialism)이다. 각 견해는 예수 그리스도의 재림 시기에 대하여 나름의 답변을 가지고 있다.

우리나라에서는 지금까지 전천년설이 대세를 이루었다고 할 수 있다. 하지만 지금은 천년왕국의 1,000년을 교회 역사에 대한 상징으로 보는 무천년설을 추종하는 이들이 많아졌다. 같은 맥락에서 또 어떤 이들은 1,000년을 지금 천국에서 이뤄지는 죽은 성도들의 통치를 가리키는 것으로 보기도 한다.

세대주의자들은 전천년설을 확신한다. 그들은 그리스도의 재림이 있기 전에 전쟁과 기근, 지진과 같은 징조가 보이고 모든 민족에게 복음이 증거되며 많은 신앙인의 배도와 함께 적그리스도가 나타나 7년 대환란이 있을 것이라고 믿는다. 그런데 세대주의 종말론은 그리스도인들로 하여금 미래의 어떤 시점(재림)에만 집착하면서 현실의 삶을 등한시하게 한다. 1992년 휴거설을 주창했던 다미선교회나 최근 임박한 종말론으로 물의를 일으키고 있는 Y교회는 소속 교인들에게 예수님의 재림을 강조하면서 강제적·인위적 회개를 강요하고 현실 도피적인 삶의 태도를 주입했다.

구원 역사를 연대기적으로 해석하는 세대주의는 이스라엘과 교회를 분리시키고, 율법과 은혜를 대립 개념으로 이해한다. 율법은 모세와 행위에, 은혜는 그리스도와 믿음에 연관된다고 보는 것이다. 세대주의자들은 "율법은 결코 구원이나 칭의의 수단으로 주어지지 않았다"고 말하기도 한다. 또 『스코필드 주석 성경』은 "율법은 죄인을 칭의하지도 않고 신자를 성화시키지도 않는다"라고 기록한다. 그뿐 아니라 세대주의 성향은 영적인 것과 실제적인 삶을 분리한다. 이런 이원론적 사고방식은 결국 현실을 등한시하는 대신 확실하지도 않은 환상적인 이상에만 몰두하게 한다. 우리 주변에서도 미래의 유토피아나 지상 천국을 약속하는 이단 사상에 미혹되어 현실의 삶을 망친 경우를 적잖이 목격할 수 있다.

무천년설에서는 1,000년의 1,000을 문자 그대로 보지 않고 완전수인 10을 세 번 곱한 충만수로 본다. 1,000이라는 숫자를 상징적으로 해석해 하나님이 택한 백성들을 한 사람도 남김없이 모두 구원하시는 충만한 기간을 1,000년으로 보는 것이다. 여기서 1,000년은 물리적인 시간이 아니며 단지 택한 백성을 전부 구원할 만한 기간이다. 칼뱅과 아우구스티누스도 이 견해를 지지했다.

20세기 한국의 많은 부흥사가 주도했던 세대주의 전천년설은 성경을 벗어난 매우 불건전한 해석이다.[13] 종말론과 관련된 이단들은 대부분 세대주의 전천년설에 뿌리를 두고 있다. 그들은 공통적으로 7년 대환란, 휴거, 천년왕국, 십사만 사천, 육백육십육이라는 단어를 의미심장하게 사용한다.

마틴 로이드 존스는 종말에 대해 강박적 관심을 보이는 구원파와 같은 집단의 행태를 지적하면서 균형 있는 신앙생활의 필요성을 다음과 같이 지적했다.

예언적 교훈에 대한 지나친 관심처럼 위험한 것은 없다. 현재의 세계정세에서는 특히 그렇다. 어떤 사람들은 차츰 이 주제에 마음을 빼앗겨 정복되는 것 같다. 그리고 그들은 예언 이외에는 아무것도 생각하지 않고 설교도 하지 않는다. 이 예언적 교훈에 대한 지나친 몰두 이상으로 영혼의 건강에 위험한 것은 없다. 러시아, 이집트, 이스라엘 및 그 밖의 나라들을 생각하면서, 그리고 에스겔서 37, 38장이나 다니엘서 7-12장, 그 밖의 예언적 관점에서 여러 시기나 경우를 계산하는 데 모든 시간을 소비하며 전 생애를 투입하게 되기가 쉽다. 한편 영적 의미에서는 당신 자신이나 다른 사람들에 대해 점점 무관심하고 등한히 하게 될 수 있다. 물론 예언적 교훈은 성경의 중요한 일부이고 큰 관심을 가져야 할 것이다. 그러나 장래 세계에서 일어날 사건들에 너무 관심을 가지는 나머지 우리가 지금 살아야 하는 생애가 있다는 사실을 잊어버리고 있음을 자각해야 할 것이다. 여러 가지 점에서 우리들의 일차적인 위험은 균형이나 조화의 감각을 상실하는 데 있다.[14]

사도 베드로는 교회 역사에 거짓 선생들이 계속 나타나 파괴적인 이단을 가만히 끌어들일 것이라고 경고했다(벧후 2장). 강해 설교자 해럴드 피케트(Harold Fickett) 목사는 베드로후서 2장에 근거해 다음과 같이 평가했다.

거짓 선생은 대상자에 접근하는 방법이 사특하고 간교하며, 호색적인 성향을 나타내며, 탐심으로 금품을 착취하며, 은혜로 구원받았다는 미명으로 율법의 권위를 무시한다. 또한 당돌하고 고집이 세며, 메시지에 일관성이 없고, 내용이 잡히지 않으며, 사기성(이중성)이 있고 진실성이 없다.

이 가운데 어떤 특징이 구원파 지도자들에게 적용될지는 독자들이 더 잘 판단할 수 있을 것이다.[15]

종말에 대한 그리스도인의 올바른 자세는 어떠해야 할까? 에드가 멀린스(E. Y. Mullins)의 조언으로 이번 장을 마무리하자.

그리스도야말로 오는 세대에 감추어진 사실들을 우리를 위해 열어주시는 열쇠이시다. 그러나 우리는 묵시적인 계산과 추리에 사로잡혀서는 안 된다. 우리는 아직 계시되지 아니한 미래의 계획에 대해 무지한 나머지 다른 사람들이 우리의 특수한 해석을 받아들이지 않는다는 이유를 내세워 우리의 동

II_구원파에 대한 신학적 비판

무들을 때리는 죄악을 범해서는 안 된다. 우리는 날짜를 정하려는 시도를 해서는 안 되며 또는 세부적인 계획에 대해 지나치게 강조해서도 안 된다. 우리는 다만 온갖 의무에 신실해야 한다. 우리는 시험에 대비해서 경계하고 거룩한 힘을 얻기 위해 기도해야 할 뿐이다. 우리는 개인의 사회적 정의감을 개발해야 한다.……우리는 주님의 재림을 놀라지 말고 맞이해야 할 것이다. 우리는 삼가 절제하는 가운데 혹 그리스도의 재림이 천 년 또는 만 년이나 연기된다 할지라도 조금도 실망하지 말아야 한다. 또한 우리는 그리스도의 재림과 그의 왕국의 확실한 승리를 고대하면서 언제나 기쁜 마음으로 살아가야 할 것이다.[16]

# 10

## 잘못된 신앙생활

지금까지 살펴본 구원파의 왜곡된 교리는 그들의 왜곡된 신앙생활로
여실히 드러난다. 구원파에서는 주일을 거룩하게 지킬 필요가 없다고
가르친다. 또 기성 교회의 장로-집사 제도를 인정하지 않는다. 성탄절,
부활절을 지키는 것도 중요하게 여기지 않는 등 개신교의 전통을 무시
하며 거부하기 일쑤다. 주일 성수, 새벽 기도, 십일조, 축도 등도 율법의
소산이라고 매도하는데, 결국 믿음으로 구원받았으니 교회의 제도에
얽매일 필요가 없다고 주장하는 것이다.

물론 구원은 믿음으로 값없이 받는 은혜이므로 거기에 다른 무엇을
조건으로 첨가해서는 안 된다. 그러나 구원받은 사람에게 교회의 제도
가 필요 없다고 할 수는 없다. 구원받은 사람일수록 하나님의 백성과
자녀로서의 규범과 질서를 지켜야 하며, 하나님이 인간의 행복을 위해
서 마련해주신 제도와 법을 더욱 존중해야 한다. 혹 교회의 제도 중 개
선해야 할 점이 있다면 다른 교회와의 관계 속에서 충분히 논의하면서

개선해가야 한다. 하나님은 질서의 하나님이시며 어지러움의 하나님이 아니시기 때문이다(고전 14:33-40).

구원파의 세 계파는 모두 침례를 행하면서 "침례교"라는 교단명을 사용한다. 하지만 지금까지 구원파는 교회의 질서를 파괴하는 행태를 보여왔다. "종교적인 형식과 의무를 때려치워라", "주일 성수와 십일조, 새벽 기도, 금요 철야, 금식, 각종 모임과 절기는 다 율법이다. 그것들은 모두 구원받은 성도를 얽어매는 낡은 율법이다. 모든 율법을 과감히 벗어버려라!" 구원파의 이런 주장들은 신도들에게 놀라운 해방감을 제공한다. 그리고 그들은 이것을 "기쁜 소식"이라고 선전한다.

또한 기독교복음침례회는 여름 수양회가 끝나는 날 경기도 안성에 있는 금수원에서 1년에 한 번 성만찬을 하는데, 전혀 경건하지 않은 분위기에서 떡을 나눠 먹는 것으로 알려졌다. 그리고 역사적인 정통 교회에서 지키는 성탄절이나 부활절, 추수감사절과 같은 절기가 이들에게는 전혀 중요하지 않다.

이번 장에서는 구원파의 신앙생활이 어떤 모습을 보이는지, 또 그 이유는 무엇인지에 대해 자세히 알아보자.

## 잘못된 교회관[1]

교회란 예수님을 나의 주로, 그리스도로, 하나님의 아들로 믿고 고백하는 생명의 공동체다(마 16:16). 교회의 머리는 예수님이시고, 예수님을 믿는 자들은 교회를 이루는 몸이다. 교회 공동체는 성령을 선물로 받은 사람들이 모인 성령의 공동체이기도 하다. 사도 바울은 예수님을 믿는

　　　　　　　II_구원파에 대한 신학적 비판

자들을 가리켜서 "성령의 전"이라고 표현했다(고전 3:16).

예수님이 십자가에 못 박혀 죽으신 죄목 중 하나는 바로 "성전 모독죄"였다. 스데반 또한 사람의 손으로 지은 성전에 하나님이 계시지 않는다고 증언함으로써 순교를 당했다. 옛 언약이 아니라 새 언약의 백성인 우리는 교회란 구약의 건물이 아니라 예수 그리스도를 구원의 주님으로 믿는 지체 한 사람 한 사람의 모임이라고 선언해야 한다. 건물이 아니라 예수님을 믿는 나 자신이 교회임을 마음속 깊이 새기고 건강한 교회 생활에 힘써야 하는 것이다.

하나님은 어느 곳에나 계신, 무소부재하신 인격이시다. 그분은 우리의 심령에 거할 뿐 아니라 모든 시공간에도 거하신다. 성령은 전 세계 온 누리에 두루 운행하시며 역사하시는 영이시다(시 139:1-12). 하지만 구원파는 성령이 세계를 일주한 후에 현재는 한국에 머무르신다고 믿으며, 오직 구원파 교회에서만 집중적으로 역사하신다고 가르친다. 그래서 구원파 신도들은 다른 이단에 빠진 사람들과 마찬가지로 자기네 집단이, 하나님이 인정하시는 유일한 참 교회라는 배타적인 교회관을 가지고 있다. 권신찬 씨는 다음과 같이 주장한다.

교회의 참뜻은 성경 속에 특히 비밀리에 감추어져 있는 진리로서 기독교 2,000년 역사상 이 진리가 나타난 것은 극히 드문 일로 교회가 교회로서의 기능을 제대로 발휘하지 못한 채 지내온 것이다. 한때는 영국, 한때는 아프리카, 또 한때는 인도, 미국, 독일, 인도네시아, 중국 등지에서 이것이 하나님의 뜻을 나타내시는 머리의 일이었다. 이와 같이 성령은 어떤 지역에서 일을 하시다가 한 시기가 지나면 다른 곳으로 자리를 옮겨간다. 성령의 역사는 예루살렘에서 출발하여 현재 한국에 머무르고 있으며, 그 성령은 오직 구원파 안에서만 역사한다. 현재는 한국의 시대다.[2]

다시 말해서 이 집단은 역사적인 교회와 기존 교회를 전면 부정하며, 구원파 집단만이 영광스러운 교회요 유일한 참 교회라고 가르치는 것이다. 이러한 편견에 세뇌된 구원파 교인들은 세월호 사건 후에도 유병언 씨가 잘못되었다는 것은 인정하면서도 그 집단에만 구원의 복음이 있다고 고집하며 정통 신앙으로 돌아올 생각을 하지 않는다. 이는 권신찬 씨의 아래와 같은 교회론과 무관하지 않다.

하나님은 영이신 고로 물체와 함께하시지 않는다. 즉 예배당에 계시는 것이 아니고 사람의 영에 함께하신다. 개인에게 와서 계시는 성령은 생명의 성령이시고 일하시는 성령이 아니다. 교회가 이뤄지면 일하는 성령이 다시 한 번 내려야 한다. 개인은 구원을 받지만 신앙생활은 교회가 한다는 뜻이다.[3]

권신찬 씨는 또한 "교회가 성경을 이해하려면 혼자서는 불가능하다. 혼자서는 아무리 성경을 읽어도 깨닫지 못하고 오직 성경의 이해는 성도의 교제 가운데서만이 가능하다"라고 말한다. 그는 이어서 "방언이나 병 고침과 같은 성령의 은사는 초보적인 것이며, 초대교회에나 있었고 그때나 필요했던 것이지 지금은 필요 없다. 그런 것은 미신이요 마귀 짓이다"라고 주장했다. 그는 신앙생활의 책임을 교회에 귀속시킴으로써 사실상 개인적 성화의 필요성을 부정한다. 유병언 씨는 권신찬 씨의 사상을 그대로 이어받아 다음과 같이 말한다.

II_구원파에 대한 신학적 비판

개인은 신앙생활을 할 수 없다. 개인은 죄 사함 받은 경험이 있을 뿐 성령이 계신 곳은 교회다. 하나님의 계획과 선택, 예정은 전적으로 교회를 목적으로 한 것이지, 개인의 구원 문제를 목표로 한 것이 아니다.[4]

심지어 유병언 씨는 요한복음 15장을 다음과 같이 해석하며 구원파 교회의 절대성을 강조한다.

"나는 포도나무요 내 아버지는 농부라", "나는 포도나무요 너희는 가지니"(요 15)라고 한 포도나무 둥치가 바로 이 땅 위에 성령으로 와 계시다. 거기에 우리가 교제를 형성해나가는 것이다.[5]

예수님이 포도나무가 아니라 한국에 이루어져 있는 기독교복음침례회가 참 포도나무라는 해괴한 해석이다. 이런 해석 때문에 "구원파에 붙어 있기만 하면 예수님 재림 때 들림을 받는다. 구원파를 떠나서는 너희가 아무것도 할 수 없다"라는 주장이 가능한 것이다.

구원파는 "가시적 교회"를 중요하게 여기지 않는다. 그들의 가르침에 따르면 이미 구원 얻은 성도는 반드시 교회에 출석하지 않아도 상관이 없다. 그래서 소위 구원파에서 구원받았다는 연예인들(가수 양 아무개 씨, 배우 전 아무개 씨 등)은 교회에 출석하지 않으며 불신자와 같은 생활을 한다. "조직이나 건물은 교회가 아니고 거듭난 지체가 교회다"라는 가르침을 받았기 때문이다.

구원파는 교회 공동체의 유기체성을 극단적으로 강조하면서 성경이 말하는 교회의 모습을 부인한다. 그런 이유 때문에 구원파 신도들은 주기도문으로 기도하고 목사가 축도를 하는 정통 교회가 모두 이단이라고 믿는다.[6] 그러나 한 가지 분명한 것은 구원파의 교회에 대한 가르침이 교회의 성격, 구성, 활동, 의식, 목적 등 모든 면에서 신약성경의 가르침과 역사적인 교회의 규범을 완전히 이탈하고 있다는 점이다.

권신찬 씨는 초창기부터 사위 유병언을 "교회의 입"이라고 칭하며 성령에 의해 세움을 받은 자(기름부음 받은 자)로 치켜세웠다. 그래서 유병언 씨가 하나님이라고 믿는 "이꼴파"가 생겨난 것이다. 나머지 교인들도 유병언을 "예수, 메시아, 살아 있는 성령"으로 생각하는 듯하다. 내가 1977년에 마지막으로 권신찬 씨를 만나 그의 사위가 저지르는 일탈 행위를 문제 삼았을 때, 그는 사위의 언행을 예수님과 비교해 "제자들도 나중에 깨달았다고 하지 않았느냐?"라고 반문하면서, 그 시점에서 그의 언행을 이해하지 못하는 것은 당연하다는 듯이 나를 책망했다. 사실 나는 그 이전까지만 해도 유병언 씨를 "현대의 사도 바울"이라 믿고 추종했지만, 그처럼 그를 신격화하는 데 실망하여 구원파를 탈퇴하기로 마음을 굳혔다.

성경의 가르침에 따르면 교회가 중요한 만큼 신자 개인도 중요하다. 『몸의 생활』(Body Life)의 저자 레이 스테드만(Ray Stedman)은 "교회의 모습이 때를 따라 집단적으로 나타날 수도 있으나 그렇게 할 책임은 언제나 개인에게 있는 것이다"라고 말한다. 바울은 "우리가 그[그리스도]를 전파하여 각 사람을 권하고 모든 지혜로 각 사람을 가르침은 각 사람을 그리스도 안에서 완전한 자로 세우려 함이니"(골 1:28)라고 가르쳤다.

한편 장로회신학대학교의 오성춘 교수는 친밀 공동체 형성의 중요성을 강조하면서 정통 교회가 이단에 어떻게 대처해야 하는지를 다음

II_구원파에 대한 신학적 비판

과 같이 지적했다.

이단들은 친밀 공동체의 개발에 힘을 기울이고 있다. 그러나 기성 교단의 교역자들은 설교 준비와 다른 사역에 힘을 소모하여 친밀 공동체의 형성에 힘을 쓰지 못하고 있다. 진정 한국교회가 이단들에 대처하기를 원한다면 이단들이 제시하는 것보다 더 뜨겁고 친밀한 공동체 형성에 힘을 기울여야 할 것이다.

이 부분에서는 기존 교회의 반성과 분발이 필요한 듯하다. 이단들은 거짓된 교리를 중심으로 똘똘 뭉쳐 자신들만의 왕국을 세워가는데, 올바른 신앙을 가진 이들이 친밀한 교제권을 형성하며 충만한 신앙생활을 하는 교회는 그리 많지 않아 보인다는 것은 심각한 문제다. 오성춘 교수의 지적대로 이단들보다 더 뜨겁게 사랑하는 정통 교회야말로 그 어떤 방법보다 더 강력한 이단 대책이 될 것이다.

## 잘못된 예배관[7]

예배란 죄악된 인간이 예수 그리스도를 통하여 죄 사함을 받고 하나님 아버지께 항상 "찬미의 제사"를 드리는 행위다. 예배는 우리 인간에게 알려진 축복 가운데 최대의 특권이며 의무다. 하지만 구원파는 자기들이 받았다고 착각하는 구원을 노래하고 지도자의 가르침을 들으며 전도하고 교제하기 위해 모일 뿐 예배를 드리기 위해 모이지는 않는다.

예배(worship, 경배)란 무엇인가? 우리가 하나님께 드리는 예배는 하나님께 존경을 나타내는 경건과 의식을 뜻하며, 최상의 가치를 하나님께 돌리는 것이다. 예수님은 "하나님은 영이시니 예배하는 자가 영과 진리로(in spirit and in truth) 예배할지니라"(요 4:24)라고 말씀하셨다. 예배의 장소가 아니라 예배의 방법이 중요하다는 뜻이다. 초대교회부터 정통 기독교는 정해진 날짜(주일)에 모여 예배를 드렸으며 성도들이 함께 모여 드리는 공식 예배를 매우 중요하게 생각해왔다.

그러나 구원파는 모임과 집회에 갈 뿐 예배를 드리기 위해 모이지는 않는다. 구원파의 예배에 대한 가르침은 세 가지로 요약할 수 있다. ① 하나님은 영이시기 때문에 형식을 갖춘 예배는 필요 없다. ② 예배는 성도 간의 교제다. ③ 인간이 만든 예배당의 단상이나 가정 제단 같은 것은 필요 없다.

다음과 같은 권신찬 씨의 주장들은 구원파의 예배관이 어떠한지를 잘 보여준다.

> 예배는 형식을 갖춘 의식이 아니라 영의 동작이다. 그러므로 예배하는 데 어떤 형식을 갖추느냐 하는 문제는 별로 중요하지 않다. 예배의 형식은 이교도의 제사 의식에서 영향을 받았을 가능성이 짙다.[8]

> 하나님이 받으시는 제사는 관념도, 습관도, 의식도 아니다. 신령과 진정으로 드리는 예배는 성도의 생활, 성도들의 정상적인 교통이다.[9]

> 제단은 인간이 만들 수 없고 인간 자체의 활동과는 아무런 관계가 없다. 영원히 변찮는 완전한 제단과 제사는 예수님의 십자가에서 이루어졌다. 어느

장소나 집에서가 아니라 그리스도를 마음에 모신 심령이 바로 제단이며 신령과 진정으로 드리는 제물이다.[10)]

앞서 살펴본 것처럼 구원파 초창기에는 유병언 씨도 기도와 예배를 강조했던 적이 있다. 그는 1969년경까지만 해도 모임 장소를 "예배당"이라고 칭하며 일반 교회의 겉모습을 유지하려고 했다. 하지만 얼마 지나지 않아 새로운 "깨달음"에 따라 기도와 예배를 중단하기 시작했다. 그리고 지금은 금수원이나 삼각지교회에서 모이면서 성경, 구원, 확신, 교제, 교회, 재림에 관계되는 찬송만을 골라서 부를 뿐, 찬양과 경배, 기도, 헌신, 축도에 관한 찬송은 부르지 않는다. 한마디로 말해 그들은 구원과 죄사함만을 찬송할 뿐 구원해주신 주님을 찬양하지는 않는 것이다.

다음과 같은 유병언 씨의 주장은 구원파의 예배관을 좀 더 구체적으로 보여준다.

성도의 생활은 성도들의 정상적인 교제를 말하며 그리스도인들이 활동하는 모습 자체가 하나님 보시기에 정상적인 예배이며, 나라는 인간이 하나님 앞에 바쳐진 사실 그 자체가 바로 예배인 것이다.[11)]

그는 여기서 더 나아가 "모임의 일, 즉 사업을 논의하는 것"이 교제이며 기도이고 예배라는 교리를 만들어냈다. 그래서 구원파에서는 사업에 참여하는 것이 바로 기도와 예배가 되었다. 이에 사단법인 한국교회연합의 바른신앙교육원에서는 구원파의 예배관을 다음과 같이 정리했다.

이미 구원받은 사람은 예수님이 사마리아 여인과 대화할 때 예배의 시간과 장소와 의식까지 다 폐기했으므로 교회에 나가지 않아도 관계치 않는다. 자기 파 외에 구원은 없다. 목사는 목사가 아니라 형제다. 재정은 인도자가 장부 없이 자유자재로 사용한다. 교파나 간판이 필요 없다. 예배는 성도 간의 교제다. 기도는 구원받은 사람에게 필요 없다.[12)]

이처럼 유병언 씨에게 기업은 교회였고 교회는 곧 기업이었다. 구원파는 그 출발 시점부터 신앙생활과 기업 운영을 동일시했으며 경제적 착취는 종교적 헌신으로 포장되었다. 깨달음을 통한 구원과 반복적인 회개의 불필요성에 대한 교리적 주장은, 죄의식을 배제한 채 자신들의 어떤 행동도 종교적으로 합리화할 수 있는 근거가 되었다.[13)]

하지만 예배가 없는 기독교는 사이비가 분명하다. 구원파에는 기도와 찬양과 예배, 그리고 주기도문과 축도가 없다. 이단은 믿음과 구원을 노래하나 참 믿음은 하나님을 찬양한다. 요한계시록을 비롯한 신약성경에는 성도들이 하나님께 예배드리는 장면이 여러 번 나온다.

우리 주 하나님이여 영광과 존귀와 권능을 받으시는 것이 합당하오니…(계 4:11).

큰 음성으로 이르되 죽임을 당하신 어린 양은 능력과 부와 지혜와 힘과 존귀와 영광과 찬송을 받으시기에 합당하도다 하더라(계 5:12).

인간의 주된 목적은 영원히 하나님을 즐거워함으로써 그분께 영광

　　　　　　　　　　　　II_구원파에 대한 신학적 비판

을 돌리는 것이다. 구원받은 성도는 하나님께 드리는 예배가 신자들 간의 교제와 전혀 다른 차원의 활동임을 기억하고 온전히 하나님만 예배하는 삶을 살기 위해 힘써야 한다.

## 잘못된 기도관[14)

예배관과 더불어 구원파의 이단성이 가장 극명하게 드러나는 것은 이들의 기도관이다. 유병언 씨는 "기도란 마음에 있는 것을 원하는 것"이라고 정의하며 형식적인 기도를 일체 배격한다. 물론 이들이 기도를 전혀 안 하는 것은 아니다. 설교를 하기 전에 교주가 대표로 기도하고 모임을 마치기 전에도 짧게 기도하는 것이 사실이다. 하지만 구원파는 신도에게 기도를 가르치지 않으며 개인적으로나 집단으로 기도하는 법이 없다. 권신찬 씨는 다음과 같이 말했다.

> 거듭나기 전에 하는 기도는 새벽 기도나 철야 기도, 금식 기도, 통성 기도 등 어떤 기도든지 간에 인간의 종교적 본능의 발산에 불과한 것으로 하나님과 관계가 없는 것이다. 사람이 일단 구원을 받으면 기도는 필요 없다. 예수 시대에는 기도가 필요했으나 지금은 기도가 필요 없다. 기도는 아무나 하는 것이 아니고 일을 맡은 지도자만 할 수 있다. 기도를 해라 해라 해서는 안 된다. 새벽 기도도 필요 없고 시간을 내어 기도하는 것도 필요 없다.[15)

> 성경에는 기도를 하라고 강조한 대목이 있다.…사무엘 당시 기도는 사무엘이 맡았지 이스라엘 민족 전체가 한 것이 아니다.…누구든지 하나님의 일을

분명히 하나님께로부터 맡은 사실이 있으면 기도하게 될 것이다. 그러나 반드시 기도해야 한다는 법은 없다.[16)]

이러한 가르침에 따라 구원파는 한국 개신교의 합심 기도나 통성 기도를 "개구리 울음소리"라고 비웃으며 대표자 한 사람의 기도만으로 충분하다는 교리를 만들어냈다. 그들은 하나님은 한 분이시기 때문에 수만 명이 한꺼번에 기도하면 들으실 수 없다는 논리를 전개하며 하나님을 인간 수준으로 끌어내렸다.

또 구원파 지도자는 거듭나기 전에 하는 기도는 하나님과 관계가 없다고 가르쳤다. 그러나 백부장 고넬료는 구원받기 전에 하나님께 항상 기도했고(행 10:2), 그의 기도와 구제는 하나님께 상달되었다. 또 예수님과 함께 십자가에 달렸던 강도 하나도 예수님께 아뢰어 즉각적인 응답을 받았다.

바울이 "쉬지 말고 기도하라"고 권면했다는 사실을 모르는 그리스도인은 거의 없다. 기도는 영혼의 호흡이며 신앙생활에 필수적이고 기본적인 요소다. 기독교는 기도로 출발해서 기도로 진행되고 기도로 막을 내리는 종교라고 해도 과언이 아니다. 하나님의 백성에게 기도는 사랑하는 두 인격, 즉 창조주 하나님과 성도 사이에 오가는 진심 어린 대화다. 빌리 그레이엄은 기도에 대해 다음과 같이 말했다.

교회나 하나님 나라를 위하여 업적을 남기고 간 사람들은 하나도 빠짐없이 모두 기도의 사람들이었다.…너무 바빠서 기도할 시간이 없다는 것은 있을 수 없다. 기도하지 않는 그리스도인은 무능력한 그리스도인이다. 그리스도

II_구원파에 대한 신학적 비판

께서는 많은 시간을 기도로 보내셨다. 그는 때때로 산 위에 홀로 오르셔서 하나님 아버지와 영교하는 시간을 가지셨다. 주님께서 기도하셨다면 우리는 얼마나 더 기도해야 하겠는가?[17]

성경은 구원받은 하나님의 백성이 언제나 기도에 힘써야 한다는 사실을 수없이 강조한다. 하나님의 백성이 기도에 힘써야 하는 이유는 ① 기도 그 자체가 하나님을 경외하고 사랑하는 신앙의 표현이며, ② 기도를 통해 중요한 순간 특별한 하나님의 도우심을 체험할 수 있으며, ③ 성령 충만을 얻고 유지하기 위해 가장 필수적인 것이 기도이기 때문이다.

기도는 관계적인 행위다. 하나님을 아버지로 인식하는 것이 기도의 핵심이다. 하나님을 아버지로 여기면 어디서나 아무 거리낌 없이 모든 문제를 그분께 아뢸 수 있다. 하늘에 계신 우리 아버지는 어떤 경우에도 자녀의 말을 무시하지 않고 귀를 기울여주신다.

예수님은 우리에게 기도의 모범을 보여주셨다. 기도의 모범 형식은 ACTS, 즉 경배(adoration)와 고백(confession), 감사(thanksgiving)와 간구(supplication)를 포함한다. 우리는 언제 어디서나 성령의 도움 속에서 예수 그리스도의 이름으로 성부 하나님께 기도드릴 수 있다.

구원받고 난 후에는 기도와 예배가 필요 없어진다는 구원파의 가르침에 대해서 더 논의하는 것 자체가 무의미하다. 구원파가 그렇게 터무니없는 내용을 가르치는 이유는 신자들이 정상적인 신앙에서 이탈해 교주가 추진하는 사업에 몸과 돈을 바치게 하려는 것이다. 실제로 유병언 씨는 "사업을 의논하는 것이 곧 기도이며 예배"라고 가르치지 않았는가?

# III

—

## 종합적 평가와 대안

구원파의 핵심적인 가르침을 간단히 요약하면 다음과 같은 세 가지 요소를 추출할 수 있다.

① 지금은 은혜 시대, 복음 시대이므로 율법이 필요 없다.
② 육은 더럽고 오직 영만이 선하다.
③ 그리스도인은 하나님의 은혜로 보호되기 때문에 육신적으로 어떻게 살든 구원에는 영향을 미치지 않는다.

이러한 가르침은 초대교회를 어지럽혔던 영지주의 사상이 세대주의 신학을 바탕으로 오늘날 다시 나타난 결과라고 볼 수 있다. 신약 시대의 니골라당(계 2:6, 15)이 비슷한 문제를 일으켰던 것으로 평가된다.

그런데 구원파 신도들은 정통 기독교로부터 "이단"이라는 말을 듣는 것을 불쾌하게 여기면서도 한편으로는 감사하게(?) 생각한다. 자기들이 이단에 현혹되었다는 사실은 인식하지 못하고 대신 "무릇 그리스도 예수 안에서 경건하게 살고자 하는 자는 박해를 받으리라"(딤후 3:12)라는 말씀에서 위로를 얻기 때문이다.

하지만 구원파의 이단성은 이제 교회를 넘어서 사회적 문제로 확대되었다. 1992년 1월 18일, 증인 61명의 증언을 들으며 6차례에 걸쳐 진행된 유병언 씨의 사기 혐의에 대한 재판을 마무리하면서 피고에게 15년 형을 구형한 이호순 검사는 다음과 같이 논고했다.

186

이번 사건은 유병언 피고인이 종교인으로서의 책무는 다하지 않고 자신의 경제적 성취를 위해 성경을 자의적으로 해석, 기업의 사업 자금을 마련하기 위해 벌인 사기극이라고 규정하고, 특히 유 피고인은 사채를 모으다 문제가 생기면 중간 모집책을 내세워 지능적으로 법망을 피해왔고 이번에도 자신의 잘못을 뉘우치는 빛이 전혀 없이 궤변을 늘어놓아 법정 최고형을 구형한다.[1]

또한 구원파의 사악한 가르침이 2014년 전 국민에게 슬픔을 안긴 세월호 참사에 끼친 영향을 무시할 수는 없다. 각종 부정과 부실 운영으로 얼룩진 청해진해운은 그릇된 교리에 세뇌된 구원파 신도들이 주축이 되어 운영하는 기업이었다.[2] 또한 세월호 사고 직후 구원파 신도들이 보인 집단 돌출 행동은 기독교 자체에 대한 반감을 불러일으킬 정도로 혐오스러웠다. 우리는 이를 통해 잘못된 사상이 얼마나 큰 부작용과 역기능을 낳을 수 있는지를 분명하게 확인할 수 있었다.

이 책의 마지막 부분에서는 구원파 세 계파의 공통적 문제점과 차이점을 살펴보고, 구원파로 인한 피해를 예방하기 위해 한국교회가 힘써야 할 점들에 대해 알아보도록 하자.

# 11

## 세 계파의 공통적 문제점과 차이점

구원파의 세 계파 지도자들은 모두 자칭 선교사인 딕 요크와 케이스 글라스의 직간접적인 영향을 받았다. 그들은 기존 정통 교회에는 구원이 없다는 기본 전제 아래 "죄 사함을 깨달음으로써 구원을 받는다"라는 거짓 복음을 전파하기 위해 성경을 우화적·풍유적으로 해석한다는 공통점이 있다.[1] 또한 세 계파의 신관, 인간관, 죄관, 구원관, 율법관, 종말관 등은 모두 성경과 정통 기독교의 범주에서 벗어나 있다. 그 이유 중 하나는 세 계파의 지도자들이 모두 신학을 체계적으로 공부한 경험이 없기 때문이다.

구원파 신도들은 정통 교회에 다니는 성도들에게 "선생님은 거듭나셨습니까? 언제 구원받았습니까? 모든 죄가 용서되었습니까? 의인입니까, 죄인입니까? 사망에서 생명으로 옮겨진 것을 확신합니까? 구원의 확신이 있습니까?" 등의 질문을 던지며 접근한다. 이런 질문에 확실하게 대답하지 못하면 지금까지의 신앙생활에 의문을 품게 한 후 죄 사함을 "깨닫게" 하는 방법으로 포섭하는 것이다.

구원파의 세 계파는 모두 자신들만 "죄 사함·거듭남의 비밀"을 간직하고 있다고 주장한다. 따라서 이들은 기존 교회에 대해 상당한 우월감을 가지고 있다. 박옥수 씨는 다음과 같이 지적한다.

오늘날 목회자들이 대부분 구원받는 방법을 정확하게 모른다. 어떻게 죄를 사함 받는지, 어떻게 해야 거듭나는지 그 방법을 정확하게 모르고 있다는 것이다.[2]

하지만 박옥수 씨의 지적은 틀렸다. 정통 교회의 목회자뿐 아니라 성도들도 대부분 어떻게 하면 죄를 용서받고 거듭날 수 있는지를 알고 있다. 죄인은 하나님 앞에 회개하고 예수 그리스도를 믿음으로써 구원을 받는다. 그리스도인 중에 이신칭의(justification by faith)에 대해 들어보지 못한 사람이 얼마나 될까?

마르틴 루터는 이신칭의를 "기독교 교리의 으뜸 조항"으로 평가하며 "이 교리는 하나님의 교회를 낳고 기르고 세우고 보호하고 지킨다. 이 것이 없으면 하나님의 교회는 한 시간도 존재할 수 없다"라고 말하기도 했다. 칭의가 없다면 구원의 소망도 없다. 칭의는 "예수 그리스도의 의를 기초로 율법의 모든 요구가 충족되었다고 죄인에 대해 선언하시는 하나님의 법적인 행위"다.[3] 또한 알리스터 맥그래스가 지적한 것처럼 믿음으로 의롭다 함을 받는다는 이신칭의는 "교회가 서게 할 수도 있고 쓰러지게 할 수도 있는 교리"다. 이신칭의는 기독교 교리의 반석이자 기초다.

III_종합적 평가와 대안

칭의의 근거는 예수 그리스도의 속죄 사역이다. 그런데 박옥수 씨는 전도 집회에서 예수님의 죽음만 강조할 뿐 부활은 거의 언급하지 않는다. 반면 다른 구원파들은 그리스도께서 우리 죄인들을 위하여 죽으시고 죽은 자 가운데서 부활하셨다는 것을 힘주어 가르치기도 한다. 하지만 공통적인 문제는 그들이 죄를 존재론적으로 이해하여 인간 속에 존재하는 물질처럼 생각한다는 사실이다.

정통 기독교에서는 죄를 관계론적으로 이해한다. 즉 죄란 하나님과의 관계에서 불신, 반항, 불순종하는 것이다. 이런 관점에서는 죄인이 회개하고 예수님을 믿음으로써 구원을 받는다는 칭의론이 매우 자연스럽게 도출된다. 이에 반해서 죄를 존재론적으로 이해하는 구원파의 칭의론은 죄 사함을 깨닫는 순간 죄인이 의인이 되는 것에서 끝나버리고만다.

성경은 인간의 본질 자체가 "죄"라고 선언한다. 마르틴 루터는 "우리는 죄를 지을 수밖에 없기에 죄를 짓는다"라는 말을 남겼다. 즉 사람은 죄를 지어 죄인이 되는 것이 아니라 죄인이기 때문에 죄를 짓는다. 여기서 인간에게는 선택의 여지가 없다. 원하든 원하지 않든 죄를 지을 수밖에 없다. "죄인"이라는 본질을 갖고 태어난 인간이 죄를 짓는 것은 아주 자연스러운 일이다. 독일의 신학자 폴 틸리히(Paul Tillich)는 "죄는 우리 인간의 본질적 속성"이며 "죄는 자발적이고 그 결과는 비극적이다"라는 명언을 남겼다. 사과나무가 사과를 맺는 것이 자연스러운 것처럼, "죄인"이라는 나무인 인간이 죄를 짓는 것은 오히려 당연할지도 모른다.

그런데 구원파 지도자들은 이처럼 죄에 물든 인간 존재의 한계를 깨닫고 그 죄가 예수님의 보혈로 사해졌다는 사실을 깨닫는 순간 모든 죄가 해결된다고 주장한다. 그리고 그렇게 구원을 받게 되면 더 이상 "회개"할 필요가 없으며 회개하는 자는 구원받지 못한 자라고까지도 주장한다.[4] 구원에 대한 가르침에서 유병언, 이요한, 박옥수 씨 등 구원파의 여러 계파가 드러내는 공통적인 문제점을 정리하면 다음과 같다.

① 회개와 믿음이 빠진 "깨달음"을 통해서 구원을 받는다고 한다. "죄 사함을 깨닫고"(권신찬), "복음을 깨닫고"(유병언), "중생을 경험하고"(이요한), "거듭난 체험을 했다"(박옥수)는 말은 같은 뜻이다.
② 회개를 계속하는 것은 구원받지 못한 증거라고 한다.
③ 죄 사함을 받은 이후에 스스로 죄인이라고 고백하면 지옥으로 간다고 주장한다. 구원파는 죄인이냐 의인이냐를 물어서 상대가 죄인이라고 답하면 "천국은 의인만 가는 곳이요, 지옥은 죄인이 가는 곳이니 당신은 지옥에 간다"라고 판정한다.
④ 정통 기독교의 직분 제도와 예배 형식, 주일 성수, 십일조, 새벽 기도, 철야 기도, 주기도문, 사도신경, 축도를 무시한다.

박옥수, 이요한 계열은 초기에 유병언 씨의 기독교복음침례회처럼 정통 기독교의 직분 제도(장로, 집사)를 부정하다가 이후 목사, 장로, 집사를 세우기 시작했고 각종 예배와 모임 등도 도입했다. 세 계파가 각자의 지도자를 중심으로 서로 다른 길을 걸은 지 3~40년이 지나면서 이런 차이점이 생겨났다고 볼 수 있다. 그러나 그들의 공통된 진짜 문제점은 앞서 살펴본 바와 같이 왜곡된 구원론과 종말론을 중심으로 한 신학적 탈선에 있다. 그들의 문제점을 3개의 제목으로 정리해서 살펴보자.

## 회개와 믿음이 빠진 "깨달음"을 통한 구원

권신찬 씨는 "깨닫는다는 것은…말씀에 의해서 죄가 해결되어버리는 것을 의미한다"고 기록했다.[5] 그는 또 "진리를 깨닫고 죄가 해결되면 영이 살아나는데 그것이 영의 구원이며 거듭나는 것이며 양심의 해방인 것이다"라고 주장했다.[6] 유병언 씨는 "몇 대째 장로교인으로 율법에 얽매인 종교생활을 하다가 1962년 4월 7일에 복음을 깨달았다"라고 고백했다. 이요한 씨는 "'영접한다' 즉 '믿는다'는 것은 교회에 다니거나 열심히 종교생활을 하는 것이 아니라…말씀을 듣고 그 모든 죄 때문에 그리스도께서 나 대신 십자가에 못 박히시고 흘리신 피로 나의 죄를 영원히 정결케 하셨다는 것을 깨닫고 주님을 나의 구주로 마음에 믿는 것"이라고 주장한다.[7]

이처럼 구원파 지도자들은 한결같이 "복음이 믿어졌다"라는 말을 즐겨 사용하는데, 여기에는 의지적인 결단으로서의 믿음이 빠져 있다. 보통 교회에서 "주님을 따른다", "믿기로 결심했다", "영접했다"는 등 적극적인 선택으로서의 믿음을 말할 때, 이들은 "깨달았다", "믿어졌다"는 식으로 수동적인 깨달음을 강조할 뿐이다. 그래서 우리는 구원파를 영지주의의 부활로 평가할 수밖에 없다.

영지주의는 죽음을 선한 영혼이 부정한 육체에서 해방되는 해탈의 과정으로 본다. 그리스적 이원론에 영향을 받은 영지주의는 "영적 지식"(spiritual knowledge)이 있어야 영혼이 더러운 육체로부터 해방된다고 믿는다. 따라서 영지주의 구원론은 한 마디로 영지(gnosis)라고 하는 올바른 지식으로 영혼의 해방에 이르는 것이다. 그리고 구원파의 용어로 말하면 그 올바른 지식이란 "죄 사함의 비밀"이다.

앞서 살펴보았듯이 이는 죄를 잘못 이해한 데서부터 시작된 문제다. 구원파의 세 계파는 예수님이 십자가를 지셨을 때 우리의 모든 죄가 예수님의 몸에 들어가는 형태로 예수님이 실제 죄인이 되어 모든 인류를 대신해 심판을 받았으므로 물질적·존재론적으로 죄 자체가 아예 사라졌다고 본다. 따라서 죄 사함, 곧 죄가 하나도 없다는 사실을 한 번만 깨달으면 그 순간에 죄인이 예수님처럼 죄가 하나도 없는 완전히 성화된 의인으로 거듭난다는 것이다.

그러나 오직 하나님 아버지와 성령과 예수님만이 항상 죄와 분리된 상태로 존재하시고 죄가 전혀 없으시다. 성경에서 죄라는 개념은 죄책(지옥 형벌)과 죄의 세력(죄의 오염)을 포함한다. 예수님은 구원파의 주장처럼 죄성(모든 죄)을 짊어지고 없앤 것이 아니라, 온 인류의 죄책을 대신 담당하신 것이다. 따라서 성경적인 죄 사함은 죄가 없다는 뜻이 아니라 죄가 없으시고 죄와 처음부터 분리된 존재이신 예수님이 죄책을 대신 짊어지심으로 우리의 죄를 사했다는 뜻이다. 성경은 다음과 같이 말한다.

하나님이 죄를 알지도 못하신 이를 우리를 대신하여 죄로 삼으신 것은 우리로 하여금 그 안에서 하나님의 의가 되게 하려 하심이라(고후 5:21).

예수님은 십자가에서 온 인류의 죄책을 대신 지고 억울한 누명을 쓰고 죽임을 당하셨지만 결코 하나님과 인간들 앞에서 죄인은 아니셨다. 복음서는 십자가의 강도뿐만 아니라 빌라도 총독의 입까지 빌려 예수

III_종합적 평가와 대안

님이 죄가 하나도 없으시다는 사실을 여러 차례 강조한다.

성경적인 믿음, 즉 구원받게 하는 회심은 지정의를 포함하는 전인격
적인 존재인 인간이 그리스도 안에서 하나님과 만나는 사건이다. 구원
받는 믿음에는 복음 진리에 대한 지적인 인식(awareness)과 심정적인 동
의(mental assent), 그리고 의지적인 위탁(trust, commitment)이 포함된다.
회심의 부정적 측면은 죄를 버리고 돌아서는 회개다. 회개는 우리가 행
한 악에 대해 하나님께로 말미암는 슬픔(godly sorrow)을 느끼는 데서
온다. 믿음은 회심의 긍정적 측면으로서 그리스도의 약속과 행하신 일
을 붙들고 의지하는 것이다. 성경에서 믿음은 복음의 중심에 있다. 회개
와 믿음은 사도 시대로부터 교회사 전체를 통해 모든 정통 교회가 구원
의 필수조건으로 이해해왔다. 하지만 구원파의 구원관(칭의론)에서는 의
지적인 회개와 위탁으로서의 믿음(신뢰)이 소외된다.

권신찬, 유병언 씨의 구원관에 대해서는 앞서 자세히 살펴보았으므
로, 여기서 잠시 이요한, 박옥수 씨가 구원에 대해 언급한 내용을 살펴
보자.

주님이 나를 위해 무엇을 하셨는지를 깨닫고 구원을 받는 것입니다(이요한).[8]


예수님이 십자가에서 피 흘리시고 죽으심으로 다 이루신 일을 믿는 것인데,
여기 하신 일, 무슨 일을 하셨어요? 예, 죄를 정결케 하는 일을 다 하셨습니
다.…나중에 성경 들여다보니 그게 구원이잖아. 성경 들여다보니, 아! 그걸
깨달을 때 거듭났잖아. 또 들여다보니, 아! 그걸 깨달을 때, 믿을 때 성신이
왔잖아(이요한).[9]

예수님이 십자가에 못 박혀 운명하시며 "다 이루었다"라고 하실 그때 우리의 모든 죄가 사해졌습니다. 여러분에게는 표가 안 나고 여러분은 몰라도, 하나님은 그 십자가의 보혈로 여러분들의 죄가 씻어진 것을 보시고 "이젠 됐다" 하시면서 "너희는 의롭다. 다시는 정죄하지 아니한다. 이제는 너희 죄를 기억지 아니하겠다"는 약속을 하신 것입니다(박옥수).[10]

주님은 우리를 의롭게 하셨습니다. 의롭다 하시기 위해서 아들을 십자가에 못 박았고, 그 아들의 죽음으로 우리의 죄가 사해져서 의롭게 된 걸 보시고, 그때 비로소 우리에게 의롭다고 말씀하셨다는 것입니다.(박옥수)[11]

이런 내용을 살펴보면 구원파의 세 계파가 각각 서로 다른 단체명을 사용하며 상호 연관성을 부인해도 그 근본에서는 같은 사상을 공유한다는 사실이 분명해진다. 구원파에서 깨달음을 강조한 것은 부분적으로 옳다. 성도는 구원받은 사실을 확실히 인식하고 신앙생활을 해야 한다. 그러나 성경은 깨달음을 의지적인 결단 및 순종과 분리하지 않는다. 따라서 구원파 교인들이 깨달았다고 하는 내용은 성경의 큰 원리와 일치하지 않는다. 우리는 회개하고 예수님을 신뢰하고 믿음으로써 구원받는다. 우리를 구원하는 것은 예수님이지 죄가 사해졌다는 깨달음이 아니다.

구원파처럼 죄를 존재론적으로 이해하면 결국 죄를 하찮은 것으로 취급하게 된다. 정통 개신교회에서는 죄를 개인적인 탈선과 반발의 행위, 적대적 마음의 태도, 악하고 파괴적 세력, 영적으로 죽어 있는 정죄받은 상태, 불신, 전적 부패 등으로 이해한다. 반면 구원파에서는 죄를 정죄 받은 상태로만 이해한다. 그 결과 구원파는 피동적인 깨달음만 강조하고, 정통 기독교와 성경은 능동적인 믿음을 강조하는 것이다.

## 지속적인 회개의 부정

권신찬 씨는 "회개란 죄인이 하나님께로 인도되는 것"이라고 주장하면서, "죄 사함이 회개에 앞선다"는 특이하고도 엉뚱한 주장을 한 적이 있다.[12] 또 박옥수 씨는 "신앙은 내가 할 수 없고 예수님이 하는 것이다"라고 말하고 있다.[13] 이처럼 구원파의 구원관에는 죄에서 돌이킨다는 의미의 회개가 빠져 있다. 그들은 구원받은 자들이 깨닫는 순간 의인이 되기 때문에 회개가 필요 없다고 가르치는 것이다.

그렇지만 회개는 의지의 작용에 의한 죄로부터의 방향 전환이며, 성경적 신앙은 내가 할 수 없다는 사실을 알고 예수님을 의지하고 신뢰하는 것이다. 앞서 살펴보았지만 예수님은 "이미 목욕한 자는 발밖에 씻을 필요가 없느니라 온몸이 깨끗하니라"(요 13:10)라고 말씀하셨다. 여기서 목욕하는 것은 "속죄" 혹은 "칭의"를 뜻한다고 볼 수 있다. 그리고 발을 씻는 것은 날마다 하나님 앞에서 회개하는 것을 말한다. 용서받은 죄인들인 우리는 이제 자녀로서 아버지 앞에 회개한다. 아무리 완벽한 삶을 살아도 우리는 완전하고 거룩하신 하나님 앞에서는 흠투성이일 수밖에 없다. 그러므로 우리는 기도해야 한다.

23하나님이여 나를 살피사 내 마음을 아시며 나를 시험하사 내 뜻을 아옵소서. 24내게 무슨 악한 행위가 있나 보시고 나를 영원한 길로 인도하소서(시

139:23-24).

회개 없이는 인격이 성화될 수 없다. 그러므로 예배드릴 때마다 통회하고 자복하는 마음이 있어야 한다. 이미 모든 죄를 용서받은 하나님의 자녀이기에, 한두 가지라도 잘못한 것이 있으면 마음이 괴롭고 그 마음을 가지고 주님 앞에 나아올 때 자연히 회개하는 마음이 생기지 않을 수 없다.[14]

한국의 대표적인 복음주의 신학자 김세윤 박사는 한국교회의 일반적인 구원론이 거의 구원파와 다를 바 없다고 일갈한다. 한국의 많은 그리스도인은 "이미"와 "아직"의 긴장을 무시하고, 무조건 구원받았다는 확신 속에 안주하려고 한다. 많은 교회가 법적 칭의만 내세우면서 삶 속에서 실현되어야 하는 관계적 칭의를 무시하기 때문이다. 구원파의 주장처럼 우리는 믿는 순간 과거와 현재뿐 아니라 미래의 죄까지도 단박에 사하심을 얻게 될까? 로마서는 하나님이 예수의 피로 전에 지은 죄를 간과하신다고 할 뿐(롬 3:25), 미래의 죄를 미리 사함 받는다고는 하지 않는다. 한 번 믿어 단박에 구원이 이루어진다면 지속적이고 반복적인 회개는 불필요하다. 그러나 성경은 우리가 죄 사함을 누리기 위해 끊임없이 회개에 머물러야 한다고 말한다(요 13:10). 회개와 죄 사함을 통한 구원은 그리스도 안에서 항상 진행형이지 단박에 받는 "티켓"이 아니다.[15]

우리는 슬픔과 진정한 회개가 뗄 수 없는 동반자임을 기억해야 한다. 후회와 회개는 다르다. 후회는 가룟 유다의 경우와 같이 사람을 비참하게 만들 뿐, 하나님께 인도하지는 못한다. 반면 회개는 사람의 마음과

III_종합적 평가와 대안

양심을 따뜻하고 부드럽게 하여 하늘에 계신 아버지께 온전히 돌아오게 한다. 회개 없이는 죄 사함도 없으며 죄를 뉘우치지 않는 사람은 결코 용서받지 못한다. 죄를 깨닫지 못하고, 슬퍼하지도 고백하지도 미워하지도 않는 사람은 절대 그리스도의 보혈로 죄 사함을 받을 수 없다.[16]

윤동일 목사는 『크리스천 매뉴얼』에서 반복적인 회개에는 다음과 같은 여섯 가지 과정이 필요하다고 설명한다.[17]

① 회개하고 싶은 마음이 생겨야 한다. 성령은 "회개하게 하시는 영"이기 때문이다.
② 죄를 드러내야 한다. 회개란 하나님과 사람 앞에 죄를 드러내는 과정이다.
③ 후회해야 한다. 지은 죄에 대한 상한 마음이다. 후회란 지금 삶에 대한 불만족에서 온다.
④ 다시는 똑같은 반복을 하지 말아야 한다. 돌이켜 다시는 반복하지 않는 것이 진정한 회개다.
⑤ 사과해야 한다. 사과는 가해자가 피해자(하나님과 사람)에게 하는 것이다.
⑥ 용서받았다는 확신을 가져야 한다. 하나님은 회개한 죄인을 항상 용서하시고 받아주신다. 회개한 사람은 아버지 하나님이 용서하셨음을 받아들여 관계를 회복해야 한다.

예수님은 구원받은 성도들로 구성된 에베소 교회를 향하여 "회개하여 처음 행위를 가지라. 만일…회개하지 아니하면 내가 네게 가서 네 촛대를 그 자리에서 옮기리라"(계 2:5)라고 말씀하셨다. 또 예수님은 사데 교회와 라오디게아 교회를 향해서도 회개하라고 경고하셨다(계 3:3, 19).

회개가 없는 생활을 하는 구원파 교주와 신도들의 삶에 호색과 탐심의 악취가 풍기는 것은 회개 없는 그들의 삶에 나타난 자연스러운 열매가 아니겠는가! 회개가 빠진 종교는 하등 종교나 반율법주의 사이비 기독교로 이어질 수밖에 없다.


## 구원받은 날짜의 강조[18]

구원파는 "깨달음"을 강조하면서 깨닫게 된 날이 반드시 있다고 주장한다. 그래서 구원파 신도들은 자신이 깨달은 날짜를 기억함으로써 자신이 구원받았다는 확신 속에서 살아가려고 한다. 하지만 언제 어떻게 구원받았느냐 하는 것은 중요한 문제가 아니다. 성경은 어느 곳에서도 일정한 공식에 따라 구원받아야 한다고 기록하지 않았다. 모든 구원은 하나님이 주신 것이며 정작 중요한 것은 "지금" 내가 하나님 나라에 들어와 있느냐 하는 것이다.

마틴 로이드 존스는 구원받은 날짜와 장소를 고집하는 이단들의 주장에 대해 이렇게 논박했다.

중요한 것은 당신이 어떻게 하나님의 나라에 들어왔느냐 하는 것이 아니다. 중요한 것은 지금 당신이 그 나라에 들어와 있느냐 하는 것이다. 당신의 거듭남이 극적이고 흥분된 것이었느냐, 아니면 조용한 거의 알아차리지 못할 성질의 것이었느냐 하는 것은 중요하지 않다. 우리는 성경 어느 곳에서도

III_종합적 평가와 대안

당신이 정확한 순간을 대고 사용된 성구를 정확하게 인용하고 설교자의 성명을 말할 수 있어야 한다는 말은 발견하지 못한다. 이런 것들은 중요한 게 아니다. 중요한 것 단 한 가지는 당신이 하나님 나라에 들어와 있어야 한다는 것이다.[19]

베드로와 안드레, 삭개오, 바울이 예수님을 만난 분명한 날이 있었던 것처럼 우리 가운데는 분명히 어디서, 어느 때에 주님을 만났는지 말할 수 있는 사람이 많다. 그러나 그리스도인 부모 밑에서 성장한 이들 중에는 빌리 그레이엄의 부인이나 고 옥한흠 목사님처럼 특정한 날짜와 장소를 기억하지 못하는 이들도 많다. "사실 그들은 언제 그들이 그리스도를 아는 지식에 발을 들여놓았는지 정확한 시간을 알 수 없다."[20]

그리스도인은 자신이 그리스도께 회심했다는 것을 의식적으로 또는 무의식적으로 삶과 신앙으로 증거한다. 하지만 그들 중 많은 수가 자신이 구원받은 정확한 시간을 모른다. 우리는 언제 밤이 변해 낮이 되는지 정확한 시간을 말할 수 없다. 그러나 낮이 되면 낮이 되었다는 것을 알지 않는가?[21]

그런데 권신찬 씨는 "당신이 거듭난 그 날짜를 잊어버린다 해도 그날은 꼭 있어야 할 것이다"라고 주장했다.[22] 일면 그럴듯한 주장이다. 그러나 이런 주장은 시간을 물리적으로 이해하는 전제 속에서만 진실이 된다. 오히려 성경의 시간, 하나님의 때는 의미에 따라 이해될 때가 많다. 따라서 구원파의 주장은 성경적이라고 할 수 없다. 성경에서는 그날짜를 알아야 한다거나 특정한 날이 꼭 있어야 한다는 구절이 없다. 우리는 구원받은 날짜와 장소를 알고 있을 수도 있고 모를 수도 있다.

마찬가지로 구원의 확신이 없다고 하여 거듭난 그리스도인이 아니라고 말하는 성경 구절도 없다. 마틴 로이드 존스가 말한 대로 "당신은 확신이 없어도 그리스도인이 될 수 있다. 그러나 그리스도인으로서 당신은 확신을 갖고 확신을 누려야 한다."[23]

구원파는 교회에 다녔거나 다니고 있는 포교 대상자에게는 우선 구원을 의심하게 한 다음 과거의 신앙생활이 헛된 종교생활이었다고 느끼게 한다. 그다음 여러 성경 구절을 통해 강한 죄의식을 느끼도록 만들고, 이어서 영원한 속죄(죄 사함)에 관계되는 성경 구절을 읽게 해 죄 사함을 깨닫게 함으로써 구원의 확신(?)을 심어준다.

그러나 교회에 다니지 않는 불신자에게 접근할 때에는 방법을 달리한다. 개인 전도와 5-7일 동안 계속되는 "성경강연회"나 "성경세미나"가 구원파의 전형적인 포교 방법이다. 그들은 이스라엘을 둘러싼 중동의 정세 및 환경오염(공해), 인구 폭발, 기아 현상 등 긴박한 시사 문제를 거론하면서 이런 사항들이 바로 하나님의 예언이 이루어져 가는 증거라고 강조해 하나님의 존재를 인정하게 한다.

"성경은 사실이다"라는 강연 제목은 구원파가 대규모 집회 때마다 즐겨 쓰는 문구 중 하나다. 그들은 세계 종말을 시사하는 각종 자료를 동원해 다가올 대환란과 예수 재림의 임박함을 강조함으로써 공포와 위기의식을 불러일으킨다. 무서운 하나님의 심판 앞에 죄책감을 느끼게 된 포교 대상자는 그들이 즐겨 사용하는 "구원 구절"을 통해 "복음을 깨닫고" 양심의 평안과 자유함을 경험하게 된다. 이런 과정에서 구원파는 자신들이 "영원한 속죄"와 죄 사함에 대한 성경 구절을 인용해 자기들 마음대로 구원을 깨닫게 할 수 있다고 믿는다. 왜냐하면 이들에게

III_종합적 평가와 대안

구원은 죄를 회개하며 의지적으로 예수님을 신뢰하고 믿는 데 있지 않고 죄 사함을 수동적으로 깨닫는 데 있다고 생각하기 때문이다.

그런데 이들의 가르침을 따르는 사람 중에는 강한 죄책감이나 위기의식이 느껴지지 않아 여러 해에 걸쳐 고민하는 이도 있다. 또한 임박한 대환란에 대한 거듭되는 설교를 듣고도 믿어지지 않아 "구원 노이로제"에 걸려서 공포와 불안 속에서 방황하는 이들도 적지 않다. 구원파의 판에 박힌 듯한 "구원 유도"가 이런 부작용을 불러일으키는 것이다.

물론 정통 교회에서도 사람이 구원받기 전에 하나님 앞에 성령의 책망을 통해 자신이 죄인임을 깨달아야 한다고 가르친다. 그러나 우리는 죄를 깨닫는 심각성의 정도가 다양할 수 있다는 사실을 인정한다. 어린이와 어른의 감동이 다르고 기질에 따라 죄책감을 느끼는 정도가 다르기 때문이다.

구원파에서는 죄책감의 정도가 심각해야만 소위 "복음"을 풀어 그들의 구원 공식에 따라 구원의 확신을 심어준다. 또한 그들은 성령이 자기네 교회에서만 집중적으로 역사하기 때문에 다른 정통 교회에서 받은 구원에 대해 간증을 해도 인정하지 않고 그들의 교제권 안에서 깨달아야만 "구원받은 형제, 자매"로 인정한다.

이 문제에 대해 미국 풀러 신학교의 종교심리학 교수 사무엘 서더드(Samuel Southard)는 다음과 같이 말했다.

우리는 예수께서 사람들을 여러 가지 다른 방법으로 불렀음을 인정할 수 있다. 우리가 섬길 주님은 오직 한 분이나 우리는 다양한 회심의 경험을 통하여 그에게 나아오게 된다.[24]

성경에서 요한이나 빌립, 안드레, 루디아 같은 이는 조용히 그리스도를 따르라는 부름을 받았던 예로 생각할 수 있고, 바울이나 삭개오, 빌립보 감옥의 간수 같은 이는 문자 그대로 극적인 회심을 한 예로 생각할 수 있다. 구원파에서는 구원을 하나님의 부르심에 죄인이 응답하는 것으로 보지 않고 이미 이루어놓은 구원(=죄 사함)을 깨닫는 것으로 간주하기 때문에 다음과 같은 설명이 그들에게는 별 의미가 없겠지만, 독자들을 위해 피터 제프리(Peter Jeffrey)의 설명을 인용한다.

> 당신은 어떻게 그리스도인이 되는가? 당신은 성령께서 당신의 죄를 책망하셨을 때, 당신의 진정한 상태를 깨닫고(눅 15:17-19), 회개하고(행 2:38), 믿고(행 16:31), 그리스도를 영접하여(요 1:12) 그리스도인이 된다. 우리는 죄에서 돌이켜 하나님의 자녀로 거듭나는 과정을 흔히 회심이라고 부른다.[25]

성경적 구원론에 비추어 보면 구원파처럼 "구원을 확증하지 못하면 구원이 없다"라고 하면서 구원의 확신을 물건처럼 사람들에게 나눠주는 것은 하나님의 주권을 무시하는 행태다. 확신이 사람을 구원하는 것인가? 아니다. 예수님을 믿음으로 구원을 받았으니 구원의 확신이 있는 것이다. 그런데 저들은 구원의 깨달음이 있으니 구원받은 것으로 오해한다. 성경이 너희 자신을 확증하라고 말한 것은(고후 13:5), 구원의 확신 여부가 구원을 좌우한다는 의미가 절대 아니지 않은가!

성경은 구원의 확신을 요구하나, 그렇다고 해서 예수님을 믿고 있으면서도 확신이 없는 사람들이 구원받지 못했다고 단정하지 않는다(히 6:1-2). 구원은 구원파만의 전매특허가 아니다. 구원파 소속 교인들은 한번 자문해보아야 할 것이다. 구원파의 구원이 참 구원이라면 왜 정통 교회 안에서 구원의 확신을 가지고 신앙생활을 하는 형제자매들과 교제가 되지 않는 것일까?

그리스도인은 성령의 책망을 받고 스스로 죄인임을 깨달아 하나님 앞에 회개하고 예수 그리스도를 구주로 믿고 영접한 사람들이다. 그러나 그리스도인은 여러 가지 방법으로 예수님 앞에 나아온다. 『그리스도인의 첫걸음 내딛기』에서 피터 제프리가 분석한 것처럼 우리는 다양한 방법으로 예수님을 만나게 된다.

어떤 사람은 바울처럼,

깊은 종교적 배경을 갖고 생활하다가

극적으로 갑자기

특별한 장소에서 특별한 날짜에

구원함을 받고

또 어떤 사람은 빌립보 간수처럼,

전혀 하나님에 대해 관심도 갖지 않고

극히 세상적인 생활을 하다가

절망적인 환경에 처하게 되어

하나님의 구원의 은혜를 경험하는 이가 있다.

즉 하나님을 찾지 않았으나

하나님이 만나주신 경우다.

자주 장사 루디아처럼,

오랫동안 하나님을 찾고 있다가

아무런 극적인 변화가 없이

조용히 마음 문이 열려

예수님을 믿게 된 사람도 있다.


그러나 디모데와 같이,

그리스도인 가정에서 자라나

항상 성경을 알았기 때문에

언제부터 예수님을 믿게 되었는지

기억하지 못하지만

주님과 풍성한 관계를 누리는 이들도 있다.[26]


이렇게 객관적이고 자연스러운 관점과는 다르게 구원파에서는 모든 신자가 반드시 구원의 확신을 가지고 있어야 하며 거듭난 날짜와 시간, 장소를 알고 있어야 하는 것처럼 주장한다. 박옥수 씨는 구원받은 날짜와 하나님 나라 생명책에 명확히 기록되는 날이 있어야 한다며 다음과 같이 주장한다.


죄 사함 받는 날이 여러분에게 꼭 필요합니다. 여러분, 그날이 없으면 하나님과 여러분 사이에 늘 어두운 죄의 그림자가 막혀 있어서 성령의 능력이 여러분 속에 임할 수 없습니다.[27]

III _종합적 평가와 대안

오늘이 여러분의 이름이 하나님 나라 생명책에 명확하게 기록되는 날이 되기를 바랍니다. 영원히 잊을 수 없는 날, "기쁜 날 기쁜 날 주 나의 죄 다 씻은 날"이 되기를 바라는 것입니다.[28]

이렇게 그는 구원받은 날, 죄 사함 받은 날, 거듭난 날을 알아야 구원받은 자요, 알지 못하거나 머뭇거리면 구원받지 못했다고 단정 짓는 것으로 유명하다. 박옥수 씨는 죄 사함을 강조해 참 기독교를 흉내 낸다. 겉으로만 보면 죄 사함과 거듭남의 은혜를 많은 사람과 나누고 싶어 하는 그들의 열정은 본받을 만하다.

하지만 박옥수 계파의 가장 큰 맹점은 칭의를 위한 회개와 성화를 위한 회개를 구분하지 못한다는 점이다. 또한 회개를 수동적 입장에서 죄인임을 깨닫는 것으로 치부하다 보니 사람이 거듭나기 위한 회개도, 성화를 위한 회개도 필요 없다는 회개무용론을 주장한다. 구원파를 통하여 구원의 확신을 얻으면 어떤 죄를 짓더라도 "예수님의 마음이 있기 때문에", 혹은 "의인이 되었기 때문에" 회개가 필요 없다는 이 한 가지 주장만 보아도 박옥수 씨가 이끄는 기쁜소식선교회는 이단이 확실하다.[29]

우리는 성경에서 사도 바울이 구원받은 후에 죄를 짓고 있는 자신의 모습에 비통해하고(롬 7:24), 다윗이 침상이 젖도록 울부짖으며 자신의 죄를 여러 날 동안 참회한 것을 볼 수 있다(삼하 24:10; 시 32:5). 다윗은 분명히 언약의 백성으로서 소위 번제를 통해 죄 사함을 받은 상태에 있었다. 하지만 시편에 기록된 그의 시를 보라! 죄 사함을 받은 다음에도 여전히 회개가 필요함을 분명히 알 수 있다(시 25, 32, 38, 40, 51, 79편 등).

# 12
## 한국교회의 대응과 과제

구원파의 이단성은 그들의 성경관, 신관, 인간관, 구원관, 율법관, 종말관과 기도와 예배 및 교회에 대한 그들의 태도에 고루 나타난다. 구원파는 하나님의 신성과 초월성은 강조하지만 하나님의 인격성과 임재성은 무시한다. 이들의 신관은 유대교와 이슬람의 신관과 비슷하다. 초월하신 하나님은 믿지만 우리 안에 내주하시는 하나님은 사실상 믿지 않는다. 그들에게 하나님은 단지 죄를 사하시는 주체일 뿐이다. 또한 그리스도의 신성은 강조하나 인성은 격하시키며, 죄 사함의 은혜는 강조하나 율법(계명)의 교훈은 무시한다. 나아가 피동적 깨달음에 의한 구원은 강조하나 의지적인 회개와 인격적인 신뢰(믿음)를 배제한다. 그뿐 아니라 구원파는 극단적 세대주의적 종말론을 추종하면서 교회의 공적 역할은 전혀 고민하지 않고 오직 자기 집단의 특권과 우월성만 강조한다. 그들은 자기네 계파 교회에 붙어 있는 자만이 그리스도의 재림 때 들림을 받는다는 사상으로 신도들의 이성과 정상적인 생활 능력을 마비시키기도 한다.

이처럼 구원파의 이단성이 분명한데도 거기에 소속되었던 사람들은 세계관 자체가 영향을 받아 오염되었기 때문에 벗어나기가 쉽지 않다. 심지어 구원파에 실망한 교인들도 정통 교회로 돌아오지 못하고 비슷한 성향을 지닌 이단 집단이나 검증되지 않은 지방교회 혹은 배타적인 형제교회로 전전하는 경우가 많다. 구원파에서 세뇌당한 사상을 떨쳐내지 못하고 "사회적 부적응증 환자"(social misfit)처럼 살아가는 것이다.

## 한국교회의 대응

구원파는 표면적으로는 성경의 권위를 강조하지만 성경 말씀을 우화적이고 풍유적으로 잘못 해석함으로써 궁극적으로 하나님의 말씀을 부인한다. 그들은 예수님에 대해 설교하지만 사실상 교주를 부각하고, 성경에 근거한 바른 교훈이 아니라 교주의 깨달음에 근거한 다른 교훈을 가르친다.

그런데 짝퉁이 진짜보다 더 진짜처럼 보이기도 한다. 구원파는 정통 침례교가 주장하는 구원, 거듭남, 죄 사함과 같은 표현을 그대로 사용한다. 순진한 성도들은 그들이 사용하는 용어 때문에 별 의심 없이 그들의 이야기에 귀를 기울이게 된다. 이단들이 성경 용어를 전혀 다른 의미로 사용한다는 사실을 분별하지 못하기 때문이다. 구원파는 이처럼 진리와 흡사한 거짓을 전하기 때문에 더욱 무섭고 사특한 이단이라 할 수 있다.

정통 교회의 범주를 일반적으로 아우를 수 있는 개념인 복음주의(evangelicalism)는 18세기 영국에서 시작하여 이후 미국에서 꽃을 피운

III_종합적 평가와 대안

정통적이고 보수적이며 뜨거운 신앙 운동이라고 평가할 수 있다. 이 운동은 구원에 대한 교리인 칭의, 중생, 성화에 초점을 맞추고, 신자의 삶을 변화시키고 능력을 주며 역사하시는 성령의 능력을 강조한다. 19세기 미국 개신교의 분위기는 대부분 복음주의적이었다고 평가할 수 있다.

그런데 놀랍게도 유병언 씨가 만들어낸 구원파 역시 자신들을 스스로 기독교복음침례회, 즉 복음주의적인 침례교(Evangelical Baptists)라고 칭한다. 지금까지 살펴본 것처럼 이들은 체계적인 신학을 공부한 적이 없는 자칭 선교사, 돌팔이 목사들로부터 그들만의 "복음"을 전해 받았을 뿐이다. 그런데도 기존 교단과 매우 흡사한 이름을 사용해 마치 자신들이 정통성을 가지고 있는 것처럼 위장하는 것이다.

박옥수 씨가 주도하는 구원파 대한예수교침례회 또한 정통 침례교회(기독교한국침례회)와 아무런 상관이 없는 사이비 침례교이며, 회개를 부인하는 적그리스도적 이단이다. 그들이 발간하는 월간 잡지 「(구원의 복음과 은혜의 간증을 전하는)기쁜 소식」은 성경적이지도 않고, 역사적인 개신교의 복음과 많은 면에서 상치되는 주장을 하는 기관지일 뿐이다. 그들이 전한다는 기쁜 소식은 사이비 기쁜 소식에 지나지 않는다.

예수님은 잃어버린 죄인을 구원하기 위해 오셨다. 기독교는 구원의 종교다. 따라서 죄 사함과 거듭남과 구원을 전한다면서 다른 예수, 다른 의미의 구원, 성화가 빠진 구원을 전하는 구원파는 가장 사특하고 위험한 이단, 짝퉁 기독교라 할 수 있다.

구원파 지도자들은 개신교와 가톨릭을 한꺼번에 부정한다. 그러면서도 칼뱅, 루터, 웨슬리, 무디(D. L. Moody), 스펄전(Charles Haddon Spurgeon), 버니언(John Bunyan) 등 유명한 개신교의 신앙인들이 일종의

"깨달음에 의한 중생"을 경험했다고 주장한다. 하지만 이는 모순이 아닐 수 없다. 왜냐하면 그 신앙인들은, 권신찬 씨가 구원받지 못했다고 판단한 빌리 그레이엄처럼 성도의 회개를 강조했기 때문이다.[1]

이단 전문가 정이철 목사는 구원파의 이단성에 대해 다음과 같이 진단한다.

구원파가 예수 그리스도에 대한 인격적인 신앙을 통한 성경적인 구원의 확신에 대해서 가르치지 않고 특이한 깨달음, 즉 신비한 세계에서 다가오는 "순간적인 깨달음"을 가지는 그 순간에 구원이 임한다고 주장하며, 사람들에게 "언제 구원받았습니까?"라고 질문하면서 포교하는 특별한 모습을 보이는 것은 그들의 사상의 뿌리가 고대의 영지주의 이단과, 영혼과 육신을 구분하는 이원론에 연결되어 있기 때문이다. 1960년대 초에 한국인 권신찬 씨에게 이러한 사상을 전수한 네덜란드에서 온 자칭 선교사 케이스 글라스와, 유병언 씨에게 이러한 사상을 전한 미국인 자칭 선교사 딕 요크(Dick York)의 사상의 뿌리를 조사하면 반드시 영지주의 이단 사상이 나타날 것이다.[2]

또 대한예수교장로회 통합 측은 1992년 77회 총회에서 유병언, 이요한, 박옥수 씨가 이끄는 구원파에 대해 다음과 같이 평가했다.

믿음의 한 가지 기능인 깨달음만으로 구원받는다는 이들의 주장은 영지주의적 사고임이 틀림없으며, 깨달음에 의한 구원의 확신이 곧 구원이라고 생각하는 점은 구원의 역사에 대한 하나님의 주권을 무시하는 처사다. 또한 구원을 위한 단회적 회개와 성화를 위한 반복적 회개를 구별하지 못하는 것

III_종합적 평가와 대안

이나, 스스로를 죄인이라고 하면 지옥간다는 주장은 성경의 가르침에 위배되는 명백한 이단[이다].[3)]

1997년 구원파를 집중적으로 연구한 후 대한예수교장로회 합동 측 총회를 대표하여 총신대학교의 심창섭 교수와 김도빈 목사, 오영호 교수, 박영관 목사는 다음과 같은 결론을 내린 바 있다.[4)]

구원파는 베드로후서 2장에 나오는 "거짓 선생", "거짓 선지자"의 무리임이 틀림없다. 구원파는 정치사회의 혼란과 기성 교회가 분열하는 와중에 나타난 신흥종교 집단으로 그 지도자들의 신학과 교육에 대한 무지로 인해 폐쇄적이고 독선적인 사이비 집단으로 변하였다. 또한 이들은 예수님이나 바울 사도도 당시에는 이단이라 칭함을 받았다고 하면서 자신들의 정당함을 성경이 규정해줄 것이라고 주장하고 사도신경과 삼위일체를 부인하면 이단이지만 자기들은 그렇지 않으므로 이단이 아니라고 말하고 있다. 또한 소속 교인들도 이미 그들에게 전해지고 있는 복음은 사도들의 가르침을 떠난 "다른 복음"임을 모르고 있다.…이 집단은 많은 부분을 전통교리와 모순되게 주장함으로 교회와 사회에 물의를 일으킨 이단임이 분명하다.[5)]

다음으로 합동신학대학원대학교에서 조직신학을 가르치고 있는 이승구 교수의 설명을 살펴보자.

어떤 종교 집단이 하나님을 이야기하고 예수님의 재림을 이야기하고 구원을 말하고 교회라는 말을 사용한다고 해서 이 집단이 기독교회의 한 부분이

거나 교회인 것이 아니다. 이런 주장을 하는 집단에 속해 있으면 성경 가르침에서 날로 멀어져 가는 것이기에 기독교에 속한 것이 아니며, 따라서 끝까지 그렇게 하면 참으로 구원을 받지 못한다.[6]

우리는 율법폐기론과 율법주의라는 두 가지 극단적 오류를 모두 경계해야 한다. 행위가 구원의 조건은 아니다. 율법의 행위를 구원의 조건으로 보아서는 안 된다. 행위 없는 복음을 바로잡기 위해 행위를 구원의 조건으로 두면 우리는 자칫 행위구원론에 빠지기 쉽다. 우리는 행위와 관계없이 회개하고 예수를 믿음으로 구원을 받는다. 그렇다면 우리가 왜 행위를 강조해야 하는가? 그것은 우리에게 주어진 구원의 은혜가 올바른 행위를 요청하기 때문이다. 바로 이 은총의 빚(채무)에서 행위가 요청되는데 자유로운 행위, 즉 감사로 말미암는 자발적인 최선의 행위가 요청되는 것이다. 그리스도인은 자기를 구원해주신 주님을 사랑하며 자발적으로 그리스도의 종이 되기를 선택한 자다(출 21:6; 신 15:17; 엡 2:10).

## 구원파에서 벗어나기

내가 구원파와 법정투쟁을 벌일 때, 대법원에서 무죄판결을 받아내었던 주명수 변호사는 구원파에 빠졌던 사람이 그 그늘에서 잘 벗어나지 못하는 이유에 대해 다음과 같이 진단했다.

첫째, 구원파의 교리를 받아들였다는 것은 쉽게 말하면 프로그램이 깔렸다는 것이다. 구원파의 "깨달음 교리"는 사람들을 구원파 이단 세계로 유인하

III_종합적 평가와 대안

는 매우 고약하고 기발한 코드다. 여기에 낚이는 사람은 결국 구원파가 가르치는 거짓 믿음의 세계로 끌려들어 가게 된다. 일단 이 영적 프로그램이 깔리게 되면, 그 프로그램은 지우지 않는 한 없어지지 아니한다.

구원파에서는 신도에게 깨달음으로 구원받은 상태에 들어갔다는 기본 프로그램을 깔아주기 때문에, 나머지 잘못된 기도관과 예배관, 교회관, 종말관이 함께 깔리면 그 집단을 떠나지 못하게 된다. 정통 교회에는 구원이 없다는 신념이 깔리기 때문에, 그 집단을 떠난다는 엄두를 내지 못하는 것이다.

이 거짓 프로그램을 지우고 새로운 프로그램을 깔아야 새사람이 될 수 있다. 이단에 빠진 사람들은 대부분 종교 중독자다. 중독은 병이다. 그래서 회복이 필요한 것이다. 또한 그래서 힘든 것이다. 거기서 빠져나오더라도 회복되지 않으면 또 다른 이단으로 가게 마련이다.

둘째, 종교적 보복이 두렵기 때문이다. 이단의 두드러진 특징 중 하나는 들어갈 때는 자유로운데 나갈 때는 자유롭지 않다는 것이다. 들어가고 나가는 것이 자유롭지 않으면 전형적인 사이비 종파이고 초보적 하등 종교 단체다. 나가면 그 집단에서 이방인으로 취급된다.

예수님은 에베소 교회를 향해 "자칭 사도라 하되 아닌 자들을 시험하여 그 거짓된 것을…드러낸 것"(계 2:2)에 대해 칭찬하신 적이 있다. 반면에 예수님은 시대의 표적을 분별하지 못하는 바리새인들을 책망하신 적도 있다. 우리는 진리와 오류를 분별하여 구분할 줄 알아야 한다. 영적 분별이란 하나님의 생각과 길을 다른 모든 것들로부터 구별하기 위해 하나님이 부여하신 능력이다.

셋째, 구원파 교인들은 요한계시록 2:5을 오해하여 예수님의 촛대가 구원파에 머무르기 때문에 그 무리를 떠나면 안 된다고 확신하고 있다. 참으로 기가 막힐 해석이다. "만일…회개하지 아니하면 내가 네게 가서 네 촛대 (your lampstand)를 그 자리에서 옮기리라"(계 2:5). 구원파 교인들은 여기에 나오는 네 촛대를 내(예수님의) 촛대로 착각하고 있다. 그래서 유병언이 잘못된 것은 인정하면서도 거기에 구원의 복음이 있기 때문에 촛대를 다른 데로 옮겨갈 수 없다는 어처구니없는 입장을 견지하는 것이다.

내가 8년 만에 구원파에서 탈출할 수 있었던 것은 구원파에 충성하는 동안에도 빌리 그레이엄 목사의 『불타는 세계』와 『하나님과의 평화』를 비롯해 워치만 니의 『영에 속한 사람』을 번역하는 가운데, 내가 믿고 있는 것이 보편타당한 진리인가를 계속해서 자문해보았기 때문이다. 기도를 안 하는 것이 성경적일까? 예배를 드리지 않고 우리만 구원받았다고 주장하는 것이 합당할까? 주기도문과 사도신경을 고백하지 않는 것이 옳을까?

나는 구원파 지도자의 설교집 외에도 다른 책을 읽으며 내 신앙이 정상적이며 성경적인 신앙인가를 계속 자문했었다. 그러다가 대사관 직원으로서 영국의 주요 도시를 한 달간 순회할 기회가 생겼는데, 그때 결정적인 계기가 찾아왔다. 영국에서 침례교회, 성공회, 장로교회, 독립 교회 등 여러 교파의 예배에 참여하면서 기도와 예배, 사도신경, 축도를 부인하는 구원파가 정통 기독교에서 벗어난 가짜(사이비) 기독교임을 분별하게 된 것이었다.

나는 귀국해서 곧바로 "외국에 가보니 구원받은 성도들이 많더라. 한국에는 구원받은 사람이 없다 해도 외국에는 많더라. 국제적인 교제를 하자. 삼우트레이딩이 부도 위기에 처해 있는데, 기도로 하나님께 도움을 구하자"라고 구원파 지도층에 제안했다. 그런데 이 제안은 교주의 가르침에 정면 도전하는 것으로 받아들여졌고 나는 불순분자로 낙인이 찍혀 각종 테러 위협과 협박에 시달리게 되었다. 무술 유단자들인 교주의 경호원들이 밤에는 전화로 협박하고, 낮에는 직장까지 찾아와 살해 위협을 했다.

나는 갖은 수모를 당하면서도 끝까지 모임에 "붙어 있으려" 했다. 그 당시만 해도 구원파가 구원을 보장해준다고 굳게 믿고 있었기 때문이었다. 하지만 "순교할 각오가 되어 있느냐? 오늘 너를 죽이기로 했다"는 등의 가혹한 협박을 이겨내지 못하고 어쩔 수 없이 모임을 떠나게 되었다. 되돌아보면 선한 목자 되신 예수님이 나를 흉악한 이리의 손아귀에서 벗어나도록 인도해주신 것이 분명했다.

잠언은 "어떤 길은 사람이 보기에 바르나 필경은 사망의 길이니라"(잠 16:25)라고 말한다. 진실함(sincerity)은 사람을 사람답게 만드는 요소가 분명하다. 하지만 진실함이 사람을 구원하지는 못한다. 진실하게 그릇된 길을 걸어간다면 어떻게 할 것인가? 안타깝게도 지금도 잘못된 길을 최선을 다해 진실하게 걸어가는 사람들이 있다.

교부 키프리아누스(Cyprianus)가 지적한 것처럼, 구원파는 "그리스도의 복음을 왜곡시켜 진리를 부패시키고 교회의 연합을 분열로 이끄는" 전형적인 기독교 이단이다. 구원파는 성경적·신학적·사회적으로 정통 교회와 완전히 어긋난다. 어떻게 하면 구원파에서 벗어날 수 있을까?

나는 구원파에서 벗어나 정통 교회에서 신실하게 신앙생활을 다시 시작한 이들을 여러 명 알고 있다. 나 자신도 "깨달음에 의한 구원"이라는 기독교의 모조품 속에서 방황하다가 사랑의교회에서 "회개와 믿음"

으로 예수 그리스도를 인격적으로 만났으며, 또한 진정한 정통 기독교의 실체를 경험하면서 정통 신앙으로 돌아올 수 있었다. 처음 2년간은 사랑의교회에서 신앙생활을 했고, 하나님의 인도하심에 따라 기독교한 국침례회에 소속된 교회로 교적을 옮겨 지금에 이르렀다.[7]

이 책의 독자 중에 세 계파의 가르침에 빠진 분이 있다면, 마음을 열고 자신이 지금 "다른 예수", "다른 영", "다른 복음", "다른 구원"(고후 11:4)을 따르고 있지는 않은지 스스로 점검해보기 바란다. 당신은 예수님을 인격적으로 만난 적이 있는가? 당신은 영원한 안전(eternal security)을 누리고 있는가? 당신은 언제 죽어도 천국에 갈 수 있다는 확신이 있는가? 이 점검은 천국과 지옥, 영생과 멸망을 좌우하는 중대한 문제다. 성경은 다음과 같이 권면한다.

사랑하는 자들아, 영을 다 믿지 말고 오직 영들이 하나님께 속하였나 분별하라. 많은 거짓 선지자가 세상에 나왔음이라(요일 4:1).

17형제들아, 내가 너희를 권하노니 너희가 배운 교훈을 거슬러 분쟁을 일으키거나 거치게 하는 자들을 살피고 그들에게서 떠나라. 18이같은 자들은 우리 주 그리스도를 섬기지 아니하고 다만 자기들의 배만 섬기나니 교활한 말과 아첨하는 말로 순진한 자들의 마음을 미혹하느니라(롬 16:17-18).

형제들아, 우리 주 예수 그리스도의 이름으로 너희를 명하노니 게으르게 행하고 우리에게서 받은 전통대로 행하지 아니하는 모든 형제에게서 떠나라(살후 3:8).

III_종합적 평가와 대안

여러분은 믿음으로 살고 있는지 스스로 살피고 시험해보십시오. 여러분은 예수 그리스도께서 여러분 안에 계신다는 것을 모르십니까? 그렇지 않으면 여러분은 그 시험에 불합격한 사람입니다(고후 13:5, 현대인의성경).

자기점검(self-examination)은 더없이 좋은 것이다. 우리는 성경에 비추어 자신을 점검하면서 그리스도를 향해 나아간다. 하지만 자기반성(self-introspection)은 좋지 않다. 자기반성을 통해 우리는 끊임없이 자신을 바라보게 되는데, 여기서 드러나는 마음속의 불순물이 사라지기 전에는 우리는 결코 행복해질 수 없다. 우리를 자유롭게 하시는 주님을 바라보지 않고 우리 자신만을 바라보는 것은 비극이다.[8]

우리가 믿음 안에 있다는 것을 어떻게 아는가? 거듭남(중생)이 처음 일어날 때는 쉽게 느껴지지 않을 수 있다. 오히려 거듭남은 영적인 것에 대한 새로운 민감함, 새로운 삶의 방향, 그리고 하나님께 점점 더 순종하는 능력을 생산함으로 그 실체를 드러낸다. 당신은 진정으로 구원받은 사람인가? "깨달음"에 대한 기억을 기준으로 생각하지 말고 다음의 12가지 질문을 스스로 던지고 대답해보라.[9]

① 당신은 삼위일체 하나님, 그리고 교회의 지체들과 진리의 사귐을 누리고 있는가?(요일 1:3)
② 당신은 예수님의 피가 당신의 모든 죄를 깨끗하게 하심을 믿는가?(요일 1:5-10)
③ 당신은 성령께서 일으켜주신 믿음으로 하나님의 말씀(계명)에 순종하고 있는가?(요일 2:3-5)

④ 세상과 그 가치관에 대한 당신의 태도는 무엇인가?(요일 2:15)

⑤ 당신은 예수 그리스도를 사랑하고 그의 다시 오심을 고대하는가?(딤후 4:8)

⑥ 예수님에 대한 신앙을 고백한 후 죄를 끊어내고 있는가?(요일 3:5, 6)

⑦ 당신은 교회의 지체를 사랑하는가?(요일 3:14)

⑧ 당신은 응답받는 기도를 경험해보았는가?(요일 3:22; 5:14, 15)

⑨ 당신에게는 성령의 내적 증거하심이 있는가?(롬 8:15; 요일 4:13)

⑩ 영적인 진리와 오류를 분별할 수 있는 능력이 있는가?(요 10:3-5, 27; 요일 4:1-6)

⑪ 당신은 기독교의 기본적 교리를 믿는가?(요일 5:1)

⑫ 당신은 그리스도인으로서의 신앙 때문에 핍박을 경험한 적이 있는가?(요 15:18-20; 빌 1:28)


그리스도인의 삶을 여러 각도에서 조명하는 이런 질문들에 대한 대답이 "매우 그렇다"가 아니어도 좋다. 각 영역에서 부담을 느끼며 성장하는 과정 중에 있다면 하나님이 당신을 구원하기로 작정하셨다는 사실을 믿을 수 있다. 세밀하게 말씀하시는 하나님의 음성에 귀를 기울이며 정직하게 자신을 돌아보는 것이 가장 중요하다. 당신이 더욱 마음을 열고 하나님의 도우심을 구하며 신앙의 길에 굳건히 서고자 한다면 신실하신 하나님이 이 선한 일을 아름답게 마무리하실 것이다(빌 1:6).

자신이 다니는 교회가 비성경적이라는 결론에 이르렀다면 주저하지 말고 가까운 정통 교회를 찾거나 이단상담소를 찾아가 상담을 받아보길 바란다.[10] 히브리서 저자의 권면대로 여러 가지 다른 교훈에 끌려다

니면 안 된다(히 13:9). 우리는 깨어서 영들이 하나님께 속하였나 분별해 야 한다(요일 4:1). 세상에는 너무나 많은 거짓 선지자들이 활동하고 있 다. 성경은 거짓 선지자에 대해 경고한다.

거짓 선지자들을 삼가라. 양의 옷을 입고 너희에게 나아오나 속에는 노략질 하는 이리라(마 7:15).

또한 여러분 중에서도 제자들을 끌어 자기를 따르게 하려고 어그러진 말을 하는 사람들이 일어날 줄을 내가 아노라(행 20:30).

"영을 분별한다"는 말은 실제 설교나 교리를 차근차근 점검하면서 성경의 가르침과 비교해 비판한다는 뜻이다. 거짓된 복음, 그릇된 설교 는 거짓 영의 역사다. 죄 용서의 복음과 선한 열매를 맺는 윤리는 결코 분리될 수 없다. 구원파가 맺는 생활의 열매를 보고 그들이 다른 예수 를 말하는 다른 복음, 거짓된 교훈의 첨병임을 알아야 한다.

인생은 결국 누구를 따르느냐가 중요하다. 잘못된 사람을 따르면 잘 못된 길로 가고, 제대로 된 사람을 따르면 제대로 된 길을 간다. 선택 은 자신의 몫이다. 이 책을 읽는 사람들이 모두 특이한 교리에 이끌려 여기저기 기웃거리는 것이 아니라 누구나 인정하는 정통 교단에 속한 교회를 찾아 항상 찬미의 제사(the sacrifice of praise)와 선행의 제사(the sacrifice of good works)를 드리는 삶을 살게 되기를 바라며 글을 마무리 한다.

# 참고문헌

강경호. 『바로 알자 세칭 구원파』. 한사랑가족상담연구소, 2015.

공병호. 『공병호가 만난 하나님』. 21세기북스, 2014.

기독교한국침례회 가산중앙교회 교육위원회. 『이단으로부터 우리 교회와 우리 가정과 우리 고장을 지킵시다』. 도서출판영광, 2010.

김주원. 『이단대처를 위한 진검승부』. 대장간, 2010.

대전광역시 기독교연합회 이단·사이비대책위원회. 『우리 시대의 이단들』. 두란노, 2007.

대한예수교장로회 이단(사이비)피해대책조사연구위원회. 『2010 이단·사이비 연구자료』. 2009.

대한예수교장로회총회. 『이단사이비연구보고집』. 한국장로교출판사, 2011.

라은성. 『정통과 이단(상, 하)』. 그리심, 2006.

박용규 외 3인. 『류광수 다락방전도운동 연구보고서』. 총회신학대학교, 2004.

신광은. 『천하무적 아르뱅주의』. 포이에마, 2014.

옥한흠. 『내 영혼을 깨우는 말씀』. 은보, 2014.

윤동일. 『크리스천 매뉴얼』. 좋은씨앗, 2008.

이민규. 『신앙, 그 오해와 진실』. 새물결플러스, 2014.

이상달. 『예수 그리스도 안에서 본 성경 66권』. 엔크, 2009.

구원 개념 바로잡기

이인규.『다른 예수, 다른 영, 다른 복음(2)』. 대림문화사, 2010.

_____.『평신도들이 혼동하기 쉬운 성경 50』. 카리스, 2014.

_____. "구원파의 종말론은 변질된 세대주의,"「교회와신앙」, 2014년 8월 11일.

이원규.『머리의 종교에서 가슴의 종교로』. KMC, 2012.

이요한.『구원의 삼단계』. 영생의말씀사, 2002.

_____.『하나님께로 가는 길』. 영생의말씀사, 1997.

정동섭.『이단 구원파와 정통 기독교는 어떻게 다른가』. 침례신학대학출판부, 1993.

_____.『그것이 궁금하다』. 하나, 1993.

정동섭, 이영애.『구원파를 왜 이단이라 하는가?』. 죠이선교회, 2004.

진용식.『구원파는 과연?』. 백승프린팅, 2011.

탁명환.『세칭 구원파의 정체』. 국종출판사, 1991.

_____.『기독교이단연구』. 국제종교문제연구소, 1993.

탁지일.『이단』. 두란노, 2014.

피영민.『십계명』. 검과흙손, 2007.

_____.『공동체를 살리는 하나님의 법』. 검과흙손, 2008.

한국교회연합.『이단사이비예방백서 종합자료(1)』. 도서출판원더풀, 2014.

현대종교편집국.『이단 및 말 많은 단체』. 월간현대종교, 1998.

마틴 로이드 존스.『회개』. 강봉재 역. 복있는 사람, 2006.

스탠리 그렌츠.『누구나 쉽게 배우는 신학』. 장경철 역, CUP, 2000.

D. A. 카슨, 팀 켈러 외.『복음이 핵심이다』. 최요한 역, 아가페북스, 2014.

J. C. 라일.『예수 묵상 365』. 진화용 역, 홍성사, 2009.

Anthony Hoekema. *Saved by Grace*. William Eerdmans, 1989.

John Jefferson Davis. *Foundations of Evangelical Theology*. Baker, 1984.

J. P. Moreland. *Kingdom Triangle*. Zondervan, 2007.

Harold Willmington. *The Doctrine of Salvation*. 1988.

## 올바른 신앙생활을 위한 추천 도서

공병호. 『공병호가 만난 하나님』. 21세기북스, 2014.

길성남. 『성경이 무엇을 말하느냐?』. 성서유니온, 2014.

김상복. 『당신은 확실히 구원받았습니까』. 나침반사, 1998.

김서택. 『완전한 복음』. 생명의말씀사, 2006.

김영봉. 『주기도』. IVP, 2014.

김세윤. 『구원이란 무엇인가』. 두란노, 2001.

_____. 『칭의와 성화』. 두란노, 2013.

김 진. 『구원 이후의 여정은』. 생명의말씀사, 2010.

박영선. 『믿음』. 복있는 사람, 2013.

_____. 『성화의 신비』. 세움, 2006.

_____. 『구원 그 이후』. 새순, 2010.

_____. 『구원 그 즉각성과 점진성』. 새순, 1985.

_____. 『믿음의 본질』. 세움, 2008.

안점식. 『세계관 종교 문화』. 죠이선교회, 2008.

이병균. 『신앙의 일곱 가지 본질』. 대장간, 2012.

이민규. 『신앙, 그 오해와 진실』. 새물결플러스, 2014.

이재철. 『회복의 신앙』. 홍성사, 1999.

이필찬. 『이스라엘과 교회, 어떻게 이해할 것인가?』. 새물결플러스, 2014.

정동섭. 『어느 상담심리학자의 고백』. IVP, 1996.

조정민. 『WHY JESUS 왜 예수인가』. 두란노, 2014.

게리 토마스. 『거룩이 능력이다』. 윤종석 역. CUP, 2012.

도널드 휘트니. 『구원의 확신』. 네비게이토, 1997.

마이클 고먼. 『요한계시록 바르게 읽기』. 박규태 역, 새물결플러스, 2014.

마틴 로이드 존스. 『로마서 강해(1-13)』. 서문강 역, CLC, 1976-2005.

_____. 『에베소서 강해(1-8)』. 서문강 역, CLC, 1980-1983.

매트 챈들러, 제라드 윌슨. 『완전한 복음』. 장혜영 역, 새물결플러스, 2013.

빌리 그레이엄. 『하나님과의 평화』. 정동섭 역, 생명의 말씀사, 1974.

폴 워셔. 『복음』. 조계광 역, 생명의말씀사, 2013.

_____. 『회심』. 조계광 역, 생명의말씀사, 2013.

_____. 『확신』. 조계광 역, 생명의말씀사, 2014.

피터 제프리. 『그리스도인의 첫걸음 내딛기』, 정동섭 역, 두란노, 1996.

C. S. 루이스. 『순전한 기독교』. 장경철, 이종태 역, 홍성사, 2010.

J. B. 필립스. 『당신의 하나님은 누구인가』. 홍병룡 역, 아바서원, 2014.

Maurice Burrell. *The Challenge of the Cults*. IVP, 1981.

# 주

## 들어가는 말

1) 더 자세한 나의 회심 간증은 정동섭, 이영애, 『구원파를 왜 이단이라 하는가?』 (죠이선교회, 2010)의 전반부를 보라.
2) 테리 쿠퍼, 『비판의 기술』(이지혜 역, IVP, 2013), 37.

## 서론

1) 제일 처음 공식적으로 이 용어를 제안한 사람은 고 탁명환 소장이다. 탁명환, 『세칭 구원파의 정체』(한국종교문제연구소·국제종교문제연구소, 1991).
2) 제임스 사이어, 『기독교 세계관과 현대 사상』(김헌수 역, IVP, 2012).
3) Gary Collins, *The Biblical Basis of Christian Counseling for People Helpers* (NavPress, 1993).
4) 스탠리 그렌츠, 『누구나 쉽게 배우는 신학』(CUP, 2000).
5) 성인경, 『나의 세계관 뒤집기』(홍성사, 2007).
6) 안점식, 『세계관 종교 문화』(죠이선교회, 2008).
7) 라은성, 『정통과 이단(상)』(그리심, 2008).
8) 라은성, 『정통과 이단(상)』.
9) 신광은, 『천하무적 아르뱅주의』(포이에마, 2014).

10) 권신찬, 『세칭 구원파의 정체란?』(한국평신도복음선교회 편집위원회, 신아문화사, 1981).

11) Martin Walter, *The Kingdom of the Cults* (Bethany House Publishers, 1985).

12) 피영민, "교회역사에 나타난 이단". 정동섭, 『이단과 정통 무엇이 다른가?』(침례신학대학교출판부, 1993)에서 재인용.


## I. 구원파의 현황과 역사

1) 자신을 워치만 니의 직계 제자라고 소개한 왕중생 씨는 한국인으로서 중국 군대의 연대장까지 역임했다고 한다. 중국에서 워치만 니의 지방교회를 접하고 전도의 열정을 가지고 1966년부터 국내에서 활동을 시작했으나 권위주의적인 성격으로 한계가 있었던 것으로 보인다. 그의 사후 이희득 씨를 대표로 하는 지방교회는 외국의 지방교회와의 교류를 통해 활동 영역을 넓혀왔다〈http://blog.naver.com/stchopeter〉(2015.5.11.) 참고.


### 1. 유병언·권신찬 계열

1) 이 장은 『구원파를 왜 이단이라 하는가?』, 116-119의 내용을 보완한 것이다.

2) 「새길」(1989년 11월 창간호).

3) 고나무, "구원파의 종교 기풍은 곧 청해진의 사업 기풍", 「한겨레」(2014.4.25.) 〈http://www.hani.co.kr/arti/society/society_general/634552.html〉 (2015.5.11.).

4) "기독교복음침례회(구원파) 및 유병언 전 회장 관련 정정 및 반론 2", 「내일신문」(2015.7.3.)〈http://www.naeil.com/news_view/?id_art=156649〉 (2015.7.9).

5) 정철운, 이하늬, "구원파 'TV조선이 갑자기 합의를 하겠다고 했다'", 「미디어오늘」(2015.3.24.)〈http://www.mediatoday.co.kr/news/articleView.html?idxno=122375〉(2015.5.11).

6) 1982년 8월 「한국일보」는 그를 "단골 적선가"로 소개하기도 했다.

7) 최원우, "구원파, 검찰 압박시위…참고인들 신변 위협 호소", 「조선일보」 (2014.05.07.)〈http://news.chosun.com/site/data/html_dir/2014/05/07/2014 050700238.html?Dep0=twitter&d=2014 050700238〉(2015.5.11).

8) 정동섭, 이영애, 『구원파를 왜 이단이라 하는가?』, 50에서 재인용.

## 2. 이요한 계열

1) 이 주제에 대한 더 자세한 내용은 정동섭, 이영애, 『구원파를 왜 이단이라 하는가?』, 121-127을 확인하라.

2) 생명의말씀선교회 홈페이지, "세계선교현황"〈http://www.jbch.org/kor/world/index.php〉(2015.5.11).

## 3. 박옥수 계열

1) 이 장은 정동섭, 이영애, 『구원파를 왜 이단이라 하는가?』, 119-121의 내용을 바탕으로 한다.

2) 박옥수, 『죄사함 거듭남의 비밀』(기쁜소식사, 1988).

3) 「현대종교」(2015년 7-8월호).

4) 「기쁜 소식」(1989년 2-3월호).

## II. 구원파에 대한 신학적 비판

1) 정동섭, 『어느 상담심리학자의 고백』(IVP, 1995).

## 4. 잘못된 성경관

1) 「한국일보」(캐나다 토론토판, 1989.12.10).

2) 유병언, 『알파에서 오메가까지(5)』(평신도복음선교회, 1979).

3) 정동섭, 이영애, 『구원파를 왜 이단이라 하는가?』, 137 참고.

4) 박옥수, 『죄 사함 거듭남의 비밀』, 254-255.

## 5. 잘못된 신관과 인간관

1) 권신찬,『양심의 해방』(일류사, 1977).
2) 권신찬,『성경은 사실이다』(기독교복음침례회, 1985).
3) 권신찬,『불안에서 평안으로』(일류사, 1977).
4) 이요한,『진리 가운데로: 요한복음 강해』(진리의말씀출판사, 1989).
5) 이인규, "구원파 교리 비판",「기독교포털뉴스」〈http://www.kportalnews. co.kr/news/articleView.html?idxno=12746〉(2015.5.11).
6) 박옥수,『노아는 의인이요』(기쁜소식사, 2000).
7) 권호덕, "구원파 죄 사함론 비판", 백석대학교, 1999.
8) 이요한,『진리 가운데로: 요한복음 강해』.

## 6. 잘못된 죄관

1) 박옥수,『내 죄벌이 너무 중하여』(기쁜소식사, 2003), 143.
2) 박옥수,『죄 사함 거듭남의 비밀(1)』(기쁜소식사, 1988), 34, 36.
3) 박옥수,『내 죄벌이 너무 중하여』, 160.
4) 박옥수,『내 죄벌이 너무 중하여』, 202.
5) 박옥수,『죄 사함 거듭남의 비밀(1)』, 37.
6) 박옥수,『죄 사함 거듭남의 비밀(1)』, 38.
7) 권호덕, "구원파의 죄 사함론 비판".

## 7. 잘못된 구원관

1) 정동섭, 이영애,『구원파를 왜 이단이라 하는가?』, 139.
2) 이요한,『구원의 삼단계』(영생의말씀사, 2002).
3) 박옥수,『죄사함 거듭남의 비밀』.
4) 박옥수,『죄사함 거듭남의 비밀(1)』.
5) Alister McGrath, *Justification by Faith* (Zondervan, 1988), 정동섭, 이영애, 『구원파를 왜 이단이라 하는가?』, 140에서 재인용.
6) 권신찬,『믿음에서 믿음으로』(기독교복음침례회, 1988).

7) 박옥수, 『죄 사함 거듭남의 비밀』.

8) 웨인 그루뎀, 『조직신학(중)』(조진준 역, 은성, 2009), 345.

9) 박철수, 『하나님 나라』(대장간, 2015).

10) Millard Erickson, *Christian Theology* (Baker Pub Group, 1986).

11) 마르틴 루터의 말. D. A. 카슨, 팀 켈러, 『복음이 핵심이다』(최요한 역, 아가페 북스, 2014)에서 재인용.

12) 박옥수, 『죄 사함 거듭남의 비밀(2)』(기쁜소식사, 1991), 50.

13) 박옥수, 『회개와 믿음』(기쁜소식사, 2006).

14) 박옥수, 『죄 사함 거듭남의 비밀』.

15) 기쁜소식선교회 공식블로그, "기쁜소식선교회에서 말하는 회개와 자백은?"〈http://blog.naver.com/gnmgospel〉(2015.5.11).

16) 정동섭, 이영애, 『구원파를 왜 이단이라 하는가?』, 155에서 재인용.

17) 박옥수, 『회개와 믿음』.

18) 김세윤, 『칭의와 성화』(두란노, 2005).

19) J. P. Moreland. *Kingdom Triangle* (Zondervan, 2007), 131.

20) 이민규, 『신앙, 그 오해와 진실』(새물결플러스, 2013). 108.

21) 스탠리 그렌츠, 『누구나 쉽게 배우는 신학』(CUP, 2000).

22) 스탠리 그렌츠, 『누구나 쉽게 배우는 신학』.

23) 윤동일, 『크리스천 매뉴얼』(좋은씨앗, 2009).

24) 이현수, 『네가 거듭나야 하리라』(두란노, 2002), 35.

25) 이현수, 『네가 거듭나야 하리라』, 62.

26) A. W. Pink, *A Fourfold Salvation* (CreateSpace Independent Publishing Platform, 2014).

27) 정동섭, 이영애, 『구원파를 왜 이단이라 하는가?』, 154-157 참고.

28) 김세윤, 『칭의와 성화』.

29) D. A. 카슨, 팀 켈러, 『복음이 핵심이다』.

30) 하이델베르크 요리문답 제60문.

31) 존 스토트, 『그리스도의 십자가』(황영철, 정옥배 역, IVP, 2007).

32) 정동섭, 이영애, 『구원파를 왜 이단이라 하는가?』, 146.

33) 웨인 그루뎀, 『조직신학(중)』.

34) Willmington, *The Doctrine of Salvation*, (University of Liverty Press, 1977).

35) 마틴 로이드 존스, 『성령 하나님』(CLC, 2000), 330.

36) 한영태, 『웨슬리의 조직신학』(성광문화사, 2000).

37) 칼뱅, 『기독교강요』, III.3.10.

38) 마르틴 루터, 『신학개요』.

39) 정동섭, 이영애, 『구원파를 왜 이단이라 하는가?』, 153.

40) Jay Adams, *From Forgiven to Forgiving* (Calvary Press, 1994). 정동섭, 이영애, 『구원파를 왜 이단이라 하는가?』, 154에서 재인용.

41) 권신찬, 『양심의 해방』.

42) 박옥수, 『그가 태초에 하나님과 함께 계셨고』(기쁜소식사, 2007), 194

## 8. 잘못된 율법관

1) 권신찬, 『종교에서의 해방』(일류사, 1977).

2) John Feinberg, *Continuity and Discontinuity* (Crossway, 1988).

3) 피영민, 『십계명』(검과흙손, 2007).

4) John Gresham Machen, *The Doctrine of the Atonement*, 1988.

5) 칼뱅, 『기독교강요』.

6) 권신찬, 『종교에서의 해방』.

7) 윤동일, 『크리스천 매뉴얼』.

8) "양복 입은 뱀"은 사이코패스 전문가인 로버트 헤어(Robert D. Hare)와 조직 심리학자 폴 배비악(Paul Babiak)이 제안한 개념으로, "남다른 지능과 포장술 등으로 주위 사람들을 조종하여 자신이 속한 조직과 사회를 위기로 몰아넣는" 반사회적 인격 장애증을 가진 사람을 말한다〈http://terms.naver.com/entry. nhn?docId=1211139&cid=40942&categoryId=31531〉(2015.5.11).

9) 최모란, 최경호, 김상선, "이 한 장에 17억, 유병언 사진값만 446억", 「중앙일보」

(2014.8.13.)〈http://article.joins.com/news/article/article.asp?total_id=155 18977&cloc=olink|article|default〉(2015.5.11).

10) 김재현, "유병언 차명재산 190억 추가동결", 「헤럴드경제」(2014.8.1.)〈http:// news.heraldcorp.com/view.php?ud=20140801000330&md=2014080400 3856_BL〉(2015.5.11).

11) 피영민, 『십계명』.

12) 마틴 로이드 존스, 『로마서 강해(7)』(서문강 역, CLC, 2002), 27.

13) 이민규, 『신앙, 그 오해와 진실』, 222-223.

14) Abraham Kuyper, "Sphere Sovereignty". James D. Bratt ed., *Abraham Kuyper: A Centennial Reader* (Eerdmans, 1998), 488. 매트 챈들러, 제라드 윌슨, 『완전한 복음』(장혜영 역, 새물결플러스, 2013), 31에서 재인용.

### 9. 잘못된 종말관

1) 이 장의 내용은 정동섭, 이영애, 『구원파를 왜 이단이라 하는가?』, 191-200을 바탕으로 한다.

2) 유병언, 『영혼을 묶는 사슬』(평신도복음선교회, 1979).

3) 권신찬, 『인류역사와 하나님의 교회』(중동문화사, 1982).

4) 권신찬, 『위험한 지구』(중동문화사, 1980).

5) 이요한, 『하나님께로 가는 길』(영생의말씀사, 1997).

6) 권신찬, 『위험한 지구』.

7) 이요한, 『하나님께로 가는 길』.

8) 권신찬, 『성경은 사실이다』.

9) 이 숫자들의 올바른 해석에 대해서는 평신도이단대책협회 이인규 대표의 책 『평신도들이 혼동하기 쉬운 성경 50』(카리스, 2014)를 참고하라.

10) 권신찬, 『성경은 사실이다』.

11) 사실 구원파뿐만이 아니라 많은 기독교 관련 이단들은 이런 식의 이야기를 동영상으로 만들어 인터넷에 올리면서 종말에 대한 두려움을 조장하고 있다. 그러나 성경의 종말론은 두려움을 심어주는 것이 목적이 아니라 예수 그리스

도의 재림을 통한 새 하늘과 새 땅이라는 희망을 지향한다. 두려움이 동기가 되어 신앙을 유도하는 것은 그 자체가 율법적이며 비성경적인 태도가 아닐 수 없다.

12) 이요한,『하나님께로 가는 길』, 권신찬,『성경은 사실이다』.

13) 피영민,『신약개론』(겸과 흙손, 2015).

14) 마틴 로이드 존스,『로마서 강해』(CLC, 1980).

15) 정동섭, 이영애,『구원파를 왜 이단이라 하는가?』, 202.

16) 에드가 멀린스,『조직신학원론』(권혁봉 역, 침례회출판사, 1995).


## 10. 잘못된 신앙생활

1) 이 단락은 정동섭, 이영애,『구원파를 왜 이단이라 하는가?』, 187-191을 바탕으로 한다.

2) 권신찬,『임박한 대환란』(기독교복음선교회, 1980).

3) 권신찬,『세칭 구원파의 정체란?』.

4) 유병언,『알파에서 오메가까지(5)』.

5) 유병언,『알파에서 오메가까지(4)』(평신도복음선교회, 1981).

6) 정동섭, 이영애,『구원파를 왜 이단이라 하는가?』, 176.

7) 이 단락은 정동섭, 이영애,『구원파를 왜 이단이라 하는가?』, 183-187을 바탕으로 한다.

8) 권신찬,『세칭 구원파의 정체란?』.

9) 권신찬,『종교에서 해방』.

10) 권신찬,『종교에서 해방』.

11) 유병언,『알파에서 오메가까지(5)』(한국평신도복음선교위원회, 1979).

12) 한국교회연합,『이단사이비예방백서 종합자료(1)』(도서출판원더풀, 2014).

13) 탁지일,『이단』(두란노, 2014).

14) 이 단락은 정동섭, 이영애,『구원파를 왜 이단이라 하는가?』, 179-183을 바탕으로 한다.

15) 권산찬,『세칭 구원파의 정체란?』.

16) 권신찬,『세칭 구원파의 정체란?』.

17) 빌리 그레이엄,『하나님과의 평화』(정동섭 역, 생명의말씀사, 1973).


## III. 종합적 평가와 대안

1)「동아일보」(1992.1.19.)

2) 손상원, "청해진해운 '실세' 물류팀장은 구원파···법정 증언",「연합뉴스」 (2014.8.26.)〈http://www.yonhapnews.co.kr/bulletin/2014/08/26/0200 000000AKR20140826099700054.HTML〉(2015.5.11), "청해진해운 상무 '구 원파 아니라 사내 이방인이었다'(종합)",「연합뉴스」(2014.10.23.)〈http:// www.yonhapnews.co.kr/bulletin/2014/10/23/0200000000AKR201410 23083151054.HTML〉(2015.5.11).


## II. 세 계파의 공통적 문제점과 차이점

1) 이로 보건대 앞으로 교회에서도 신학교에서 가르치는 성서해석학을 좀 더 쉽게 정리해 교육할 필요가 있다. 성서 해석에 대한 다양한 견해를 접해보지 못한 채 이단들이 전하는 몇 가지의 단순한 성서 해석에 심취하여 신앙을 잃는 성도들이 많기 때문이다. 성도들이 이해하기 쉬운 성서해석학에 관한 책들이 출간되어 교회에서 활용된다면 한국교회가 좀 더 건강해져 이단들의 공격에 대항하기가 수월해질 것이다.

2) 박옥수,『죄사함 거듭남의 비밀』.

3) 루이스 벌코프,『벌코프 조직신학』(권수경 역, 크리스챤다이제스트, 2005), 765.

4)「기쁜 소식」(1989년 2월호).

5) 권신찬,『인류역사와 하나님의 교회』(중동문화사, 1982).

6) 권신찬,『세칭 구원파의 정체란?』.

7) 이요한,『각 사람에게 비취는 빛』(진리의말씀사, 1990), 28.

8) 이요한,『각 사람에게 비취는 빛』, 81.

9) 이요한, 『각 사람에게 비취는 빛』.

10) 박옥수, 『죄 사함 거듭남의 비밀(2)』, 146.

11) 박옥수, 『죄 사함 거듭남의 비밀(2)』, 147.

12) 권신찬, 『임박한 대환란』, 145.

13) 박옥수, 『죄사함, 거듭남의 비밀』.

14) 고 옥한흠 목사가 한 말.

15) 이민규, 『신앙, 그 오해와 진실』, 269-270.

16) J. C. 라일, 『예수 묵상 365』(홍성사, 2009).

17) 윤동일, 『크리스천 매뉴얼』.

18) 이 단락은 정동섭, 이영애, 『구원파를 왜 이단이라 하는가?』, 160-166의 내용을 바탕으로 한다.

19) 마틴 로이드 존스, 『영적 연합: 에베소서 강해 4』(지상우 역, CLC, 1998), 88.

20) 빌리 그레이엄, 『불타는 세계』(정동섭 역, 생명의말씀사, 1967).

21) 빌리 그레이엄, 『불타는 세계』.

22) 권신찬, 『종교에서의 해방』.

23) 마틴 로이드 존스, 『로마서 강해(4)』(서문강 역, CLC, 2007). 296.

24) Samuel Southard, *Conversion and Christian character* (Broadman Press, 1965), 11.

25) 피터 제프리, 『그리스도인의 첫걸음 내딛기』(정동섭 역, 두란도서원, 2000).

26) 피터 제프리, 『그리스도인의 첫걸음 내딛기』.

27) 박옥수, 『죄 사함 거듭남의 비밀(1)』, 34.

28) 박옥수, 『죄 사함 거듭남의 비밀(1)』, 220.

29) 정동섭, 이영애, 『구원파를 왜 이단이라 하는가?』, 159-160 참고.

## 12. 한국교회의 대응과 과제

1) 정동섭, 이영애, 『구원파를 왜 이단이라 하는가?』, 201 참고.

2) 정이철, "구원파 교리와 영지주의", 「바른 믿음」(2014.9.18).

3) 대한예수교장로회 통합 1992년 77회 총회 결의 사항. 한국기독교총연합회,

『이단사이비종합자료 2004』.

4) 정동섭, 이영애, 『구원파를 왜 이단이라 하는가?』, 203 참고.

5) 대한예수교장로회 합동 1997년 82회 총회 보고 내용.

6) 이승구, "구원파는 아주 잘못된 이단이다"(강의안, 2014.6.), 312.

7) 구원파는 대한예수교침례회, 기독교복음침례회라는 이름을 사용하지만 역사적 침례교회와는 아무런 관련이 없는 사이비 집단이다. 교회사에 나오는 침례교회의 정통성을 대표하는 교단은 기독교한국침례회와 성서침례회 두 개다.

8) 마틴 로이드 존스, 『로마서 강해』(CLC, 2006).

9) Harold Willmington, *The Doctrine of Salvation* (Liberty University Press, 1977).

10) 상담과 도움을 원하는 독자는 한국기독교이단상담소협회의 홈페이지⟨www.jesus114.net⟩를 통해 해당 지역의 상담소를 찾기 바란다. 인터넷 신문인 「교회와신앙」⟨www.amennews.com⟩의 정보를 활용하는 것도 많은 도움이 될 것이다.

# 『하나 되는 기쁨』을 둘러싼 논란의 전말
## 이단 사역자에 대한 공격과 구원파와의 관계

아직도 "정동섭은 음란한 외설 교수"라고 여기는 사람들이 있다. 인터넷을 검색해보면 『하나 되는 기쁨』(예영커뮤니케이션, 2005)과 관련한 여러 가지 글이 있는데, 그중 적지 않은 수가 『하나 되는 기쁨』과 "추천자"인 나를 비난하는 내용을 담고 있기 때문이다. 하지만 이는 2014년에 이미 법원에서 명예훼손으로 판결이 난 사항이다. 내가 "음란하고 비기독교적이며 변태를 부추기는 책을 추천했다"는 주장은 허위사실 유포에 의한 명예훼손에 해당한다. 『하나 되는 기쁨』이 유교적·보수적 성 개념을 가진 사람들이 쑥스럽게 생각할 수 있는 내용을 담고 있을지는 몰라도, 비기독교적이거나 음란하고 변태스러운 책은 아니기 때문이다.

## 『하나 되는 기쁨』은 어떤 책인가?

『하나 되는 기쁨』이 어떤 책인지 간략하게 소개하면 다음과 같다.

『하나 되는 기쁨』은 하나님이 허락하신 부부간 성의 거룩함과 소중함, 아름다움과 축복, 성적 순결의 중요성, 영성과 성의 관계를 강조하는 책이다. 그런 목적에서 이 책은 정상적인 부부 사이에서 얼마든지 시도해볼 만한 여러 가지 성적 기교나 지침, 팁을 소개한다. 물론 이는 부부 관계를 다루는 시중의 건전한 책에서 얼마든지 볼 수 있는 내용과 크게 다르지 않다. 오히려 본서가 처음부터 끝까지 일관되게 강조하는 것은 **성적 순결과 부부간의 정절**, 서로에 대한 변치 않는 **헌신적 사랑**이다. 그리고 이 책은 혼외정사, 포르노, 불륜 드라마 등 잘못된 성적 일탈이 부부 생활이나 신앙생활에 얼마나 큰 해악을 끼치는지를 구체적인 증거를 통해 제시한다. 이 책은 성이나 성과 관련된 용어들을 많이 사용하면서도 성을 저급하게 만드는 용어나 표현들은 엄격히 자제한다.

현재 『하나 되는 기쁨』은 절판된 상태다. 외설 시비가 커지며 교계가 시끄러워지자 책의 저자인 양승훈 교수는 이 주제에 대해 연약한 그리스도인들이 실족할 가능성을 우려해 절판을 결심했다.

나는 긍정심리학자이며 가정사역자로서 그전부터 부부가 만족스러운 성생활을 즐겨야 한다(잠 5:16-19)고 강의해왔다. 비단 나만이 아니라, 국내외의 수많은 기독교 상담가들이 "지금까지 교회는 성도들에게 간음하지 말라, 음행하지 말라고 책망하는 역할을 해왔지만 이제 우리는 그리스도인 부부들이 성을 하나님의 선물로 누려야 함도 가르쳐야 한다"는 전제 아래 부부의 성생활에 대한 긍정적·구체적 조언을 아끼지 않고 있다. 나는 그와 같은 취지에서 성인들을 대상으로 하는 여러 강의를 통해 부부의 친밀감을 높이라고 권면했고, 『하나 되는 기쁨』을

구원 개념 바로잡기

참고하라고 제안했다.

그런데 2009년 후반기에 들어서면서 어떤 이들이 "음란", "변태", "호색", "음담패설" 등의 용어를 사용해 그 책의 추천자인 나를 공격하기 시작했다. 인터넷 게시물에 나를 비방하는 댓글이 달리고, "한기총 부위원장 정동섭 목사의 음란 서적 추천"이라는 제목의 동영상이 올라왔으며, 몇몇 언론과 단체들이 나를 "외설 교수"로 매도하면서 기자 회견이 열리기도 했다. 그리고 2010년 10월에는 당시 이단 옹호 세력에 잠식된 한국기독교총연합회(한기총)의 이단사이비대책위원회(이대위)에서 한국 교회 앞에 물의를 일으킨 것에 대해 공개 사과할 것을 요구하는 문서를 내 앞으로 보내왔다. 『하나 되는 기쁨』이 출간된 지 4-5년이나 지난 시점에서 도대체 무슨 일이, 왜 벌어진 것일까? 당시 그들이 문제 삼은 나의 추천사 전문은 다음과 같다.

---

**『하나 되는 기쁨』을 추천하며**

기독교 역사상 참으로 비극적인 현상 가운데 하나는 성(sexuality)과 영성(spirituality)이 나누어진 것이다. 이 점은 성경이 인간의 성을 그토록 커다란 축복으로 보고 있기 때문에 더욱 비극적인 현상이다(Richard Foster).

결혼문제의 가장 큰 원인이 대화의 부족에 있다면 그 두 번째 원인은 성 문제라고 할 수 있다(Lawrence Crabb, Jr.).

성생활이 만족스럽지 못하다면 다른 영역까지 악영향을 미쳐서 부부관계 중 약 90퍼센트 정도는 나빠질 것이다(Jack Mayhall).

지금까지 교회는 성과 결혼을 어떻게 이해하고 경험하였는가? 역사

---

적으로 보면 교회는 성에 대하여 세 가지 대조적인 태도를 보여왔다.

첫 번째 태도는 성과 결혼은 모든 사람을 위해 좋은 것이라는 입장이다. 이것은 창세기의 입장이며 히브리인들의 관점이기도 하다. 하나님은 처음 남자와 여자를 만드시고, 즉 성을 만드시고 "심히 좋다"고 선언하셨다. 따라서 히브리인들은 성에 대해 매우 긍정적 관점을 가졌다. 남자와 여자는 하나님 형상을 닮은 인간을 성기를 통해 재생산하였다. 할례는 하나님의 창조사역을 계속하는 성기를 성화시키는 의식이었다. 성은 좋은 것이고 아버지 자리는 하나님께로부터 주어진 특권이기 때문에 모든 히브리 남자는 결혼하여 아들을 얻기를 원했다(창 16:2; 29:31; 36:22; 삿 13:3; 룻 4:13; 삼상 1:5-6; 2:22). 성은 남자와 여자가 똑같이 귀하게 여길 하나님의 선물이었다.

두 번째 태도는 결혼은 좋은 것이지만 모든 사람을 위해 좋은 것은 아니라는 입장이다. 그리스의 이원론과 영지주의의 영향으로 "결혼은 좋은 것이나 성이 이를 죄악된 것으로 만들 수 있다"는 사고가 널리 퍼지게 되었다. 따라서 사도시대 이후 처녀성이 이상화되고, 독신이 선호되는 생활양식으로 간주되었다. 금욕주의와 수도원적 영성이 중세를 지배하였다.

결혼은 본질적으로 좋은 것이나 섹스는 본질적으로 악한 것이었다. 자녀 생산 이외의 목적으로 하는 성교는 죄가 되었다. 부부 사이의 성은 즐기지 않을 때에만 용납될 수 있는 것이었다. 기원후 500-1,500년까지 결혼은 필요악으로 취급되었다. 결혼은 30점, 과부는 60점, 처녀는 100점으로 평가되기도 하였다.

세 번째 태도는 종교개혁 이후에 나타난 것으로 결국 결혼은 성직자를 위해서도 좋은 것이라는 입장이다. 독신과 처녀성을 이상화하는 것을

구원 개념 바로잡기

배격하기 시작하였다. 성과 결혼을 하나님의 본래적 고안으로, 창조 질서의 일부로 간주하였다. 인간을 성적인 존재로 이해하기 시작하였다. 보다 전인격적인 인간관으로의 복귀로 인하여 몸과 영혼을 변화 가능한 은혜의 대상으로 간주하게 되었다. 마르틴 루터는 결혼하여 3남 3녀를 낳았다. 그 후 청교도들은 부부간의 친밀한 관계를 위한 성을 강조하면서 결혼에 대해 가장 성서적이고 긍정적인 견해를 산출하기도 하였다.

현대인의 성에 대한 태도는 어떠한가? 현대는 계몽주의로 시작되었다고 할 수 있는데, 종교가 삶의 변두리로 밀려났고 세속화가 시작되었다. 최근의 발전은 성을 죄의 굴레에서 해방시켰다는 점에서 긍정적이다. 그러나 환상적이고 질적인 섹스에 대한 강조는 결혼 전의 무절제한 성과 동성연애, 묻지마 관광, 스와핑과 같은 부정적 결과를 초래하기도 하였다. 성적 친밀감에 대한 기대가 증가하고 실적 위주의 성행위 성향을 낳았다.

20세기 후반에는 성의 세속화가 더욱 가속화되었다. 성행위는 공개적인 영역에서 벗어나 전적으로 사적인 것이 되었다. 핵가족화로 사생활(privacy)이 대두하였고 현대 의학의 발달로 성병 퇴치와 산아제한이 가능해졌다. 성행위가 임신이라는 결과 없이 행해질 수 있게 되었고 쾌락만을 위한 성행위가 가능해졌다. 인간의 성행위의 목적이 출산과 하나되는 기쁨을 위한 성행위 둘로 구분되게 되었다.

우리는 새 시대에 맞는 성경적 성 윤리를 주장하여야 한다. 미디어는 자기충족을 위한 성의 필요성을 낭만적으로 외치고 있으며, 광고업계는 성을 착취의 도구로 사용하고 있다. 현대의 혼란은 윤리적 공백으로 유도할 수도 있고, 모든 규제를 배척하는 도덕률폐기론(antinominianism)

으로 발전할 수도 있다. 지금이야말로 인류를 위한 하나님의 본래적 계획을 새롭게 제시할 수 있는 좋은 기회라고 할 수 있다.

이러한 시점에 최희열[양승훈 교수의 필명] 박사가 결혼을 앞두고 있는 남녀와 결혼한 부부를 위해 이처럼 탁월한 성생활 지침서를 내놓은 것은 극히 시의적절하고 신학적으로도 의미 있는 사건이라고 할 수 있다. 최 박사는 성경적 세계관의 관점에서 성을 새롭게 해석하고 있다. 현대인을 위한 아가서라 할 수 있는 그의 견해는 모든 복음주의적 그리스도인들이 동의할 수 있는 다음과 같은 전제를 담고 있다.

① 성은 하나님이 창조하셨고 좋은 것이다. 하나님은 남자와 여자를 만드시고 심히 좋았다고 말씀하셨다. 성은 부끄러운 것이 아니고 감사와 찬양을 표해야 할 대상이다(딤전 4:4-5).

② 성은 자녀 생산과 즐거움을 위한 것이다. 신명기(24:5)와 아가서 (7:1-10) 그리고 잠언 (5:16-9)은 성이 쾌락을 위한 것임을 분명히 가르쳐주고 있다.

③ 성은 결혼을 위한 것이다. 예수님은 창세기를 근거로 결혼에 대하여 극히 긍정적으로 말씀하셨다(마 19:3-6). 하나님이 짝지어준 부부간의 성은 아름답고 좋은 것이다.

결혼의 목적은 무엇인가? 둘이 연합하여 한 몸(육체)이 되는 것이다. 즉 하나 됨, 일체감, 친밀감을 누리는 것이다. 우리 모두에게는 하나 됨에 대한 열망이 있다.

가정사역자들은 친밀감을 크게 정서적 친밀감과 성적 친밀감, 그리고 영적 친밀감으로 나누어 설명한다. 이 책은 남자와 여자의 정서적, 육체적 차이점을 구체적으로 설명하면서, 어떻게 하면 우리가 천국에서 경험할 수 있는 "하나 됨"을 지상에서도 경험할 수 있는가를 자상하게 안내하고 있다.

우리나라는 유교적인 가치관 때문에 성에 대한 논의를 오랫동안 금기시해왔다. 따라서 성에 대한 잘못된 지식이, 많은 부부를 오도하고 있다. 이혼율이 올라가는 속도가 주춤하고 있다고 하지만 여전히 50퍼센트에 가까운 이혼율을 보이고 있다. 사회학자들은 성격의 차이가 이혼의 가장 중요한 원인이라고 지적하지만, 사실은 성적인 갈등이 말 못하는 원인이 되고 있는 것이 현실이 아닌가!

음행하지 말고 간음하지 말라고 가르치는 것도 필요하지만, "이렇게 아내를 기쁘게 하고 저렇게 남편을 즐겁게 하세요" 하고 가르쳐야 한다.

성경은 성경(性經)이라는 말이 있다. 그래서 최희열 박사는 성교(性交)와 성교(聖交)를 비교하여 설명하고 있다. 성은 거룩하면서도 동시에 쾌락적인 것이 될 수 있다. 활발하고 건강한 성생활은 무더운 여름철의 청량제와 같은 것이다(Howard Clinebell).

성에 대한 사회의 도착적인 태도는 결혼 관계의 신성함을 파괴하고 있으며 남녀 관계의 만족에 대한 잘못된 이상을 퍼뜨리고 있다. 이제 교회는 이러한 모습을 보고 파괴된 부분에 온전함을 가져다주어야 할 시간이 되었다(Lois Clemens, 1971).

이 책을 손에 넣은 독자부터 성이라는 하나님의 선물을 감사함으로 즐기시게 되기를 바라며 주변의 많은 분에게 이 책을 소개하여 우리나라를 행복한 나라로 만드는 일에 이바지하시기를 부탁드린다. 결혼을 앞두

이 추천사를 지금 다시 보아도 신학적으로 틀린 말은 없다. 또 강의 중에 『하나 되는 기쁨』을 추천하면서 했던 말은 전후 문맥상 아무런 문제가 없었다. 저자 양승훈 교수와 추천자들의 공통된 입장은 다음과 같으며 이는 세계의 거의 모든 기독교 가정사역자들이 공유하는 신학적 입장이기도 하다.

① 성은 하나님이 창조하신 선물로서 하나님이 짝지어준 부부간의 성은 아름답고 좋은 것이다.
② 성경은 성관계의 대상을 부부 사이로 제한한다. 음행과 간음은 더럽고 추한 것이다.
③ 성경은 부부가 합의하고 성애를 누릴 경우, 어떻게 성관계를 할 것인가에 대하여는 제한하지 않는다.

사실 그 책은 출간 후 5년간 긍정적인 평가를 받았고, 애초에 성인을 대상으로 제작·판매되었기에 어떠한 사회적 물의도 일으킨 적이 없었다. 저자가 너무 사실적으로 성을 묘사한 것은 건덕 상 조심해야 할 부분이 있다고 지적할 수는 있겠지만, 이 책은 복음주의 가정사역의 전문가적 견해를 대변하는 것으로서 변태적이거나 반기독교적인 이단과는 아무 관계가 없었다.

구원 개념 바로잡기

## 이단 시비: 구원파가 문제를 제기하다

그런데 비판자들은 이런 전체적인 배경은 완전히 무시한 채 일견 자극적이고 선정적인 문구들만을 뽑아 이 책을 "반기독교적인 음란 문서"로 만들어버렸다. 그리고 충격적이게도 그 모든 과정에는 구원파의 직간접적인 개입이 있었다는 사실이 드러났다. 애초에 외설 시비를 일으키며 문제를 촉발한 것은 구원파의 이○종이라는 사람이었다. 인터넷 사이트 "판도라TV"에 "한기총 부위원장 정동섭 목사의 음란서적 추천"이라는 제목의 동영상을 게시한 것은 전○영이라는 사람인데, 그는 구원파에서 운영하는 미행, 감시, 정보 수집 부서인 속칭 "투명팀"의 일원이었다.

또한 나를 비방하는 기자회견을 주도한 「교회연합신문」의 발행인 강춘오 목사와 한국기독언론협회 회장 김형원 장로는 유병언 씨로부터 수차례에 걸쳐 금품을 수수했다는 사실이 밝혀졌다.* 유병언 씨는 음식을 대접하고 돈 봉투를 건네면서 나에 대한 험담을 늘어놓았고, 내가 사역을 하지 못하도록 만들어달라고 주문했다고 한다.

아니나 다를까, 그 기자회견의 내용은 구원파 측의 주장과 크게 다르지 않았다. 나를 "가정사역 교주, 음란 교주"라며 공격하던 구원파 신도 이○종 씨는 인터넷에 다음과 같은 글을 올렸다.

저는 정동섭 목사님의 음란성 강연과 상업성 강연, 그리고 문장 왜곡과

---

\* 고석표, "강춘오 목사, 김형원 장로⋯구원파로부터 금품 수수", 「CBS노컷뉴스」 (2014.5.29.)〈http://m.nocutnews.co.kr/news/4033017〉(2015.5.11).

허위 주장에 대해서 줄기차게 [악플로] 비판을 해오고 있었습니다. 그러던 중 저보다는 교계에 훨씬 더 영향력이 있는 강춘호 목사님인가 하는 분이 정동섭 목사님이 배포하시는 그 책에 대해서 실상을 밝히셨더군요. 발표하신 내용과 자료에 있어서 제가 공개해온 글과 유사성이 많은 것 같습니다. 제가 공개한 자료를 참고하신 것 같아 제 노력이 결실을 맺는 것 같아서 뿌듯하기도 합니다.

유병언 씨의 지휘 아래 "정동섭 죽이기 작전"의 선봉에 선 사람들이 인터넷에 달린 댓글을 보면서 나에 대한 말도 안 되는 비판을 주도했다는 이야기다.

하지만 논란은 사그라지지 않았다. 이단 옹호 세력과 순진하게 그에 동조하는 사람들이 적잖았기 때문이다. 「교회연합신문」이 나에 대해 선전포고를 하자, "한국기독교이단문제연구소"의 이사장 심○식 장로―이분은 전에 JMS 정명석은 이단이 아니라고 증언한 경력이 있다―가 바통을 이어받았다. 『하나 되는 기쁨』을 "이단 서적"으로 규정하고 "추천사를 쓴 정동섭 씨는 한국교회에 사과하고 교계에서 퇴진할 것을 권고한다"며 「교회연합신문」에 성명을 발표한 것이다.

뒤이어 "교회개혁네티즌연대"의 대표 박○원 목사가 이 책이 한국간행물윤리위원회로부터 "청소년 유해 서적"으로 판정받았다면서―이 책은 처음부터 결혼한 부부만을 위해 저술 및 유통되었지, 청소년용이 아니었다―"반기독교적이고 반성경적"이라고 공격했다. 나아가 내가 겸임 교수로 있던 한동대학교의 총장에게 세 차례나 공문을 보내 교수직 박탈을 종용했고, 내가 강의를 하던 서울 극동방송과 울산 극동방송 상

구원 개념 바로잡기

담학교에 「『하나 되는 기쁨』 언론보도 백서」와 함께 비난 공문을 보내 "저질 강사 정동섭 교수의 강의를 취소할 것"을 요청했다.

이것이 끝이 아니었다. 심○식 장로는 한기총 이대위에 "『하나 되는 기쁨』의 저자와 추천자를 조사해 이단으로 규정해줄 것"을 청원했다. 그러자 한기총 이대위는 그 청원에 부응해 내가 쓴 추천사를 조작하면서까지 나를 이단으로 몰아세웠다. 그들은 양승훈 교수가 아가서를 하나님과 이스라엘을 노래한 것으로 "영해"하지 않고 남녀 간의 사랑과 성을 노래한 것으로 해석한 것이 문제라고 주장했다. 그들이 주장한 내용을 살펴보자.

아가서를 자의적으로 해석하여 성 지침서로 주장하고 성(性)에 대한 신앙적·신학적 의미를 부여한 것은 이 같은 주장이 구약시대 바알 종교나 신약시대 아데미 신앙 등 성을 신앙 대상으로 하는 이방 종교와 다름없음을 지적하였다. 특히 추천자가 주장한 "성교가 창조주의 창조의 중심", "남녀의 결합을 통해서 성기는 성기가 되고 성교는 성교다", "육체적 쾌락이 창조주 만나는 순간", "성경은 성전"이라는 주장은 성을 교리화하는 것으로 이단적이라 하지 않을 수 없다.

내가 쓴 추천사를 읽어보라! 한국의 개신교단을 대표한다는 기관이 이렇게 객관성을 잃고 사실을 왜곡해도 되는가! 나는 추천사 어느 곳에서도 위와 같은 황당한 말을 한 적이 없다. 더군다나 이는 신학적으로 정말 부끄러운 주장이 아닐 수 없다. 오늘날 어떤 신학자가 아가서에 대한 성애적 해석을 무시한 채 풍유적 해석만이 옳다고 주장한다는 말인가? 이제 아가서는 일차적으로 남녀 간의 성애적 사랑이라는 주제로 해석해야 한다는 원리는 개신교뿐 아니라 가톨릭, 유대교의 성경 연구가들 모두 동의하는 바라고 해도 과언이 아니다.

그런데도 한기총 이대위는 주요 교단들이 이단으로 규정한 큰믿음교회(변승우), 다락방(류광수), 평강제일교회(박윤식)와 장재형 같은 사람들은 이단에서 해제하고, 나처럼 건전한 가정사역자는 이단으로 만들겠다는 목표를 달성하기 위해 수단과 방법을 가리지 않는 태도를 보였다. 문제는 당시 이대위의 상당수가 이단에 대해 우호적인 인사들로 구성되었다는 것이었다. 중립적인 입장에서 조사해 임했던 한 목사는 당시 이대위의 분위기가 책 내용의 문제를 떠나서 내가 이단 전문가인 최삼경 목사와 같은 편이기 때문에 봐줄 수 없다는 것이었다고 전했다.

한기총 회의실에서 2010년 12월 17일에 열린 제20-11차 임원회에서『하나 되는 기쁨』은 "보고 처리 건"으로 상정되었다. 이대위(위원장 고창곤)는 다음과 같이 보고함으로써 결론을 내렸다.

한국교회는 기독교 윤리관을 왜곡하고 와해시키는 사탄적인『하나 되는 기쁨』과 같은 반기독교적인 음란 서적에 현혹됨이 없이 성도들이 경건한 신앙생활을 영위하도록 하는 한편, 기독교로 위장한 반기독교 문화에 대한 경각심을 가져야 할 것이다.…한국교회는 음란하고 타락한 성문화를 마치 기독교 본질처럼 왜곡하고 성적으로 편향되고 자의적인 성경 해석으로 기독교 가정사역 교본이라는 미명하에 성도들의 영적 무장을 해제시키는 양승훈, 정동섭 씨의 사이비에 현혹됨이 없도록 이들을 초빙하거나 강단에 세우는 일이 없도록 함으로써 모든 성도가 그리스도의 신부로

구원 개념 바로잡기

서 성결과 거룩함을 지켜나가도록 해야 할 것[이다].

이 결정대로라면 양승훈 교수와 나는 영락없는 "사이비"가 될 판이었다. 하지만 다행히도 10일 뒤인 12월 27일 한기총 실행위원회는 이단옹호 색채를 띤 이대위를 해체하기로 결의함으로써 이대위의 결정을 무효화했다. 당시 회의록에는 다음과 같이 기록되어 있다.

예장백석 총회장 노문길 목사가 제기한 "제21-11차 임원회(2010.12.17.)가 받은 이단사이비대책위원회 보고"에 대한 건은 "한기총 임원회가 보고받은 대로 받자"는 동의가 성립되었고, 받지 말자는 의견들이 개진되었으나 "이단사이비대책위원회를 해체하자"는 별도의 개의가 성립하여 거수로 표결하니, 개의 28표에 동의 19표가 되었으므로 대표회장이 개의가 가결되었으니 이단사이비대책위원회를 해체하고 다시 조직하겠다고 선포하다.

이런 상황을 두고 평신도이단대책협의회의 이인규 대표는 다음과 같이 개탄하기도 했다.

부부간의 성 문제 상담을 하기 위한 목적으로 쓰인 『하나 되는 기쁨』이라는 책을 추천했다는 이유로 한기총 이대위에서 정동섭 교수를 이단성이 있다고 발표한 것을 보면서 나는 웃음을 참지 못했다. 한기총 이대위 부위원장으로 사역했던 이단 연구가를 어느 서적에 추천사를 썼다는 이유로 이단성이 있다고 발표한 것은 지나가는 소가 웃을 일이라고 생각한다. 그리고 이 이대위는 한기총 역사 이래 처음으로 전원 파면되는 해체를 당하였다는 사실은 더욱 웃음을 참기 어렵게 했다. 이런 한기총 이대위가 제대로 된 이대위인가?

이단 시비로 문제가 일파만파 퍼질 때 성경적 관점의 성에 대한 얕은 지식으로 나를 비난하는 사람들이 생겨나기도 했지만, 적극 나서서 진리 편에 서주시는 고마운 분들이 많다는 사실도 알게 되었다. 한국기독교세계관학술동역회(이사장 손봉호 교수)와 한국가정사역협회(회장 이희범 목사), 그리고 트리니티 동문회(회장 박성민 목사)는 『하나 되는 기쁨』이 이단과 아무런 관계가 없는 복음주의적 성생활 지침서라는 내용의 탄원서를 제출해주었다. 또한 교계와 학계를 대표하여 손봉호 교수, 양인평 변호사, 김의원 교수, 이희범 목사, 박성민 목사, 김요셉 목사, 박수웅 장로 등 50여 명이 양승훈 교수와 나를 위한 탄원서에 서명하여 "이들은 복음주의자들이며 이단과는 전혀 관계가 없는 학자"라고 변호해주었다.

## 어둠을 이기는 빛

진리와 기름은 반드시 수면 위로 떠오른다는 말이 있다. 시간이 지나면 나에 대해 오해했던 사람들에게도 『하나 되는 기쁨』에 대한 진실이 드러나리라고 기대한다. 이단 구원파의 금품 공세와 여론몰이로 나의 명예는 땅에 떨어졌고 나를 초청했던 여러 교회와 단체들이 초청을 취소하는 등 실제적인 피해가 발생했지만, 이단 전문가들은 미혹의 영과 어둠의 세력을 비판하기 때문에 이단과 이단 옹호 세력으로부터 공격을 당하기 마련이다.

빛이 어둠을 드러내면 어둠은 반격한다. 2015년 초에 신옥주 씨를 이단이라고 비판했다는 이유로 이인규 대표를 비롯해 최삼경, 박형택 목사는 "마귀", 또는 "마귀 새끼"라는 소리를 들어야 했으며, 그를 이단으로 규정한 대한예수교장로회 합신 측은 폭력과 시위의 대상이 되었다. 이인규 대표는 "평신도가 뭘 안다고 우리를 비판하느냐?"는 모욕을 당하기도 하고, 또 다른 사역자는 학력이 낮다는 이유로 공격당하기도 한다.

이단 교주는 거의 예외 없이 과대망상과 피해망상 증세가 함께 나타나는 성격 장애를 가진 자들이다. 전문가들은 이단 교주가 자기애적 성격 장애와 반사회성 성격 장애를 가진 것으로 진단한다. 그래서 이단 교주들은 자기 수하에 있다가 이탈한 사람들이나 자신을 비판하는 사람들을 감시하거나 미행하고, 고소 고발로 괴롭히거나 실제로 폭력을 가하기도 한다.

『하나 되는 기쁨』을 둘러싼 논란 또한 유병언 씨의 개인적인 악감정이 분출된 사건 중 하나였다. 2006년 10월 4일 CTS 기독교 TV의 금요 철야 간증집회 프로그램에 방영된 강연에서 나는 "제가 오대양 사건을 일으킨 것으로 알려진 구원파에 빠지게 되었습니다"라고 강연함으로써 "공연히 허위사실을 적시하여 피해자들의 명예를 훼손하였다"는 내용으로 기소되었다. 7명의 변호사가 동원되어 2억 5천만 원의 손해배상을 청구한 총공세였다. 하지만 2010년 4월, 4년에 걸친 긴 재판 끝에 우리 내외는 대법원까지 가는 재판에서 승소했다. 아내와 나는 "여호와께서 내 편이 되사 나를 돕는 자들 중에 계시니 그러므로 나를 미워하는 자들에게 보응하시는 것을 내가 보리로다"(시 118:7)라는 믿음으로 대처했고, 선임료를 받지 않거나 싸게 해주면서 우리를 도와준 그리스도인 변호사들의 도움을 받아 승소할 수 있었다.

총공세가 수포로 돌아갈 것이 거의 분명해진 2009년 말, 유병언 씨는 재판에 패소한 분풀이로 "투명팀"을 통해 나를 공격할 거리를 찾아내도록 했던 것 같다. 그리고 마침내 내가 마포구에 있는 어느 교회에서 부부세미나를 인도하던 중 『하나 되는 기쁨』을 추천한 것을 포착하고 이를 문제 삼기로 했던 것이다. 이즈음에 그 책을 출간한 예영커뮤니케이션 출판사의 고 김승태 사장이 "잘 팔리지 않던 『하나 되는 기쁨』이 300권이나 주문이 들어왔다"고 알려왔었는데, 유병언 씨의 사주를 받은 이단 옹호 언론에서 기자회견 때 기자들에게 배포하려고 주문했다는 사실이 뒤늦게 드러나기도 했다.

> 악인을 의롭다 하고 의인을 악하다 하는 이 두 사람은 다 여호와의 미움을 받느니라(잠 17:15).

이 말씀처럼 하나님은 양승훈 교수와 나를 공격하던 세력들을 무력화시켜주셨다. 인터넷 사이트 "판도라TV"에 허위사실을 유포하고 나를 비방하는 영상을 올렸던 구원파 투명팀의 전○영은 정보통신망이용촉진 및 정보보호 등에 관한 법률과 저작권법의 위반, 명예훼손의 죄목으로 의정부지방법원 고양지원으로부터 50만 원 벌금의 약식명령을 받았고, 2013년 12월 12일에는 수원지방법원 안양지원으로부터 나에게

500만 원의 손해를 배상하라는 판결을 받았다.

기자회견을 주선한 김형원 장로와 이를 기사화한 강춘오 목사, 성명을 발표한 심○식 장로와 언론자료집을 발간하여 전국에 배포한 박○원 목사 등은 이단 옹호 세력화한 한기총을 배경 삼아 잠시 위세를 떨쳤으나, 지금은 금품 수수 혐의 혹은 이단 옹호 전력으로 인해 영향력을 상실했다.

반면 나와 비슷한 시기에 이단 옹호자들의 공격을 당하며 고생했던 최삼경 목사에 대한 오해는 점차 사그라지고 있다. 최 목사는 지난 10년간 이단 옹호자들의 여론몰이로 인해 "삼신론", "월경잉태설" 등의 내용으로 골머리를 앓아왔다. 하지만 그런 시비가 불거진 이유 자체가 지방교회와 평강제일교회(박윤식)와의 지상 논쟁에서 이단 측이 사용한 용어 때문이었음이 드러났다. 이단 옹호 세력은 이단 전문가인 최삼경 목사를 거꾸러뜨리려고 온갖 방법을 동원했지만, 2015년 7월 현재 최삼경 목사는 이단이 아니라는 사실이 한국의 대표적 정통 교단인 대한예수교장로회 통합 측, 대한예수교장로회 합동 측, 대한예수교장로회 합신 측을 통해 선포되고 있다.**

또한 이단 옹호 세력을 몰아내고 회복의 과정을 밟고 있는 한기총(대표회장 이영훈 목사)의 이단검증특별위원회에서는 최근 "한기총의 이단(해제) 결의를 원인 무효화한다"는 취지의 성명을 발표했다(2015.7.9). 홍재철 전 대표회장 시절, 한기총이 나서서 이단을 해제하거나 규정한 것

---

** 「코람데오닷컴」(2015.7.17.)〈http://www.kscoramdeo.com/news/articleView.html?idxno=8702〉(2015.7.20).

은 효력이 없으며 "이단과 관련한 각 교단의 입장을 존중한다"는 원칙에 맞게 이단 문제를 가려야 한다는 내용이었다. 즉 예전에 한기총에서 나와 양승훈 박사, 최삼경 목사를 이단으로 규정한 것은 효력이 없음이 분명해진 것이다.***

2014년 4월 세월호 참사가 터진 후에 나는 구원파 지도자 유병언 씨의 실체를 밝히는 역할을 감당했다. JTBC 9시 뉴스를 시작으로 수많은 언론을 통해 구원파와 유병언 씨, 그리고 세월호 사고의 관계에 대한 진실을 증언하였다. 이제 알만한 분들은 내가 사이비나 이단이 아니라는 사실을 알게 되었지만, 이번 기회에 『하나 되는 기쁨』을 둘러싼 논란의 전말을 밝히고 싶었다.

또한 나는 2012년 4월 그리스도인의 성에 대한 나의 신학적 입장을 한국교회 앞에 밝힐 목적으로 『부부연합의 축복』(요단)을 출간했다. 그 책은 어둠에 대처하는 가장 효과적인 방법은 빛을 비추는 것이라는 생각으로 구원파와 이단 옹호자들의 공격에 대응하기 위해서 150권의 영문 서적과 150권의 한글 문헌을 참고해서 쓴 책이다. 그 책에는 부부의 성 문제와 관련하여 같은 입장에 있는 32명의 목사와 교수, 상담가와 가정사역자의 추천사가 수록되었다. 나에 대한 오해가 완전히 사라지길 바라는 마음으로 추천사 내용을 정리해서 소개하며 이 글을 마무리한다.

---

*** 조혜진 기자, 「크리스천뉴스」(2015.7.9.)〈http://christian.nocutnews.co.kr/show.asp?idx=3275195〉(2015.7.20).

구원 개념 바로잡기

성은 매우 중요한 문제지만 우리나라에서는 아직도 이에 대해 학교에서도 가정에서도 그리고 교회에서도 제대로 가르치지 않는다. 성의 본질은 왜곡되고 성에 대한 추악한 지식과 행위들이 안방까지 홍수처럼 범람하는 이때 바른 성에 대한 훌륭한 지침서가 나온 것을 진심으로 축하한다. 가정사역과 기독교 상담 분야에서 꾸준한 강연과 연구를 실천해온 정동섭 박사의 역작 『부부연합의 축복』은 이러한 성 문제를 축복과 헌신의 선물로 변화하도록 인도한다. 우리는 이제 성의 기쁨과 중요성을 되찾아야 한다. 이 책은 하나님이 만드신 성에 대한 오해와 왜곡을 걷어내고 주님을 따르기 원하는 제자들이 읽어야 할 필독서다.

# What the Salvation Sect is All About*

by Prof. Dong-Sup Chung, Ph.D.

President, the Alliance for Anti-Cult Strategies of the Korean Church

But there were false prophets among the people, just as there will be false teachers among you. They will secretly introduce destructive heresies, even denying the Sovereign Lord who bought them—bringing swift destruction on themselves. Many will follow their shameful ways and will bring the way of truth into disrepute. In their greed these teachers will exploit you with stories they have made up. Their condemnation has long been hanging over them, and their destruction has not been sleeping(2 Pet 2:1-3).

---

* A Message for the Chapel of Underwood International College, Yonsei University's Songdo International Campus. 이 글은 저자가 연세대학교 송도국제 캠퍼스 채플에서 했던 설교의 원고다. 구원파는 현재 북미와 남미, 아프리카 등지에 진출해 외국인들을 상대로 활발한 포교 활동을 벌이고 있다. 이로 인해 선교 현장에는 상당한 혼란이 일어나고, 현지의 목회자와 성도들이 구원파의 가르침에 현혹되는 일도 빈번히 발생한다고 한다. 이에 외국인의 구원파에 대한 이해를 돕고 피해를 예방하기 위한 기초 자료로서 이 원고를 전재한다.

For there are many rebellious people, mere talkers and deceivers, especially those of the circumcision group. They must be silenced, because they are ruining whole households by teaching things they ought not to teach—and that for the sake of dishonest gain"(Tit 1:10-11).

What is cult or heresy? A cult is any religious group that differs significantly from those religious groups which are regarded as the normative expressions of religion in our total culture. Simply stated, a cult may also be defined as a group of people gathered about a specific person's misinterpretation of the Bible.

According to cult researchers, there are about 100 cults operating in Korea with membership of about two million. I am a Baptist minister, holding to the traditional Evangelical faith and practice. Today among the major heretical cults operating in Korea such as the Unification Church, Seventh Day Adventists, the Mormons, Jehovah's Witnesses, Witnesses of Ahn Sanghong, *Shinchunji*, and the Salvation Sect, I was asked to speak about the Salvation Sect.

The official name of the Salvation Sect is the Christian Evangelical Baptists. First of all, I want you to know that Salvation Sect(구원파, *Guwonpa*) is not evangelical and has nothing to do with the Korean Baptist Convention. Billy Graham is a Baptist; Billy Kim and Daniel Dongwon Lee are also Baptists. Salvation Sect is a pseudo-Christian cult, which received a spotlight after the sinking of passenger boat *Sewolho*. The passenger boat sank with more than 300 high school students near Jindo Island on 16 April this year(2014). Almost four months have passed since the sinking of the boat. Immediately after the incident it was revealed by the media that Byung-Eon Yoo, the founder and leader of Salvation Sect is the real owner of the passenger boat. The entire country of Korea including the Prosecution and the Police was all out to arrest Byung-Eon Yoo the cult leader, but he was found dead on June 12 in Soonchon.

I am known as an authority figure on the Salvation Sect because in the providence of God I had acted as the personal interpreter for the cult leader for eight years between 1968 and 1977. Based on my personal experiences I will try to answer the following questions.

What is the Salvation Sect? When and how was it started? What are the major teachings of this group? Why has the Korean Christianity condemned this group as a heresy, as a pseudo-Christian cult? In this brief time you have given me, I want to show you how Byung-Eon Yoo's version of Christianity is radically different from the historical and mainstream Christianity, and warn you why you have to stay away from this heresy.

The Salvation Sect is not an indigenous Korean cult. It is actually a version of Christianity imported from the United States. In the early 1960s, a self-appointed missionary by the name of Dick York came to Daegu, and opened a Bible school. He had about ten students. And among those students were Byung-Eon Yoo and Oksoo Park. Another charismatic leader Oksoo Park is now having a significant impact on the university campuses throughout Korea. The Salvation Sect has three factions including Byung-Eon Yoo's Evangelical Baptists, Oksoo Park's Good News Mission, and Yohan Lee's Jesus Baptist.

Dick York was a junior high school graduate and had no theological training. Dick York taught the students that there is no salvation within the established churches. You can not be saved in the Presbyterian, Methodist, Holiness, Baptist or Full Gospel churches. What is wrong with the theology of Dick York or Salvation Sect?

First of all, their soteriology or doctrine of salvation was wrong. They taught that you can not be saved by repentance and faith in

구원 개념 바로잡기

Jesus Christ but by understanding the gospel of forgiveness of sins. Thus their slogan: "The Secret of Regeneration and Forgiveness of Sins." The Salvation Sect is a destructive heresy.

The Bible says: You must be born again. You can be born again by repenting of your sins and by receiving Jesus as your personal Savior. But the Salvation Sect says: All you have to do is understand the fact that Christ has died for your sins, and all of your past, present and future sins are forgiven. They say that once you are saved, since you have become righteous, you do not need to repent of your sins any more.

The Bible says that we are saved, are being saved, and will be saved. What is missing in the Salvation Sect's view of salvation is the need for repentance and sanctification. They say, "Once you get saved, there is no need for repentance any more." And they call it Good News. Thus Oksoo Park named their group Good News Mission. This is a radical distortion of the Gospel.

Jesus said that a person who has had a bath needs only to wash his feet. Jesus said to the woman caught in adultery, "Neither do I condemn you; Sin no more." We are forgiven sinners. We are not righteous. There are two kinds of repentance: repentance for justification before God; and repentance for sanctification. Salvation Sect denies both kinds of repentance. They preach the gospel without repentance.

We have to repent of our sins daily for sanctification. The life of Byung-Eon Yoo and Oksoo Park shows us that their version of the Gospel is totally wrong. The cult leaders teach that once your soul is saved, what you do in your body does not affect your salvation: Byung-Eon Yoo committed adultery, deserted his own wife, and instead he had two children between him and his secretary. He lived an immoral life. He was a greedy swindler, and idolized himself as a living Messiah. In 1987, he was accused of massacring 32 people in the *Odaeyang*(오대양, literally 'Five Oceans') incident. Again in 2014 he was suspected to have killed more than 300 people in the Sewolho passenger boat incident. But he had no sense of responsibility. He showed no regret, no remorse. He did not repent of his sins until he met his tragic death in Soonchon, a southern city in Korea.

The members of the salvation claim to know God, but by their actions they deny Him. Their conversion does not involve repentance and faith, which are essential for biblical experience of salvation or regeneration.

They went so far as to say, "Nowhere in the Bible can we find verses indicating the necessity of repentance before receiving forgiveness of sins." No, the Bible says "Repent and be baptized for the forgiveness of sins." Repentance precedes forgiveness of sins.

The members of Salvation Sect understand the human personhood in terms of spirit, soul, and body. According to their trichotomous understanding of human nature, they emphasize the function of the spirit and openly depreciate the function of man's soul and body, emotions, intellect, and volition. Byung-Eon Yoo, for example, is convinced that "it is impossible for man to approach God by means of his cognition, emotion or volition which are parts of one's personality."

This is flat and open denial of the biblical view of human nature. Man is to be treated as a unity, and as an integrated whole. Our spiritual condition can not be dealt with independently of his physical or psychological condition, and vice versa.

Such a view of man is derived from their unbiblical and heretical understanding of God. They believe that God is a Spirit, and not a Person. After I left the group in 1977, when I was acting as an interpreter for William Gleysteen, the then U.S. ambassador to Korea, I was led to the *Sarang* Community Church in Seoul by an American missionary. For the first time in my life, I heard the true Gospel presentation. Quoting Colossians 3:19, the late pastor Hanheum Ok (옥한흠) said, "Husbands, love your wives and do not be harsh with them." When Byung-Eon Yoo presented sin in terms of ontology, this Presbyterian minister presented sin in terms of relationship. I stood as a helpless sinner who failed miserably in loving my wife. Therefore I had to repent of my sinfulness and turned to Christ for salvation and forgiveness of sins. When I surrendered myself as a helpless sinner, Christ forgave this sinner and poured his love upon my heart. God literally poured out his love into my heart by the Holy Spirit(Rom 5:5).

We have already seen that conversion comprises two elements, namely, repentance and faith. Conversion is an act of turning from one's sin in repentance before God and turning to Christ in faith. What is lacking in the Salvation Sect's conversion experience is the volitional element of turning away from sin. Faith involves a warm personal trust in a living Savior. It is a person-to-person encounter with Jesus Christ.

For the members of Salvation Sect, however, conversion is a matter of cognitively understanding the forgiveness of sins. But the Biblical conversion is personal trust in the person of Jesus Christ. For this reason, they openly say that the American evangelist Billy Graham is unsaved because he challenges people attending his Crusades to repent of their sins and receive Jesus Christ as their personal Lord and Savior.

They believe that the Holy Spirit is working only within the circle of the Salvation Sect. Naturally they are convinced one can not be saved apart from their group.

Because they do not believe in a personal God, they do not feel the need to pray or to praise or worship God. The members of Salvation Sect meet together on Saturdays and Sundays for fellowship, but they never get together for prayer or worship. They do not say grace before the meal; they do not go to prayer meetings; they do not recite the Lord's prayer; they refuse benediction. The orthodox denominations in Korea, therefore, condemned this cult as an anti-Christian heresy.

As apostle Paul said in I Corinthians, both Yoo and Park are preaching a Jesus other than the Jesus he preached. It is a Gospel different from the one that founders of Yonsei University, Appenzeler and Underwood, conveyed to Korea one century ago.

I have said that Salvation Sect's view of salvation is wrong and their view of God is wrong. Because they do not believe in a personal God, they deemphasize the vertical relationship with God; only horizontal relationship in terms of fellowship is emphasized.

From the 1980s, Yoo initiated business ventures with offerings from his followers. He invested in Han River Semo passenger boat, Semo Skualene, Democracy passenger boat between Inchon and Baengnyeong Island. He justified his businesses by distorting the Scripture. He began to teach that participation in his businesses is equal to prayer, worship and fellowship. The Bible says in 2 Peter 3:16, "The ignorant and unstable people distort the Scriptures to their own destruction." Yoo graduated from an industrial high school, and had no theological training. Anther cult leader Park is a middle school dropout. They both share similarities: using religion to make money. Park uses the name of International Youth Fellowship(IYF) to proselytize the university students. Beware of this false prophet. He is running a pharmaceutical company under the umbrella of his Good News Mission. Like Yoo, he has amassed a large amount of money at the expense of his followers. He is just about to be arrested and prosecuted.

The Salvation Sect is spreading wrong theology in every way. Their theology proper is wrong; their soteriology is unbiblical; their ecclesiology is wrong; their eschatology is also wrong. As ultra-dispensationalists, they have been preaching the imminent return of Christ from the 1970s. They stress the end of world to pressure their followers to give more money to the leaders. The university campuses are especially vulnerable to the infiltration of cults.

Jesus warned his followers, "Watch out for false prophets. They come to you in sheep's clothing, but inwardly they are ferocious wolves. By their fruit you will recognize them"(Matt 7:15).

I will close my message by quoting apostle Paul's final warning to his dear disciple Timothy: "Watch your life and your doctrine closely. Persevere in them, because if you do, you will save both yourself and your hearers"(1 Tim 4:16).

# 구원 개념 바로잡기

구원파 교리에 대한 성경적 비판

Copyright ⓒ 정동섭 2015

1쇄발행_ 2015년 7월 25일

지은이_ 정동섭
펴낸이_ 김요한
펴낸곳_ 새물결플러스
편 집_ 왕희광·정인철·최율리·박규준·노재현·최정호·최경환·한바울·유진·권지성
디자인_ 이혜린·서린나·송미현
마케팅_ 이승용
총 무_ 김명화·최혜영
영 상_ 최정호

홈페이지 www.hwpbooks.com
이메일 hwpbooks@hwpbooks.com
출판등록 2008년 8월 21일 제2008-24호
주소 (우) 158-718 서울특별시 양천구 목동동로 233-1(목동) 현대드림타워 1401호
전화 02) 2652-3161
팩스 02) 2652-3191

ISBN 979-11-86409-18-3    03230

책값은 뒤표지에 있습니다.

이 도서의 국립중앙도서관 출판시도서목록(CIP)은 서지정보유통지원시스템 홈페이지
(http://seoji.nl.go.kr)와 국가자료공동목록시스템(http://www.nl.go.kr/kolisnet)에서
이용하실 수 있습니다(CIP제어번호: CIP2015017689).